주관성의 구조

STRUCTURES OF SUBJECTIVITY 2nd edition
by George E. Atwood & Robert D. Stolorow

Second Edition Copyright © 2014 by George E. Atwood and Robert D. Stolorow
By Arrangement with Routledge, a member of the Taylor & Francis Group
All Rights Reserved

Translation Copyright © 2023 by Korean Instituete for Contemporary Psychoanalysis
Authorised translation from the English language edition published
by Routledge, a member of the Taylor & Francis Group

본 저작물의 저작권은 Taylor & Francis Group의 Routledge를 통한 독점 계약으로 현대정신분석연구소(구 한국심리치료연구소)가 소유하고 있습니다. 저작권법에 의하여 보호를 받는 저작물이므로 무단전제와 무단복제를 금합니다.

주관성의 구조

발행일   2024년 5월 27일
지은이   조지 E. 앳우드 & 로버트 D. 스톨로로우
옮긴이   이천영
펴낸이   이준호
펴낸곳   현대정신분석연구소 (구 한국심리치료연구소)
주소   서울시 종로구 새문안로5가길 28, (적선동, 광화문플래티넘) 918호
전화   02) 730-2537~8
팩스   02) 730-2539
홈페이지 www.kicp.co.kr
E-mail   kicp21@naver.com
등록   제22-1005호(1996년 5월 13일)
정가   25,000원
ISBN   978-89-97465-62-0 (93180)

주관성의 구조

정신분석적 현상학과 맥락주의의 탐구

조지 E. 앳우드 &
로버트 D. 스톨로로우

이천영 옮김

주관성의 구조
Structures of Subjectivity

「주관성의 구조: 정신분석적 현상학과 맥락주의의 탐구Structures of Subjectivity: Explorations in Psychoanalytic Phenomenology and Contextualism」는 1984년에 처음 출판된 작품을 수정, 확장한 두 번째 판으로, 정신분석학에서 최초로 조지 앳우드George Atwood와 로버트 스톨로로우Robert Stolorow가 정신분석적 현상학psychoanalytic phenomenology이라고 불렀던 상호주관적intersubjective 관점을 체계적으로 제시하였다. 이 판에는 이후 수십 년 동안 그들 사고의 발전을 추적하는 새로운 장chapters들이 포함되어 있으며, 그들의 가장 중요한 아이디어의 개인적인 기원을 탐구한다.

이 신판에서, 앳우드와 스톨로로우는 정신분석학의 철학적, 이론적 가정들을 다루고 있으며, 현상학적 맥락주의라고 명명한 광범위한 접근 방식을 제시한다. 이 접근 방식은 모든 풍부함과 특이성을 지닌 개인의 주관적 세계를 다루고, 그것들의 기원과 치료적 변형의 관계적 맥락에 초점을 맞추고 있다.

「주관성의 구조」는 저자의 관점에서 정신분석적 치료의 실행을 이끄는 원리를 다루며, 다수의 상세한 임상 사례 연구를 포함하고 있다.

이 책은 정신분석학자, 심리치료사, 정신과 의사, 심리학자, 상담자, 그리고 사회 복지사들의 필독서가 될 것이다. 또한 정신분석학의 이론과 실제, 그리고 그 철학적 전제에 관심이 있는 학자들과 학생들에게도 흥미로울 것이다.

조지 E. 앳우드는 미국 럿거스 대학의 임상 심리학 교수(명예)이자, 뉴욕 "주관성 정신분석 연구소Institute for the Psychoanalytic Study of Subjectivity"의 창립 교수이다. 그는 「광기의 심연The Abyss of Madness」(Routledge, 2011)의 저자이자, 「정신분석 치료Psychoanalytic Treatment」(Analytic Press, 1987), 「존재의 맥락Contexts of Being」(Analytic Press, 1992), 「구름 속의 얼굴들Faces in a Cloud」(Jason Aronson, 1993) 및 「상호주관적으로 작업하기Working Intersubjectively」(Analytic Press, 1997)의 공동 저자이다.

로버트 D. 스톨로로우는 로스앤젤레스의 "현대 정신분석 연구소Institute of Contemporary Psychoanalysis"와 뉴욕 "주관성 정신분석 연구소 Institute for the Psychoanalytic Study of Subjectivity"의 창립 교수이다. 그는 「세계, 감정, 트라우마: 하이데거와 데카르트 이후의 정신분석학 World, Affectivity, Trauma: Heidegger and Post-Cartesian Psychoanalysis」(Routledge, 2011)과 「트라우마와 인간 존재: 자서전적, 정신분석학적, 철학적 성찰Trauma and Human Existence: Autobiographical, Psychoanalytic, and Philosophical Reflections」(Routledge, 2007)의 저자이며, 조지 앳우드와 함께 다섯 권의 책을 공동 집필하였다.

목차
Contents

제2판 서문 ix
초 판 서문 xi

제 1 부 1
1. 철학적 맥락과 기본 개념들 3
2. 상호주관성: Ⅰ. 치료적 상황 50
3. 상호주관성: Ⅱ. 발달과 병인 78
4. 구체화의 경로 101
5. 맺는 말 139

제 2 부 141
6. 황금기의 유산들: 공동연구 회고록 143
7. 현상학적 맥락주의의 악마들: 대화 171
8. 철학과 정신분석학의 비극적 요소와 형이상학 197
9. 결론 216

참고문헌 220
저자 색인 230
주제 색인 233

제 2 판 서문

이 책의 초판은 1984년에 출판되었고, 그 후 30년 동안 우리의 사고에 몇 가지 중요한 발전이 있었습니다. 첫째, 철학과 정신분석학의 관계에 대한 우리의 이해가 변화하고 더욱 복잡해졌습니다. 원래 우리는 철학적 연구를 정신분석적 이론화와 별개의 것으로 생각했지만, 이제 우리는 이런 탐구 영역들이 서로 완전히 뒤얽혀 있다고 봅니다. 둘째, 우리는 구체화되고 경험과 거리가 먼 정신분석적 초심리학metapsychology의 언어로부터 점진적으로 벗어나 주관적인 삶의 흐름에 가깝게 남아있는 현상학적 어휘를 향해 보다 일관되게 나아갔습니다. 예를 들어, 우리는 더 이상 "대상objects"이나 "대상관계object relations"에 대하여 말하지 않습니다. 또한 우리는 코헛의 자기 심리학의 실체화 언어substantializing langage에서도 멀어졌습니다. 셋째, 우리의 사고가 적용되는 임상 영역이 확장되어, 이제는 소위 정신증psychoses이라는 극단적인 범위의 심리적 장애를 포함하여 개인적 및 집단적 또는 사회적 형태 모두에서 심각한 감정적 외상trauma 경험에 집중적으로 초점을 맞추고 있습니다.

    이 책의 제1부를 구성하는 장들은 초판에서 가져온 것들이며, 여기에 소개된 변경 사항들은 주로 용어 수정과 설명의 문제들입니다. 그에 반해서, 제2부를 구성하는 장들은 새로운 것들이며, 「주관성의 구조 Structures of Subjectivity」가 처음 등장한 이후 우리의 사고에서 일어난 발전을 반영합니다. 최근 몇 년 동안 우리 연구의 많은 부분을 관통하는 주제는 우리의 상호주관적 접근 방식 자체의 가정을 되돌리고, 진화하는 우리 아이디어의 개인적이고 지적인 원천을 찾는 것과 관련이 있습니다. 제6장은 1970년대 초 럿거스 대학에서 시작하여 현재까지 계속되는 40년에 걸친 우리의 공동연구에 대한 회고록입니다. 우리 사이의 대화 형태로 제시된 제7장은, 우리 각자의 어린 시절 역사에 대한 우리의 이론에 미치는 영향을 추적하고 정신분석학에서 우리가 공유한 모험이 우리에게 미친 의미를 탐구합니다. 제8장은 인간의 유한성finitude을 회피하는 형이상학적 충동과 그 기원을 다루고, 정신분석적 초심리학이 어떻게 형이상학의 한 형태로 이해될 수 있는지를 보여줍니다. 우리는 또한 절대적인 형이상학적 기초에 대한 갈망이 우리 자신을 포함한 모든 정신분석적 이론화에서 어떻게 역할을 하는지 추적하고, 점점 더 깊어지는 자기-인식self-awareness 분야의 미래를 지향합니다.

제6장, 제7장, 제8장은 원래 "인문주의 심리학자The Humanistic Psychologist"(2013, 41: 285-300)와 "정신분석학적 리뷰Psychoanalytic Review"(2012, 99: 267-287 & 2013, 100: 405-421)의 학술지 논문으로 출판되었습니다. 이 자료들을 우리 책에 포함시킬 수 있도록 허락해 주신 이 잡지들의 편집자와 출판사에게 감사드립니다. 마지막으로, 변함없는 애정 어린 지원을 아끼지 않으신 엘리자베스 앳우드Elizabeth Atwood와 줄리아 슈워츠Julia Schwartz, 그리고 처음부터 이 프로젝트에 큰 열정을 보여주신 라우틀리지Routledge 출판사의 케이트 하웨스Kate Hawes에게 깊은 감사를 드립니다.

George E. Atwood
Robert D. Stolorow

초판 서문

이 책은 지식 심리학과 심리학 이론의 주관적 기원(Stolorow & Atwood, 1979), 정신분석학을 순수 심리학으로 재구성하려는 욕망(Klein, 1976; Kohut, 1977), 그리고 개인적이고 주관적인 세계를 조직하는 불변의 경험 구조를 이해하기 위한 지속적인 헌신을 포함하여 몇 가지 노선의 관심들을 모은 10년간의 공동연구의 산물입니다. 이런 관심들의 융합으로부터 개인적인 경험과 행동의 의미를 조명하는 데 전념하는 정신분석적 현상학의 비전이 구체화되었습니다. 이어지는 장들은 인간 주관성에 대한 정신분석적 과학의 비전을 실현하기 위한 우리의 지속적인 노력에 대한 경과 보고서로 볼 수 있습니다.

우리 중 한 사람(조지 앳우드)은 실반 톰킨스Silvan Tomkins의 가르침의 깊은 영향을 인정하고 싶어 합니다. 다른 한 사람(로버트 스톨로로우)은 고故 하인즈 코헛Heinz Kohut의 영감을 주는 작품의 깊은 영향을 인정합니다. 버나드 브랜드샤프트Bernard Brandchaft는 제3장을 공동 집필했을 뿐만 아니라, 제2장의 이론 전개에도 중요한 기여를 했습니다. 제2장의 치료 행위에 대한 부분의 특정 생각들은 원래 존 문더 로스John Munder Ross의 협력으로 공식화되었습니다. 우리는 우리에게 임상적 실례들을 제공해주고 우리 연구에 대하여 고무적인 토론을 해준 프랑크 라흐만Frank Lachmann과 유아 관찰에 대한 문헌을 통해 우리를 안내하는 데 도움을 주고, 제3장에 관하여 귀중한 제안을 해준 베아트리체 비베Beatrice Beebe에게 감사드리고 싶습니다. 우리의 생각들을 다듬는 데 도움을 준 많은 학생들과 동료들 중에서, 우리는 엘리자베스 앳우드 Elizabeth Atwood, 바바라 블룸Barbara Blum, 마이클 개러Michael Gara, 아놀드 골드버그Arnold Goldberg, 크리스 재닉Chris Jaenicke, 클라우디아 코너Claudia Kohner, 피터 레쎔Peter Lessem, 돌시 레빈슨Dorthy Levinson, 에티엔 페롤드Etienne Perold, 케씨 램슬런드Kathie Ramsland, 에마뉴얼 샤피로Emanuel Shapiro, 토마스 스미스Thomas Smith, 데데 소카리데스Dede Socarides, 매리언 톨핀Marian Tolpin, 에른스트 울프Ernest Wolf에게 특별한 언급을 하고 싶습니다.

이 책의 자료 중 일부는 원래 「구름 속의 얼굴들Faces in a Cloud」(R. Stolorow & G. Atwood, N.Y.: Jason Aronson, 1979), 「발달 정지의 정신분석Psychoanalysis of Developmental Arrests」(R. Stolorow & F. Lachmann, N.Y.: International Universities Press, 1980), 「정신분석학의 미래The Future of Psychoanalysis」(ed. A. Goldberg, N.Y.: International Universities Press, 1983, pp. 3-16), 「국제 정신분석학 리뷰The International Review of Psycho-Analysis」(1978, 5: 247-256 & 313-320), 「국제 정신분석학 저널 The International Journal of Psycho-Analysis」(1979, 60: 39-45), 「정신분석학과 현대 사상Psychoanalysis and Contemporary Thought」(1980, 3: 267-290), 「메닝거 클리닉 회보Bulletin of the Menninger Clinic」(1981, 45: 20-28 & 1983, 47: 117-128), 「현대 정신분석학Contemporary Psychoanalysis」(1981, 17: 197-208). 「정신분석학 연보The Annual of Psychoanalysis」(1982, 10: 205-220), 그리고 「정신분석학 리뷰The Psychoanalytic Review」(1983, 70: 143-162)의 책과 저널에 출판되었습니다. 우리는 이 자료들을 우리 책에 포함시킬 수 있도록 허락해준 이 책들과 잡지들의 편집자와 출판사에게

감사드립니다.

마지막으로, 이 프로젝트를 지원해준 로렌스 얼바움Lawrence Erlbaum과 조셉 리히텐버그Joseph Lichtenberg에게 감사를 표하고 싶습니다.

George E. Atwood
Robert D. Stolorow

제1부

제 1 장

철학적 맥락과 기본 개념들
Philosophical Context and Basic Concepts

이 책은 정신분석학 이론의 개념적, 방법론적 기초를 다시 생각하기 위한 일련의 노력들을 한데 모았다. 이런 노력들은 세 가지의 일반적인 고려사항에 의해 진행되었다. 첫째, 우리는 어떤 새로운 틀이든 고전적인 분석 이론가들의 기여를 보존하고, 이런 기여들을 공통된 개념의 언어로 번역할 수 있어야 한다고 느꼈다. 둘째, 정신분석학 이론은 임상적 관찰의 현상에 밀접하게 고정되어 있는 경험에 가까운 담론 수준에서 공식화되어야 한다는 것이 우리의 견해이다. 지침이 되는 세 번째 고려사항은 적절한 성격 이론이 개인의 주관적 세계의 모든 풍부함과 다양성 속에서 그것들의 구조, 중요성, 기원, 그리고 치료적 변형을 조명하도록 설계되어야 한다는 우리의 믿음에서 발견된다. 우리의 "정신분석적 현상학psychoanalytic phenomenology"을 고안하는 데 우리가 끌어온 지적 유산은 역사 철학의 해석학적 전통, 현상학적 운동의 측면, 현대 구조주의의 기본 개념, 정신분석학이 순수 심리학으로 재구성되어야 한다는 생각을 수용하는 매우 광범위한 것이다. 이어지는 부분들에서, 우리는 이런 다양한 영향에 대해 논의하고 정신분석학적 조사와 지식의 본질에 대한 우리의 견해를 개략적으로 제시한다.

해석학적 전통The Hermeneutic Tradition

정신분석적 현상학은 개인적인 경험과 행동의 의미에 대한 조명에 전념하는 인간 주관성human subjectivity의 심층심리학이다. 따라서 독일 철학자이자 역사가인 빌헬름 딜타이Wilhelm Dilthey(1926)가 인문과학(Geisteswissenschaften, 또는 human sciences)이라 부른 것과 함께 분류될 수 있다. 딜타이에 따르면, 인문과학은 각각의 연구 대상에 대한 태도의 근본적인 차이 때문에 자연과학과 구별되어야 한다. 즉, 자연과학은 외부의 사물을 연구하는 반면, 인문과학은 내부의 관점에 의존한다. 인문과학의 궁극적인 범주는 *의미*의 범주로, 이는 물질적인 성질 수준이라기보다는 인간의 주관성 안에 존재하는 것이다. 딜타이가 본 것처럼, 자연과학의 중심적인 강조점은 인과적 설명에 대한 것이었다. 대조적으로, 그는 인문과학의 탐구 과제를 해석과 이해로 보았다. 이해Verstehen는 기호에서 표시된 것으로, 표현에서 표현되는 의미로 전달되는 행위를 나타낸다. 해석과 이해에 대한 이런 초점은 본질적으로 *해석학적* 성격으로서 인문과학 방법론의 전반적인 개념의 일부였다. 해석학은 원래 성경 기록의 의미를 이해하고 설명하려는 종교학자들에 의해 개발된 해석 이론이다. 그것이 슐라이어마허Schleiermacher에 의해 어떤 문학적 텍스트에도 적용할 수 있게 확장된 후, 딜타이는 해석학을 인간 역사를 일반적으로 해석하기 위한 도구로 더욱 정교하게 만들었다.

딜타이는 역사적인 사건들에 대한 이해는 "재 경험re-experiencing"의 과정을 통해 이루어진다고 주장했다(Makkreel, 1975, p. 252). 이것은 역사가가 사건에 속한 의미의 세계를 재구성한 다음, 그 세계를 자체의 고유한 구조의 관점에서 이해해야 한다는 것을 의미한다. 이 과정은 텍스트의 해석적 분석과 매우 흡사하며, "해석학적 순환hermeneutic circle"으로 알려진 패턴을 따른다. 본문 해석에서, 특정 구절의 의미는 주로 전체적으로 본문의 구조와 관련된 고려사항들에 의해 설정된다. 따라서 작품의 일부는 전체에 대한 이해와 관련하여 평가되는 한편, 전체에 대한 지식은 부분들에 대한 연구로 구성된다. 딜타이는 역사적 탐구를 특정 사건에 대한 초점과 그 사건들이 참여하는 전체적인 의미-맥락에 대한 관점 사이의 유사한 순환 움직임을 포함하는 것으로 특징지었다.

인간 연구에서 해석학적 접근을 채택한 결과 중 하나는 아는 주체가 지식의 대상과 하나라는, 즉 둘 다 인간 개인이라는 인식이다. 이런 주체와 대상의 일체성은 이런 학문 분야 방법론의 독특한 특징을 담당한다. 즉, 연구자는 연구 대상자들의 삶에 대한 해석을 하기 위해 자신의 경험과 자기-지식을 이용할 수 있고, 사실은 이용*해야 한다*. 딜타이는 인문과학에서 확립된 통찰 방식에 대한 그의 정의에서 주체와 대상 사이의 이 연결고리를 "당신 속에 있는 나의 재발견the rediscovery of the I in the Thou"(1926, p. 191)으로 명시했다. 연구자와 주제를 하나로 묶는 친족의 유대 또한 인문과학의 특정한 어려움을 초래한다. 즉, 연구자는 개인적으로나 역사적으로 위치가 정해진 경험하는 개인이고, 그래서 연구자의 지식 탐구는 모든 인간 행동에서 활동하게 되는 모든 역사적, 개인적, 정황적 요인들의 영향을 받는다. 이런 요인들은 필연적으로 연구자의 이해를 상대화하고relativize, 일반적인 타당성을 지닌 결론에 도달하려는 목적을 전복시킬 위험이 있다. 인간 이해의 역사적-상황적 상대성과 보편적인 지식을 위한 노력 사이의 분명한 대립에 대한 딜타이의 해결책은 "역사적 이성에 대한 비판critique of historical reason"을 제안하는 것이었다. 그는 이것을 인문과학의 모든 탐구와 관련된 유한한 실존적 관점을 의식적이고 분명하게 하는 데 전념하는 분석으로 구상했다.

딜타이의 통찰과 제안은 인간 존재를 이해하는 것과 관련된 모든 학문 분야에서 사고에 영향을 미치기 위해 역사 철학에서 외부로 퍼져나가는 광범위한 해석학적 전통을 낳았다(Palmer, 1969; Gadamer, 1975). 이 전통은 정신분석학에 특별한 의미를 갖는데, 그것의 방법과 목표에 있어서 해석적 과학임에도 불구하고, 시작 이후로 자연과학 개념에 기초해야 한다는 의무감에 의해 방해를 받아 왔다. 정신분석학이 자연과학이라기보다는 해석학적이거나 역사학적인 학문 분야라는 생각은 라캉Lacan(1953), 셔우드Sherwood(1969), 리쾨르Ricouer(1970), 그리고 최근에는 스틸Steele(1979)과 레비Leavy(1980)에 의해 설득력 있게 주장되어 왔다. 이 견해는 또한 개인적 의미와 개인적 행동의 영역을 다루는 경험에 가까운 개념을 선호하여 프로이트 초심리학의 기계론적 언어를 거부하는 건트립Guntrip(1967), 클라인Klein(1976), 셰이퍼Schafer(1976), 그리고 코헛Kohut(1977)에 의해 만들어진 정신분석학 이론에 대한 급진적인 제안에도 함축되어 있다. 이 책은 또한 정신분석학에 대한 해석학적 관점의 함의를 발달시키기 위한 추가적인 노력을 나타낸다.

해석학적 고려사항들이 특히 밀접한 관련이 있는 쟁점들의 한 집단은 정신분석학적 연구의 본질에 대한 우리의 개념과 관계가 있다. 다음 섹션에서 우리는 개별 사례 연구, 해석의 검증 문제, 그리고 정신분석학적 이해가 생성되는 상호주관적 장intersubjective field에 특정한 중점을 두고 이런 쟁점들을 논의한다.

정신분석 사례 연구

개별적인 사례 연구는 지금까지 정신분석학적 지식이 발전하는 중심적인 방법으로 남아왔고 앞으로도 그럴 것임을 확신한다. 사례 연구에서 개인의 삶에 대한 이해는 어떻게 확립되는가? 모든 정신분석학적 이해는 항상 표현되어온 어떤 것에 대한 의미 파악을 수반한다는 점에서, 해석적 이해이다. 이 의미는 개인의 주관적 세계에 속하며 분석가의 공감

empathy을 매개로 이해에 접근할 수 있게 된다. 공감은 관찰자와 피 관찰자가 공유하는 인간성의 공동 유대 때문에 사례 연구에서 가능성으로 발생한다. 탐구는 결국 분석가의 경험적 장field 안에 서 있는 경험자에 관한 것이며, 공감은 자신의 주관적 기준들의 관점에서 한 사람의 의사소통과 행동을 이해하려는 시도에 내포되어 있다(Kohut, 1959).

정신분석학적 이해의 발달은 두 개인의 우주 사이의 대화를 포함하는 상호주관적 과정intersubjective process[1]으로 개념화될 수 있다. 이 대화의 목표는 개인 세계의 다른 부분들을 이해할 수 있는 전체로 연결하는 독특한 의미 구조인 삶의 내적 패턴을 조명하는 것이다. 정신분석 사례 연구의 실제적인 행위는 개인의 주관적인 삶의 구조에 대한 일련의 공감적 추론으로 이루어지며, 진행 중인 조사에서 자신의 개인적인 현실 개입에 대한 분석가의 성찰 행위와 번갈아가며 나타나고 상호작용한다. 그런 모든 연구는 한 사람의 행동에 대한 단 하나의 사례를 가지고 신중한 방식으로 시작된다. 그 행동이 의미를 갖는 경험적 및 생애사적 맥락과 관련하여 하나 또는 그 이상의 해석적 가설이 제기된다. 그런 다음 분석가는 개인의 의사소통 및 행동의 추가 사례들을 연구하고, 그것들이 속한 주관적이고 유전적인 맥락에 대한 추가 가설을 제시한다. 잠정적으로 식별된 의미들의 장field이 이런 식으로 존재하게 되고, 이런 의미들은 분석 전체와의 일관성 정도에 따라 평가되는 사람에 관한 어느 특정한 통찰력의 타당성과 비교되고 교차-연결된다. 개별적인 가설과 전체로서의 분석 사이의 상호작용은 부분이 전체를 발생시키고 전체가 부분의 평가를 위한 맥락을 제공하는 "해석학적 순환"을 따른다. 이 조사 방식에 의해 드러난 의미 구조는 개인 경험의 다른 부문에서 반복되는 불변의 주제 구성thematic configurations으로 명백해진다. 그런 불변 요소들에 대한 설명은 정신분석의 해석과학에서 자연과학의 관찰 복제

원칙에 대한 대응물counterpart을 형성한다.

정신분석 사례 연구는 전체적으로 해석적 절차이기 때문에, 그 결과의 타당성은 독특한 해석학적 기준에 비추어 평가된다. 이런 기준에는 논증의 논리적 일관성, 설명의 포괄성, 수용된 심리학적 지식을 가진 해석의 일관성, 그리고 조사 중인 자료에서 이전에 숨겨진 질서 패턴을 드러내는 분석의 심미적 아름다움aesthetic beauty이 포함된다.

정신분석학적 연구에서 나타나는 다양한 의미의 패턴은 두 주관성의 교차점에 위치한 특정한 심리적 장 안에서 밝혀진다. 이 장의 차원과 경계는 본질적으로 상호주관적이기 때문에, 모든 사례 연구의 해석적 결론은, 매우 심오한 의미에서, 그 기원의 상호주관적 맥락과 관련하여 이해되어야 한다. 사례 연구의 상호주관적 장은 전이transference와 역전이counter-transference 사이의 상호작용에 의해 생성된다. 그것은 연구의 다양한 가설들이 결정되는 환경 또는 "분석적 공간analytic space"(Viderman, 1974)이며, 최종 해석의 진리치眞理値, truth-value가 결정되는 의미의 지평을 정의한다. 특정한 상호주관적 상호작용에 대한 이런 정신분석적 통찰의 의존성을 이해하면 사례 연구의 결과가 그것을 수행하는 사람의 기능에 따라 달라질 수 있는 이유를 이해하는 데 도움이 된다. 자연과학에 대한 저주anathema인 그런 변화는 내재된 다수의 의미들을 나타내는 자료에 대한 여러 연구자들의 다양한 관점 때문에 발생한다. 분석가는 해석의 본질을 "당신 안에 있는 나의 재발견the rediscovery of the I in the Thou"(Dilthey)으로 알고 있으며, 따라서 각자 자신의 생각이 자신의 개인 세계의 유한한 관점에 근거하고 제한된다는 것을 알고 있다. 이런 비판적인 자기-성찰 능력은 분석가의 사고를 대안적 개념에 개방하고 서로 다른 위치의 관점에서 발달된 아이디어로 이루어진 해석을 통합할 수 있는 가능성을 확립한다.

정신분석학적 설명은 일반적으로 개인 삶의 다양한 세부사항들을 통일된 주제나 패턴의 표현으로 보여주기 위해 작성된, 서술적 사례 역사의 형태로 다른 사람들에게 전달된다. 이 서술적인 설명은 내부적으로 자기-일관적이고 그 자체로 따를 수 있어야 하는데, 이는 본질적으로 역사적인 학문 분야로서 진실의 서술적 모드에 전념하는 정신분석 상황에서 파생된다(Sherwood, 1969; Ricouer, 1974; Gallie, 1974; Spence, 1982). 그러나 정신분석적 역사는 서술의 요구 사항들을 충족시키는 것을 넘어서 무언가 더 많은 것을 성취해야 한다. 그것들은 개인적 삶의 구체적인 특수성과 보편적인 관점에서 인간이 되는 경험 사이의 간극을 메워야 한다. 정신분석적 서술을 작성하는 작업은 분석가의 이해를 지적 공동체 전체를 위해 연구 중인 삶을 조명하는 설명으로 바꾸는 것 중 하나이다. 이것은 다른 사람들이 공감적인 대화 속에서 자신들의 개인 세계를 이야기할 수 있는 형태로 그 삶의 경험을 공개하는 것을 의미한다. 이와 관련하여 분석의 상호주관적 장은 개인 삶의 패턴을 공유된 인간 가능성의 실현으로 설명하기 위한 비교의 초기 근거를 제공하는 매개 기능을 한다.

철학적 현상학 Philosophical Phenomenology

정신분석적 현상학의 출발점은 경험하는 주체의 개념이다. 이것은 이론적 구성의 가장 깊은 수준에서 우리가 주관성의 영역 안에서 작업하고 있으며, 경험을 재료 기관 material substrate으로 축소시키는 가정들을 포기하고 있음을 의미한다. 우리의 관점에서, 물질적 세계는 경험의 영역으로 간주되며, 자연과학의 개념들은 경험의 영역을 조직하는 방식으로 이해된다. 이것은 물리적 물질에 존재론적 우선순위를 부여하고 인간의 의식을 물질적 사건의 이차적 표현으로 해석하는 이론적 입장과는 대조적이다. 자연과학에서 지식의 발달은 경험인 인간의 관찰을 조직화하고 상호 연결시키는 것을 포함한다. 그러나 물질주의materialism는 자연과학의 개념들을 *구체화*한 다음에 의식을 그 구체화의 부수 현상으로 보는 것에 기초한 이론이다.

인간 경험에 대한 진정한 과학은 그 자체의 고유한 개념들과 방법들을 필요로 하며 자연과학을 모방하는 데 의존할 수 없다는 생각은 현상학적 운동의 중심적인 신조tenet를 형성한다. 우리는 이 신조에 동의하며, 특히 로크의 경험주의에서 유래한 의식의 학설에 대한 현상학적 비판에 동의한다. 그런 학설들은 인간을 외부 세계로부터 추상적인 미세한 느낌impressions의 수동적인 수용체로 보는 관점, 신체와 정신이 분리되어 있으면서도 인과적으로 연결된 실체라는 생각, 그리고 준공간적 용기quasi-spatial container로서의 의식의 본질에 대한 해석에 근거한다. 이런 가정과 은유는 경험을 물질적 대상의 특성에 대한 경험으로 투사하는 것을 포함하며, 주관성의 속성들을 그것들만의 독특한 용어로 직면하지 못한 것을 반영한다.

비록 정신분석적 현상학이 자율적인 경험과학의 필요성을 확인하는 데 있어 현상학적 운동과 결합하지만, 정신분석적 접근과 철학 내에서 정교화된 현상학적 시스템 사이에는 중요한 차이가 있다. 정신분석적 현상학은 정신분석적 상황의 대화에서 수행되는 관찰에 의해 인도되며, 관찰은 항상 특정 인물의 경험 세계에 대한 탐구의 일부로 이루어진다. 이와는 대조적으로, 철학자들의 현상학적 연구는 전통적으로 고독한 성찰의 방법에 의존해 왔으며, 보편적인 용어로 주관성에 대한 지식을 추구함에 있어 필연적으로 세계의 개별화에 초점을 맞추지 못했다.

정신분석적 현상학과 철학적 현상학 사이의 관계를 보다 구체적인 용어로 정의하는 방법으로, 우리는 이제 현상학적 운동에서 세 명의 중요한 인물인 에드문트 후설Edmund Husserl, 마르틴 하이데거Martin Heidegger, 그리고 장 폴 사르트르Jean-Paul Sartre의 체계적인 공식화에 대한 논의로 방향을 돌리겠다. 이런 철학자들에 의해 발전된 시스템은 인간 경험을 이해하기 위한 제안들을 제시한다. 이런 제안들을 비판적으로 평가함으로써, 우리는 우리 자신의 생각의 기초가 되는 가정들을 더 명확하게 볼 수 있기를 희망한다.

에드문트 후설

에드문트 후설Edmund Husserl은 현상학을 인간 경험의 근본적인 기술과학descriptive science으로 생각했다. 후설은 데카르트와 칸트의 철학적 연구에서 영감을 얻어, 보통 말하는 그런 의식의 근원적인 본질에 대한 확실한 지식에 의심의 여지없이 도달할 수 있는 방법을 고안하려고 했다. 이 목적을 위해 그가 제안한 연구 프로그램, 이른바 "초월적 현상학transcendental phenomenology"은 모든 의식적 경험 가능성의 궁극적인 조건들을 구성하는 주관성의 불변 구조를 설명하기 위해 고안되었다. 상상할 수 있는 모든 경험의 전제 조건에 대한 관심 때문에, 후설은 초월적 현상학을 전통적인 경험과학보다 더 근본적인 학문으로 간주했다.

후설은 자신의 시스템을 모든 지식 형성물의 근본적인 원천에 대한 해명을 목표로 하는 역사적 목적론의 성취로 이해했다. 그는 이 원천을 의식적인 *세계*와 관련이 있는 "자아ego"의 아는 주체인, "나-자신I-myself"에서 발견했다. 전통적인 과학이 세계의 존재를 "선험적인pregiven" 현실로 당연하게 여기는 반면, 초월적 현상학은 객관적인 현실의 본질에 관한 가정을 보류하거나 "괄호로 묶고brackets" 대신 의식에 대한 세계의 발현manifestation을 순수한 현상으로 연구한다. 이런 믿음의 보류가 발생하는 절차를 현상학적 환원phenomenological reduction 또는 "판단중지epochē"[2]라고 한다. 환원은 현상학자가 전제에서 벗어나 이전에 실제로 받아들여졌던 것이 순전히 출현의 영역으로 나타나는 관점으로 이동하는 정신적인 작용이다. 따라서 의식의 대상으로서 세계의 상황은 그 타당성, 본성, 역사, 등에 관한 가정을 유보함으로써 *환원되었*고, 연구자는 자신의 인식 안에서 세계의 주어진 방식에 다시 초점을 맞춘다. 후설은 "판단중지"를 과학과 철학의 역사에서 전혀 전례가 없는 것으로 생각했다.

> 우리는 판단중지를 삶과 과학의 전체 역사성에서 이전에는 결코 중단된 적이 없는 인간 존재의 자연스러운 태도의 변형으로 수행한다(1936, p. 151).[3]

현상학적 환원을 수행하면 모든 의미와 타당성을 지닌 세계에 쏟는 순수한 본질, 즉 초월적 자아transcendental ego가 공개되는 결과를 가져온다고 한다. 이것은 일상생활의 경험적이거나 구체적인 자아가 아니다. 반대로, 초월적 자아는 존재의 의미를 구성하고 궁극적으로 경험적 자아와 세계와의 관계를 정의할 책임이 있는 실체로 이해된다. 세계를 괄호로 묶고 그 때문에 그것의 상황을 단순한 의식의 "상관물correlate"로 환원하는 작업을 통해, 경험적 체험empirical experience의 특징을 결정하는 초월적 자아의 힘이 시야에 들어온다.

> 세계는 검증 가능한 것으로 당연하게 여겨지는 것의 총체이다. 그것은 목표를 통해 거기에 있고, 그것이 무엇인지에 대한 언제나 새로운 목표의 근거이다. 그러나 판단중지에서, 우리는 궁극적으로 목표하는 주관성으로 돌아가고, 그것은 이전의 목표와 그것의 성취를 통해 세계를 소유한다. 그리고 우리는 이 주관성이 "초래한" 방식으로 돌아가서 그것의 숨겨진 내부 "방법"을 통해 계속 세계를 형성한다(p. 177).

판단중지로 초월적 주관성transcendental subjectivity을 밝혀낸 현상학자들의 성찰은 일상적인 경험적 존재의 성찰과 거의 유사하지 않은 영역으로 향한다. 이것은 구체적인 주관적 삶의 모든 개별적 특징들이 초점을 잃고 그 대신 경험의 보편적인 불변량들universal invariants이나 "직관적인 본질들eidetic essences"이 명백해지는 영역이다.

후설은 판단중지를 의식이 속박 상태로부터 해방되는 것이라고 은유적으로 설명한다.

> 진리 안에서 철학자의 시선이 처음으로 완전히 자유로워지는 것은 이 (판단중지의) 절제를 통해서이다. 무엇보다도, 가장 강력하고 가장 보편적인 동시에, 가장 감춰진 내부적인 유대, 즉 세계의 선험적인 것pregivenness에서 자유롭다. 이 해방을 통해 그리고 그 안에 주어진 것은 세계의 타당성에 영향을 미치고, 항상 세계를 지속적으로 획득하며 그것을 새롭게 형성하는 활동을 계속하는 주관성의 보편적이고 절대적으로 자기-폐쇄적self-enclosed이며 절대적으로 자족하는self-sufficient 의식적인 삶의 발견이다(p. 151).

초월적 주관성을 자연 세계로의 몰입에서 해방시키는 것은 현상학자들을 다른 인간들과의 교류로부터 격리시키는 부가 효과를 가지고 있다. 실제로, 초월적 현상학의 전체 연구 프로그램은 방법론적 고독solitude에서 수행되도록 설계되었다.

> 판단중지는 진정으로 급진적인 철학을 위한 근본적인 요구사항인 독특한 종류의 철학적 고독을 만든다(p. 184).

> 급진적이고 완벽한 환원은 자신을 절대적으로 고립시키는, 예컨대 인간으로서 또는 세상에 실제로 존재하는 것으로서 더 이상 자신에 대한 타당성

을 갖지 못하고 대신에 자신의 의도성의 순수한 주체가 되는 순수한 심리학자의 *절대적인 단일 자아*single ego로 이어지게 된다(p. 256).

후설에 따르면, 판단중지는 우리가 인식하고 있는 세계가 다른 주체들에게도 존재하는 것으로 나타남을 분명히 한다. 따라서 현상학자들의 초월적 자아는 모두 자신을 공통 세계를 의식하는 다른 수많은 초월적 자아들 중 하나로 발견한다. 인식의 기반에서 그런 *상호주관성* intersubjectivity의 공식화는 그렇지 않으면 특이성과 고립성에 대한 끈질긴 강조와 모순되는 것처럼 보일 것이다. 그러나 그 모순은 외견상일 뿐인데, 왜냐하면 환원의 마지막 단계에서 다른 마음들의 존재 자체가 현상학자들의 순수한 주관성의 단일 작용에 의해 "구성되는" 것으로 나타나기 때문이다.

> 초월적 상호주관성으로 즉시 뛰어들어, 그것의 독특성과 개인적인 불변성을 결코 잃을 수 없는 나의 판단중지의 자아인 원초적 "나"를 뛰어넘는 것은 체계적으로 잘못된 것이다. 판단중지는 그 안에서 진행되는 원래 구성하고 있는 삶에서 항상 유일한 "내"가 어떻게 대상의 첫 번째 영역인 "원시적primordial" 영역을 구성하는지 보여줄 수 있다. 그러고 나서 이것으로부터 시작하여, 동기가 부여된 방식으로, 그것이 자신과 그것의 원시성에 대한 의도적인 수정이 "생경한-지각alien-perception"인 다른 사람들의 지각이라는 제목으로, 있는 그대로의 "나" 자신인 또 다른 "나"의 존재적 타당성을 달성하는 구조적인 성취를 어떻게 수행하는지를 보여줄 수 있다(p. 185).

환원 불가능한 주관성의 영역에 존재하는 후설 현상학의 초월적 자아는 인간이 삶을 보내는 구체적인 경험적 세계를 실제로 *만들어낼* 수 있는 놀라운 힘을 부여받는다. 자연적 태도의 폐쇄적인 속박에서 벗어나 이 낯선 지역으로 여행하는 사람들은 절대적인 자족을 경험하고 변형된 평범한 세계로 돌아간다.

> 현상학자로서 나는 물론 언제든지 자연스러운 태도로 되돌아갈 수 있고, 나의 이론적 관심사나 다른 삶의 관심사에 대한 직접적인 추구로 되돌아갈 수 있다. 나는 예전처럼 아버지, 시민, 공무원, "좋은 유럽인" 등으로, 즉 나의 인간 공동체인 나의 세계 속의 한 인간으로 활동할 수 있다. 예전처럼, 그러나 예전 같지는 않은…. 이제 나는 이전에 순진한 자아였던 내가 다름 아닌 순진한 비밀 방식의 초월적 자아였다는 것을 안다. 나는 다시 나에게 인간으로 솔직하게 인식되는 자아로서, 나의 완전한 구체성을 *구성하고* 그래서 *실제로 처음으로 만들어내는* 불가분의 이면reverse side이 있다는 것을 안다(p. 210).

초월적 현상학자들은 정신분석학을 "자연적 관점의 명제thesis of the natural standpoint"(1931, p. 91)안에서 작동하는 것으로 간주할 것이고, 따라서 진정한 기초과학으로 간주하지 않을 것이다. 정신분석학은 세계의 존재를 당연하게 여기고 그것의 연구를 공유된 역사와 공유된 목표를 가진 학자 공동체의 관점에서 생각한다. 또한, 정신분석학적 연구 방법은 현상학적 환원의 고립 효과에 의해 불가능해진 과정인 대화에 의존한다. 후설은 환원을 개인적이고 구체적인 것에 대한 집착에서 보편적이고 선험적인 것에 대한 숙고contemplation로의 움직임으로 특징지었다. 이 움직임은 주관성에 대한 정신분석학적 연구에서 가장 중요한 것, 즉 개인의 세계 경험에 대한 구체적인 세부 사항을 파괴한다. 정신분석적 상황의 상호주관적 맥락에서 그런 세부사항에 대한 해석적 연구가 정신분석학적 연구의 본질을 형성한다는 것이 우리의 견해이다.

경험과학에 대한 후설의 제안에서 핵심적인 어려움은 초월적 현상학의 연구가 수행되는 관점에 대한 그의 저서에서 명료성의 결여와 관계가 있다. 판단중지에 내재된 관점의 급진적인 변화는 아마도 현상학자들을 모든 의식적인 경험 가능성의 궁극적인 조건들을 구성하는 주관성 구조의 "순수한 이론적 관객purely theoretical spectator"(p. 298)으로 전환시킨다. 이런 구조들에 대한 성찰 행위 자체가 일종의 경험이 아닐까? 만약 그렇다면, 이 성찰이 어떻게 모든 경험의 전제 조건을 벗어날 수 있을까? 초월적 현상학의 연구 과제는 인간 주관성의 경계를 벗어나 의식consciousness의 본질과 기능에 관한 전제 없는 확실성의 영역으로 나아가는 암묵적인 목표를 포함하는 것으로 보인다. 한 명의 연구자가 세계와의 관여에서 벗어나 고립된 성찰을 통해 경험의 기본 구조를 밝힐 수 있다는 생각은 인간의 유한성을 부정하고, 더 나아가 인간 지식이 *사회적인* 창조 전반에 걸쳐있다는 사실을 잊고 있음을 의미한다. 우리는 또한 세계의 객관적 현실에 대한 믿음의 보류suspension가 과학적 연구를 수행하려는 연구자의 의도에 포함된 보류되지 않은 모든 전제들 중 무엇을 위해 초월적 현상학의 연구 과제를 그 자체와 모순되게 한다고 주장할 것인가? 모든 단계에서 자신의 존재 이유를 그것이 출현하는 인간 공동체와 그것이 기여하는 공유된 전통의 관점에서 보지 않는 어떤 형태의 과학적 연구라도 이해할 수 있는가?

초월적 현상학의 실천은 사회적 삶에서 분리된 사고의 광경spectacle을 제시하고, 그 자체 내부로 순환하여 자신의 고독solitude에 대한 구체화된 상징을 절대적인 기초의 발견으로 착각한다. 따라서 그 내적 의도의 단순한 상관물로 환원된 세계와 관련하여 드러난 철저하게 고립된 실체인, 초월적 자아는 후설이 추구했던 의식의 진정한 기초라기보다는 현상학적 연구에서 따랐던 방법의 이차적 산물이다.

후설이 초월적 자아에 부여한 근본적인 자율성과 고독이 그의 철학 사상을 발전시키는 데 있어서 그의 개인적인 고독과 매우 유사했다는 것은 우리에게 흥미로운 일이다. 현상학의 역사가인 스피겔베르그H. Spiegelberg(1976)는 그렇지 않으면 상당히 역설적으로 보일 수 있는 것을 이 유사성이 어떻게 해명하는지에 주목했다. 즉, 다른 과학에서처럼 과학이 되고 협동 사업을 통해 발전을 장려하려는 것을 목표로 하는 철학은 거의 처음부터 이 노력에서 실패했다.

> 그의 사고는, 심지어 그가 단지 친밀한 집단과 마주쳤을 때조차도 근본적으로 독백이었다. 때때로 그는 자신의 생각의 고리를 끊으려고 노력했다. 그래서 그는 자신의 개인 조수에게 성인의 시성식canonization 절차에서 "악마의 변호인devil's advocate"에 필적하는 그의 반대자로 행동하는 역할을 맡겼다. 그러나 궁극적으로 "함께 철학하려는" 그런 시도에서도 그는 항상 그의 유일한 파트너로 남아있었다(1976, pp. 88-89).

스피겔베르그의 설명에 따르면, 유익한 토론은 후설이 가르치기 시작한 초기조차도, 그의 면전에서는 거의 불가능했다. 그는 저항할 수 없는 독백으로 말했고, 학생들과 동료들의 질문과 제안은, 그에게 어떤 독립적인 가치를 갖기는커녕, "단지 자신의 사고의 수레바퀴를 끊임없이 움직이게 하는 자극제로만" 사용했다(Spiegelberg, 1976, p. 90). 자신의 생각에 대한 이런 배타적인 몰입의 최종 결과는 현상학의 창시자가 거의 비극적인 고립 속에서 자신의 경력을 마감했고, 추종자들을 잃었는데, 후설이 이 고립을 유아론자solipsist의 고립과 비교했다고 전해진다(Spiegelber, 1976, p. 88).

후설의 철학에서 나오는 의식의 이미지에는 근본적인 양면성이 있다. 한편으로, 의식은 자연적 태도의 일방적인 폐쇄에 의해 지배된다. 이는 주체가 자기를 둘러싼 사물들의 세계로 향하는 관심과 과제에 완전히 얽매여 있는 태도이다. 다른 한편으로, 의식은 현상학적 환원을 수행하여 이 자연 세계에서 벗어날 수 있다. 이 경우, 주관성은 사물들의 결속력을 무효화하고 그 자체의 가장 깊은 본질로 돌아간다. 후설은 이 운동을 독립과 자족이라는 이상을 달성하는 것으로 묘사한다.

> 영혼이 순진한 외부 지향으로부터 자신에게로 돌아와서, 자신과 함께 그리고 순수하게 자신과 함께 남아있을 때에만, 그것은 그 자체로 충분할 수 있다(p. 297).

객관적인 세계와의 관계를 향하고, 또 멀어지는 의식의 두 가지 경향은 흥미롭게도 다른 사람들과 관계하는 후설의 개인적인 스타일의 이중성에 의해 반영된다. 그의 스승인 프란츠 브렌타노Franz Brentano에게 보낸 편지에서, 그는 어떻게 자신의 본성 중 한 부분이 경건한 복종의 태도(자연적인 태도의 속박에 상응하는)로 다른 사람들에 의해 인도받기를 갈망하는 반면, 다른 부분은 무자비하게 비판적이었고 그래서 항상 자신을 다른 사람들의 영향으로부터 벗어나게 해서 자신의 독립적인 길(초월적 환원의 해방에 상응하는)을 따르게 했는지를 설명했다.

> 아마도 나의 체질에서 내가 사랑하는 사람들을 존경하고 경건하게 따르며, 열심히 그들의 편을 드는 것보다 더 발달된 충동은 없을 것입니다. 그러나 불행하게도 나의 본성에는 두 가지 측면이 있어서, 내 안에는 나의 정서적인 성향에 상관없이 냉정하게 분석하고 지지할 수 없는 것으로 보이는 것을 무자비하게 거부하는 불굴의 비판적인 감각도 있습니다. 이렇게 감정에 의해 얽매이고, 지성에 의해 자유로워지니, 나는 행복하지 않은 채 내 길을 추구합니다. 항상 다른 사람들의 우월성을 인정하고 그들이 나를 위로 이끌도록 하는 경향이 있으며, 나는 계속해서 그들과 헤어지고 나만의 길을 모색해야만 하는 나 자신을 발견합니다(Spiegelberg, 1976, p. 89).

판단중지의 고독과 초월적 자아의 고립에 대한 후설의 강조는 다른 사람들로부터 자신을 분리하고 자신의 지적 자율성의 감각을 공고히 하려는 개인적 욕구와 연관된 것으로 보인다. 그런 연관성의 존재가 결코 후설의 현상학을 무효화하지는 않지만, 우리는 그것이 그가 홀로 믿었던 그의 사상의 한 측면을 조명한다고 제안할 것이다. 후설은 환원을 현상학적 연구의 중심적인 방법으로 정의하고 초월적 자아의 개념에 대한 그의 생각을 기초함으로써, 효과적으로 자신을 다른 사람들로부터 고립시켰고 그의 새로운 경험과학에서 진정한 진보의 가능성을 제거했다.

마르틴 하이데거

현상학에 대한 하이데거Martin Heidegger의 공헌은 존재Being의 의미를 이해하기 위한 그의 평생 탐구의 맥락에서 이루어졌다. 이는 주체나 자아에 주로 매료되었던 후설과 달리, 하이데거는 인간 존재의 본질(명료성)을 밝히는 문제를 중심으로 탐구한다. 그의 걸작인 「존재와 시간 Being and Time」(1927)[4]은 특별한 존재인 인간Man의 본질을 분명히 함으로써 일반적으로 존재에 대한 이해를 위한 길을 마련하려는 시도이다. 하이데거의 분석은 그 사람의 존재론을 다루고 따라서 인문과학으로서 정신분석학의 기초가 되는 가정에 대한 논의와 관련이 있다.

하이데거는 인간을 현존재(*Dasein*, Being-there)[5]라 부른다. 그는 존재의 물음과 현존재의 본질적인 성격 사이에 특별한 관계가 있음을 지적함으로써 현존재의 선택을 보편적 존재론에 대한 적절한 접근방법으로 정당화한다.

> 현존재는 다른 존재자들entities 사이에서만 발생하는 존재가 아니다. 오히려 그것은, 바로 그 존재에서, 그 존재가 그것에 대한 *문제issue*라는 사실에 의해 구별된다(p. 32).

> 현존재는 항상 자체의 가능성, 즉 자신이거나 또는 자신이지 않는 측면에서 자신을 이해한다(p. 33).

존재의 문제에 대한 관심은 「존재와 시간」의 주권적인 주제와 현존재의 중심적인 특징 모두를 정의한다. 하이데거의 책은 이와 관련하여 그 자체와의 흥미로운 관계를 보여준다. 인간의 초상화는 작품 자체의 축소판이며, 철학 전체에 동기를 부여하는 관심사를 반영하는 미니어처-스케치sketch-in-miniature이다. 존재의 본질에 대한 탐구는, 인간을 존재가 문제가 되는 존재자로 정의함으로써, 자신의 존재론적 동기를 존재하는 인간의 본질로 가정한다.

존재의 문제는 하이데거의 사상 세계에서 대단히 문제가 되는 문제인데, 왜냐하면 현존재의 본성 중심에는 자신이 아닌 다른 물체를 거울 삼아 그 자신의 존재를 해석하려는 경향이 있기 때문이다.

> 현존재는 우선 먼저 그 자신이 *아니라*, 자신의 세계 "안에서" 만나는 존재자들과 그들이 소유하고 있는 존재로부터 자신에 대한 존재론적 이해를 얻는다(p. 85).

하이데거에 따르면, 잘못되었거나 진실이 아닌 자기-개념self-conception을 가지는 것, 실제로는 그렇지 않은 것으로 자신을 상상하는 것은 현존재에 내재되어 있다. 이 자기-소외self-estrangement에 주목하면서, 그는 인간의 가장 깊은 존재론적 속성 중 하나를 확인했다고 주장한다.

> 현존재에 속하는 존재의 종류는, 자신의 존재를 이해함에 있어, 자신이 가까이 다가가는 존재자의 관점, 즉 "세계"의 관점에서 그렇게 하는 경향이 있다(p. 86).

「존재와 시간」의 상당 부분은 현존재의 속성들을 그것의 세계에서 마주치는 존재자들의 종류와 뚜렷하게 구별하는 방식으로 설명하는 데 전념한다. 하이데거는 이런 속성을 언급하기 위해 *실존범주existentialia*라는 용어를 사용하고, 그가 범주categories라고 부르는 물체들이 소유한 속성과 구별한다. 따라서 그의 분석은 자신의 세계에 의존하고, 그 세계의 관점에서 자신을 해석하려는 현존재의 성향과 반대되는 방향으로 진행된다. 현존재의 존재에 대한 질문 자체가 현존재의 존재 방식들 중 하나로 명시적으로 받아들여진다는 점에서, 「존재와 시간」은 반사적으로 스스로를 순환한다. 그러므로 이 책은 세계로부터 자신을 분리하고 자신만의 독특한 자아성selfhood의 표현을 구성하기 위해 하이데거 자신을 의인화한 특정 현존재의 노력으로 이해될 수 있다.

　하이데거에 의해 논의된 실존주의existentialia는 인간 존재의 선험적 토대를 구성하는 "존재론적 구조 개념들"이 서로 맞물리는 시스템을 형성한다. 그는 그것이 구체적인 현실이나 일상성everydayness에서 보이듯이 현존재에 대한 분석을 통해 이것들에 도달한다. 실존주의가 해당되는 일반적인 용어는 하이픈 연결이 분리할 수 없는 통일성unity의 존재를 강조하는 *세계-내-존재Being-in-the-world*이다. 이 통일성은 서양 철학 사상에서 전통적이었던 주체와 객체 사이의 분리를 약화시키는 것을 의미한다. 세계-내-존재는 주로 그렇지 않다는 측면에서 특징지어진다. 세계-내-존재는 현존재 이외 존재자들의 존재 방식이 아니다. 내-존재Being-in는 물리적 공간에서 한 사물이 다른 사물 안에 있는 문제가 *아니다*. 그리고 세계-내-존재의 세계는 그 자체로 일상생활 속에서 만나는 그런 현존재와 유사한 어떤 종류의 존재자도 *아니다*. 세계의 세계성worldhood은 존재자들이 자신을 보여주고 마주칠 수 있게 하는 환원 불가능한 의미의 맥락인 그것의 존재에 있다. 따라서 세계는 실제로 세계를 "가지고 있다"라고 말하는 현존재의 존재 속성이다.

현존재는 마음 씀(care, *Sorge*)의 태도에 의해 존재론적으로 다른 존재자들과 관련이 있다. 인간의 관심과 의미를 포함하는 이런 종류의 관련성은, 사물에 의해 보여주는 관련성이나 상호작용의 방식과는 전혀 다른 질서이다. 하이데거는 인간이 아닌 존재자들non-human entities이 경험되는 두 가지 구체적인 방법, 즉 용재성(用材性, readiness-to-hand, *Zuhandenheit*)과 전재성(前在性, presence-at-hand, *Vorhandenheit*)을 논의한다. 이들 중 전자는, 광범위하게 말해서, 도구들이나 기구들, 즉 의도된 목표에 도달하기 위한 종속적인 수단으로 마주치는 존재자들에 대한 인간의 관계를 말한다. 후자는 실용적인 활동에서 분리된 방식으로 보이는 존재자들과 관계가 있고, 이론적 관조contemplation의 방식을 나타낸다.

세계-내-존재 또한 하이데거가 *피투성(被投性, thrownness, Geworfenheit)*이라 부르는 것을 포함하는데, 이는 현존재가 전적으로 자신이 선택하지 않은 시간 및 장소, 상황에서 자신을 발견한다는 것을 의미하며, 포괄적인 "존재성thereness" 또는 사실성facticity을 소유하는 상황으로 넘겨진다는 것을 의미한다. 현존재가 던져진 세계는 도구존재ready-to-hand와 사물존재present-to-hand로 마주치는 존재자들 유형뿐만 아니라, 다른 현존재의 존재인 인간 상황의 구성요소로 주어진 유형의 존재자들도 포함된다. 하이데거의 사상에는, 후설의 초월적 주관성 분석에서 나타나는 것과 같은 고립된 "나 I" 또는 자아ego는 없다. 세계-내-존재는 선천적으로 그리고 불가분적으로 타자들과-함께 있는-존재Being-with-others이다. 함께 있는 존재Being-with의 속성은 실존existentialia의 또 다른 속성으로 묘사되고, 하이데거는 다시 이 특성을 사물존재 영역에 있는 사물들이 소유한 일종의 공존과 구별하기 위해 다시 마음 씀care을 기울인다.

"현존재가 본질적으로 함께 있는 존재이다"라는 현상학적 주장은 실존적-존재론적 의미를 갖는다. 그것은 내가 사실적으로 사물존재만이 아니라, 나와 같은 종류의 타자들이 나타난다는 것을 존재와 관련되어 확립하려고 하지 않는다. 함께 있는 존재는 사실적으로 타자가 가까이에 없거나 인식되지 않는 경우에도 현존재의 실존적 특성이다. 심지어 현존재의 홀로 있는-존재Being-alone조차도 세계 속에 같이 있는 존재이다. 타자는 함께 있는-존재 *안에* 그리고 함께 있는 존재를 *위해서만* 누락될 수 있다 (pp. 156-157).

타자들과-함께 있는-존재는 현존재를 자신의 진정한 자기로부터 소외시키는 속성을 지닌 세계-내-존재의 차원으로 제시된다. 이것은 아마도 타자들에 대한 현존재의 관심에 자신이 그들과 어떻게 다른지에 대한 지속적인 마음 씀이 포함되어 있기 때문이다. 그런 마음 씀은 더불어-있는-존재Being-with-one-another를 방해하고 타자들처럼 되어, 그들이 누가 되어야 하고 무엇이 되어야 하는지를 정의할 수 있게 하는 경향을 낳는다.

> 현존재는 일상적인 더불어-있는-존재로서 타자들에게 복종한다. 그것은 스스로가 아니라, 타자들에 의해 그 존재를 빼앗겼다. 현존재의 일상적인 존재 가능성은 타자들이 원하는 대로 처분하는 것이다(p. 164).
>
> 더불어-있는-존재는 자신의 현존재를 일종의 "타자들"의 존재로 완전히 해체시킨다(p. 164).

한 사람의 자율성을 넘겨받은 타자들을 총괄하여 "세인(the they, *das Man*)"이라고 한다. 하이데거에 따르면, 자신의 독립적인 자아성을 방어하는 책임은 무거운 짐이며, 따라서 현존재는 삶의 지침을 위한 익명의 사회 환경과 관습에 의지한다. 현존재가 의지하는 "세인"은 일상성의 자기, 이른바 "진정한 자기authentic self"와 뚜렷하게 구별되는 "세인-자기(they-self, *das Man-Selbst*)"를 낳는다. 하이데거는 평범한 사회생활에서 경험되는 정체성의 불변성은 현존재의 비본래성inauthenticity과 자신의 가장 깊은 가능성을 지지하지 못하는 것과 결탁하여 지속적인 "세인-자기"를 만들어내는 "세인" 독재dictatorship의 발로라고 주장한다. "세인"의 공공성에 흡수되고 상실되는 실존적인 움직임을 *퇴락(falling, Verfallen)*이라고 하며, 인간에게 속한 지배적인 존재 상태로 묘사된다.

> 비본래성으로의 퇴락은 "세계"와 "세인" 속 타자들의 공동-현존재the Dasein-with에 의해 완전히 매료된, 꽤 독특한 종류의 세계-내-존재에 해당한다. 나-자신-비존재Not-being-its-self는, 본질적인 관심사에서, 세상에 흡수된 그 존재자의 *긍정적인* 가능성으로 기능한다. 이런 종류의 비존재는 현존재에 가장 가깝고 현존재가 대부분 자신을 유지하는 그런 종류의 존재로 여겨져야 한다(p. 220).

퇴락하면서, 현존재는 자신에게서 떨어져 근거 없이 떠돌아다니는 상태로 서서히 떨어진다. 이 상태는 마음을 안정시키는 상태인데, 왜냐하면 세상으로의 퇴락은 "세인"의 승인sanction을 받고 있으며, 안전하고 진정한 존재 방식인 것처럼 보이기 때문이다. 그러나 이런 표류는 실제로 그 안에서 자신의 가장 큰 잠재력과 관심사가 감추어지고 상실되는 자기-소외self-alienation를 향한 표류이다.

또한 퇴락은 *도망하는 것*fleeting으로 특징지어질 수 있는데, 여기서 도피flight는 세계-내-존재로서 현존재 자신의 진정한 본성에서 나온다. 하이데거는 이 시점에서 *불안*anxiety의 개념을 도입하여 퇴락 기저에 있는 감정 상태를 언급한다. 불안은 "세인"의 평온함과 반대이다. 즉, 현존재를 개별화하고 그것의 가장 본질적인 가능성의 실현을 위해 그것을 자유롭게 하는 것은 실존적 분위기이다. 불안과 밀접한 관련이 있는 것은 진정한 존재의 "기묘함"(uncanniness, *Unheimlichkeit*), 즉 고향상실not-being-at-home의 감각인데, 하이데거는 이것이 자신의 가장 깊은 자아성과 현존재의 결합을 동반한다고 주장한다. 퇴락은 현존재를 진정한 자아성의 기묘함에 무뎌지게 하고, 불안을 일상의 평온한 익숙함으로 대체한다. 동시에 세인-자기를 포용함으로써 빠져나가는 이 존재의 기묘함은 실존적으로 현존재 성질의 보다 근본적인 속성이다.

하이데거는 본래성authenticity과 죽음의 관계를 현존재의 존재 가능성으로 받아들임으로써 인간 존재의 선험적 구조에 대한 설명을 이어간다. 그의 분석에 따르면, 현존재는 오직 그 끝에 죽음에 이르기까지 아무것도 해결되지 않은 채 남아있지 않을 때만 전적으로 그 자체이다. 친밀한 유대는 현존재의 실존적 구성요소로서 죽음의 현실과 현존재가 완전하고 깊고-광범위한 본래성을 달성할 수 있는 가능성을 연결시킨다고 한다. 왜냐하면, 죽음은 자신의 소유물 중에서 빼앗길 수 없는 유일한 것이기 때문이다.

> 아무도 타인의 죽음을 그에게서 빼앗을 수 없다. 죽는 것은 모든 현존재 자신이 그 당시에 스스로 감당해야 하는 것이다. 본질적으로, 죽음은 그것이 "존재하는" 한, 모든 경우에 나의 것mine이다(p.294).

하이데거의 존재론적 묘사는 죽음을 세인을 해체하고 현존재를 완전한 본래성에서 해방시키는 힘을 가진 것으로 간주한다는 것을 보여준다.

> 죽음과 함께, 현존재는 자신의 가장 고유한 존재-가능성potentiality-for-Being으로 자신 앞에 서 있다. 만약 현존재가 이 가능성으로 자신 앞에 서 있다면, 그것은 자신의 가장 고유한 존재-가능성에 *완전히* 배정된 것이다.

그것이 이런 식으로 자신 앞에 설 때, 다른 어떤 현존재와의 관계도 모두 취소되었다. 이런 자신의 가장 고유한 비관계적인 가능성은 동시에 최대한의 가능성이다(p. 294). 죽음에-이르는-존재Being-toward-death에서 현존재는 자기 자신의 이 독특한 가능성에서 "세인"으로부터 떨어져 나갔다는 것이 분명해질 수 있다(p. 307).

물론 죽음이 "세인"의 피상적인 이야기 속에 포함될 수도 있는데, 이 경우 종말의 필연성을 직면할 때 개인의 불안은 "죽음은 반드시 오지만, 지금 바로 오지는 않는다"와 같은 진정시키는 정형화된 문구로 대체된다(p. 302). 퇴락할 때, 수용된 그런 정형화된 문구들은 죽음의 현실을 미루고 죽음의 확실성에 대한 진정한 관점에서 중요한 것, 즉 "언제든지 가능하다"라는 것을 은폐한다(p. 302). 하이데거는 죽음이, 다른 현존재들에 의해 전유될 수 없는 현존재의 존재 속성 덕분에, 자신을 개별화하고 자신의 가장 고유한 존재에 대한 권리를 주장할 수 있다고 거듭 강조한다. 현존재는 죽음의 필연성을 열정적으로 붙잡음으로써, 자신의 삶을 진정성 있고 자율적인 방식으로 살 수 있는 기반을 확보한다.

> 선구(*vorlaufen*, anticipation)에 의해 자신의 죽음에 *대하여* 자유로워질 때, 사람은 "세인"의 상실감lostness에서 해방되고 *처음으로* 죽음이라는 가능성 앞에 놓여있는 사실적인 가능성들 중에서 진정으로 이해하고 선택할 수 있는 그런 방식으로 해방된다 (p. 308, 이탤릭체 추가).

하이데거의 사상 세계에서, 개인과 자신의 가장 고유한 존재 또는 자아성과의 관계는 근본적으로 문제가 된다. 이런 맥락에서 실존주의에 대한 그의 설명은 소외와 퇴락에서 벗어나 자신의 개성 있는 자아성을 보여주려는 현존재의 시도로 볼 수 있다. 특히, 구체적으로 말하면, 현존재는 인간 존재의 구조적 구성요소들을 식별하고 이런 요소들을 인간 존재의 존재론적 토대에 투사함으로써, 근거 없이 떠 있는 느낌을 자신의 가장 깊은 뿌리에 대한 그림으로 대체하고자 한다. 이런 노력의 결과로 어떤 공허한 인상을 피하기는 어렵다. 우리는 그것이 무엇인지보다는 현존재가 *아닌* 것에 관하여 훨씬 더 많이 배운다. 심지어 때로는 현존재가 가지고 있는 유일한 긍정적인 특성이 그것의 소유물인 것처럼 보이기까지 한다. 하지만「존재와 시간」의 존재 자체가 퇴락의 위장을 벗어던지려는 상쇄적인 경향이 현존재의 본성 속에 존재함을 가리킨다. 하이데거는 자신으로 회복하려는 현존재의 근원적인 성향을 *양심의 부름the call of conscience*이라고 불렀다. 양심은 "세인"을 배경으로 밀어내고 현존재를 자체-존재Being-itself의 가장 고유한 가능성으로 호출하는 초청장을 발부한다고 말한다. 이 호출은 현존재가 퇴락에서 벗어나려는 동일한 실존적 위치, 즉 개별화된 세계-내-존재의 기묘함에서 나온다.

> 양심은 마음 씀의 부름call으로 나타난다. 부르는 자는 피투성thrownness(그 안에 이미 있음)에서 존재-가능성에 대해 불안해하는 현존재이다. 현존재는 "세인" 속으로 퇴락하고 있으며, 그것은 호소에 의해 이 퇴락에서 소환된다(p. 322).

하이데거의「존재와 시간」의 중요성을 평가하는 작업은 정신분석 이론가를 딜레마에 처하게 한다. 이 작업은 우선 존재론에 대한 연구이며, 궁극적으로 존재의 일반적인 의미를 명백하게 설명하는 것을 목표로 한다. 존재의 의미에 대한 질문은, 우리가 이해하는 것처럼 정신분석학의 관심 분야에 들어가지 않는다. 분석가는 인간이 *존재하는* 것을 당연하게 여기고, 나아가서 인간 존재의 본질은 일반적으로 존재의 문제를 고려하지 않고 생산적으로 연구될 수 있다고 생각한다. 동시에 정신분석학적 연구는 분명히 철학적으로 중립적인 활동이 아니다. 그것은 그 주제에 관한 전제에 기반을 두고 있으며, 이런 전제들은 그것이 수행하는 조사를 안내하고 범위를 정한다. 정신분석적 현상학의 철학적 헌신이 현존재에 대한 하이데거의 실존적 분석의 헌신과 유사한 일반적인 방법은 적어도 두 가지가 있다. 첫째, 두 연구 모두 인간의 목적과 의미를 포함하는 세계에 위치한, 경험하는 존재로서의 인간 개념에서 시작한다. 둘째, 현대의 분석가는 인간이 자신의 세계에서 물질적 대상에 적용하는 범주의 측면에서 자신을 해석하는 것이 자신을 *인간*으로 이해하는 것을 효과적으로 방해한다고 인식한다. 그러나 우리가 현존재의 존재론적 특성화의 보다 미세한 세부사항들을 고려할 때, 하이데거의 분석과 정신분석학적 접근 사이의 차이가 나타난다. 하이데거는 사람이 인간 본성의 중추적인 사실이 아닌 측면에서 자신을 잘못 보는 경향을 꼽는다. 인간은 그들의 실존적 가능성 중 하나로서, 비인격화되고 자신의 본성으로부터 소원해질 가능성을 가지고 있다. 그런 소원함은 실제로 20세기 인문과학을 지배해온 인간 본성의 객관화 이미지에서 예시된다. 그러나 인간의 존재론적 구성에서 이 소외를 찾아내는 것은 그것을 인간의 삶에 대한 모든 탐구에 의해 전제되어야 하는 것으로 만든다. 그런 가정은 다른 모든 가능성을 배제하고 유일한 인간 가능성의 중요성을 부자연스럽게 확대하고, 이로 인해 얻어지는 인류의 비전에 매우 구체적인 제한된 초점을 부여한다. 정신분석학적 관점에서, 존재의 진정한 유형과 가식적인 유형 사이의 양극성은 인간의 자기-경험 차원을 정의한다. 분석가의 관심을 끄는 것은 일반적으로 존재의 문제가 아니라, 오히려 *개인적 존재 경험*의 다양한 형태를 이해하는 문제이다. 이 경험에 대한 설명은 경험적 수준에서, 특정 개인 세계와 그 발달에 대한 연구에서 이루어진다.

하이데거의 「존재와 시간」은 철학적 관점뿐만 아니라, 심리전기적 psychobiographical 관점에서도 읽혀져야 한다고 강하게 주장한다. 그런 독서가 현존재의 존재론이 어떻게 사회적 환경의 압력과 영향력에 흡수될 영원한 위험을 느꼈던 세계에서 개성과 근거가 있는 본래성을 위한 하이데거 자신의 고뇌에 찬 투쟁의 *상징*으로 이해될 수 있는지를 밝힌다(Stolorow, Atwood, & Orange, 2010).

장 폴 사르트르

하이데거와 유사한 현상학적 시스템이 장 폴 사르트르Jean-Paul Sartre의 철학 속에 등장한다. 의식의 존재론을 제시하는 이 시스템은 중심 작품인 「존재와 무Being and Nothingness」(1943)[6]에서 가장 완벽하게 전개된다. 사르트르에 따르면, 의식의 본질은 사물의 본질과 근본적으로 다르다. 의식은 그 자신을 위해 존재하는 존재 양식인 반면, 사물은 그 자체로만 존재한다. 따라서 인간 존재의 세계는 *대자존재(對自存在, Being-for-itself)*와 *즉자존재(卽自存在, Being-in-itself)*라는 두 개의 겹치지 않는 별개 영역으로 나뉜다. 사르트르는 대자존재를 순수한 비-존재non-being 또는 무nothingness로 구성된 것으로 특징짓는다. 이것은 존재의 충만함이나 풍부함으로 이해되는 즉자존재와 대조적이다. 사르트르의 틀 안에서 대자(對自, the for-itself)에 대한 설명은 그것이 아닌 측면, 즉 즉자(卽自, the in-itself) 외에는 불가능하다. 의식의 본질을 구성하는 무無는 문자 그대로의 부정성negativity과 불충분성insufficiency의 문제로, 사물 세계의 충만함 속에 있다. 더욱이, 그 본질을 불완전함과 무無로 인식하는 것은 의식에 내재되어 있다.

> 의식은 존재이며, 그 본성은 그 존재의 무를 의식하는 것이다(p. 86).

> 인간 현실이 세계 속의 존재로 떠오르는 순수한 사건은 그 자체로 자신의 결핍으로 이해된다. 그것이 존재하게 되면서 인간 현실은 스스로를 불완전한 존재로 이해한다(p. 139).

대자에서 빠져있는 것은 즉자의 세계에서 사물들이 소유한 자기-정체성self-identity과 영구성permanence의 긍정적인 특성을 부여할 수 있는 실질적인 토대이다.

사르트르는 즉자존재가 단순히 "있는 그대로"인 반면, 대자존재는 "존재하지 않는 것이고 있는 그대로가 아닌 것이다is what it is not and is not what it is"라고 썼다. 이 공식은 의식이 사물이 하는 것과 같은 방식으로 자신과 일치하지 않는다는 점을 강조하기 위한 것이다. 어떤 특정한 역할이나 정체성이 어떤 사람에게 주어지든, 이 정체성은 그것을 맡은 사람과 결코 동일하지 않다. 예를 들어, 한 남자가 카페 웨이터라면, 그는 테이블이 테이블인 것과 같은 방식으로 웨이터가 아니다. 그는 웨이터가 아닌 방식으로 웨이터가 되고 있다. 인간의 의식은 자기-정체성을 부여하는 어떤 특징도 가지고 있지 않다. "대자가 부족한 것은 자기 또는 즉자로서의 자기 자신이다. 사라진 즉자는 순수한 부재이다"(p. 138). 사르트르의 철학은 대자와 즉자 사이를 분명하게 구별할 뿐만 아니라, 대자를 이와 같이 뚜렷하게 구별하는 활동에 참여하는 것으로 묘사한다.

> 대자는 끊임없이 자신이 즉자가 아닌 것으로 결정하고 있다. 이것은 오직 즉자의 측면과 즉자에 대항해서만 스스로를 확립할 수 있다는 것을 의미한다(p. 134).

비존재의 한 종류로서 의식의 개념은 인간의 *자유freedom*에 대한 사르트르의 이론과 밀접하게 연관되어 있다. 의식은 영원한 자발성으로 간주되면, 매 순간마다 스스로를 결정하고 결코 외부의 어떤 것에 의해 결정되지 않는다는 점에서 근본적으로 자유롭다. 즉자존재의 영역을 구성하는 물체들은 외부 인과관계의 적용을 받는 반면, 의식은 *아무 것도 아니다no-thing*. 그것은 영구적인 특징도 없고, 실체도 없으며, 사물에 대한 인과적 의존도 없다. 이런 맥락에서 "실존은 본질에 앞선다 Existence precedes essence."라는 유명한 실존주의 공식을 이해할 수 있다. 대자가 그것을 정의하고 그것의 변천 내내 일정하게 유지되는 본질이나 선재하는pre-existing 본성을 가지고 있다면, 그것은 사물의 세계에 합류하고 사물의 세계를 지배하는 법칙의 적용을 받게 될 것이다. 그러나 그것은 자유롭게 선택하는 것 외에는 결정적인 성격이나 본질을 가지고 있지 않으며, 그 각각의 선택은 한순간에서 다음 순간으로 전복되고 변형되기 쉽다. 따라서 인간은 과거의 그와 미래의 그로부터 분리되어 있다. 즉, 시간을 통한 안정성과 연속성은 의식의 속성이 아니라 사물의 속성이다.

사르트르가 의식의 근본적인 자유를 강조하는 것은 항상 대자와 즉자의 차이를 강조하려는 그의 보다 일반적인 경향의 표현이다. 그러나 이런 차별화되고 분리되는 경향은 실제로 대자가 관여되는 변증법적 투쟁의 한 측면일 뿐이다. 왜냐하면 인간이 자신의 무nothingness와 자유를 인식하는 것이 그에게 평화롭게 놓여있지 않기 때문이다. 자유에 대한 분명한 인식은 사람이 자신과 자신의 운명의 절대적인 창조자임을 인정하는 것을 의미한다. 이 역할이 내포하고 있는 비상한 책임감은 *고뇌 anguish*로 느껴지고, 자유에서 벗어나 즉자의 세계에서 사물이 갖고 있는 안정된 견고함과 자기-정체성 속으로 탈출하려는 열망이 의식 속에서 일어난다.

> 고뇌를 통해 나타나는 자유는 자유로운 존재를 지정하는 *자기*를 다시 만들어야 하는 끊임없이 새로워진 의무를 특징으로 한다(p. 73).
>
> 우리는 우리 자신을 하나의 *사*물로 이해하려고 시도함으로써 고뇌로부터 도망친다(p. 82).
>
> 모든 것이, 고뇌와 관련하여 마치 우리의 본질적이고 즉각적인 행동이 우리를 둘러싼 공허함을 채우고, 과거와 현재, 현재와 미래 사이의 연결고리를 재정립하기 위한 도피인 것처럼 발생한다. 따라서 우리는 즉자존재의 절대적 긍정성을 추구한다(pp. 78-79).

사물과 같은 존재라는 착각을 받아들임으로써 고뇌로부터 도피하는 것을 사르트르는 *나쁜 믿음*bad faith이라고 부른다. 나쁜 믿음의 태도에서, 인간은 자신이 누구인지에 대한 책임을 질 수 있는 결정적인 본성을 가진 것처럼 가장함으로써 인간 자유에 대한 무거운 짐이 해제된다. 즉자의 긍정적인 속성을 대자로 충당하려는 시도의 문제점은 이 과제가 성공한다면 대자가 소멸된다는 것이다. 개인은 오직 죽음을 통해서만 진정으로 자유를, 즉 자신이 누구인지를 정의해야 하는 끊임없이 다시 갱신된 책임에서 벗어날 수 있다. 그러므로 의식은 해결할 수 없는 모순에 갇혀 있다. 그것은 사물의 영속성과 실체성substantiality을 받아들임으로써 스스로를 완성하려는 불충분함이지만, 이런 방향으로의 노력은 영구적이고 실체적인 것이 또한 비활성화되고 죽게 된다는 암울한 사실에 의해 차단된다.

> 인간 현실의 존재는 대자를 잃지 않고서는 즉자를 얻을 수 없기 때문에 고통받고 있다. 그러므로 인간의 현실은 본질적으로 불행한 상태를 능가할 가능성이 없는 불행한 의식이다(p. 140).

대자존재는 즉자와 관련하여 두 가지 방향으로 움직인다. 그것은 자신의 자유를 긍정하고 자신의 무nothingness를 인정함으로써 사물과 자신을 구별하고, 고뇌에서 벗어나 나쁜 믿음의 행위에 참여함으로써 사물과 자신을 동일시하려고 한다. 존재와 비존재 사이를 왔다 갔다 하는 이런 움직임은 인간 존재에 비극적인 차원을 부여한다. 그것의 목표는 실제로 불가능한 상태, 즉 의식의 자발성과 사물의 실체성 및 영속성의 초월적인 융합fusion을 달성하는 것이다.

> 이 상태는 대자와 즉자의 불가능한 통합이 될 것이다. 즉, 그것은 무로서가 아니라 존재로서 자신의 기초가 될 것이며, 그 안에서 즉자존재의 자신(자기-정체성)과의 일치와 함께 필요한 의식의 반투명성을 보존할 것이다 (p. 134).

우리는 사르트르의 작품에는 대자존재와 즉자존재의 "불가능한 종합"을 달성하려는 숨겨진 시도가 포함되어 있다고 생각한다. 이 시도는 무nothingness 개념의 구체화, 즉 어떤 사물의 속성 부재를 문자 그대로 우주의 공백이나 불충분함, 인간의 참된 본성으로 제시된 세계 구조의 구멍hole으로의 변형에 나타난다. *존재의 실제적 결핍으로서의 대자*의 개념은 즉자의 유형적 실체가 차지하는 현실의 동일한 사실적 평면에 의식을 둔다. 주체의 근본적인 자유에 대한 교리는 이런 갈등을 줄이는 구체화의 정교화로 해석될 수 있다. 인간이 자신의 존재에 선행하는 본질이 없다는 명제의 현저한 모순에서, 사르트르는 자유를 인간 의식의 *본질적인* 특징으로 가정한다. 인간의 무nothingness를 자유로 시각화함으로써, 그는 추정된 정의definition의 결여와 시간적 연속성을 인간 본성의 영구적이고 긍정적인 특성으로 바꾼다. 이 변화는 의식에 지속적인 자기-정체성을 부여하는 추가 효과를 갖는다.

존재의 세 번째 범주 또한 사르트르에 의해 광범위하게 기술되어 있으며, 인간 상황에 대한 그의 개념을 이해하고 평가하는 데 가장 중요하다. 이것은 *대타존재Being-for-others*의 범주이다. 대자가 타인들을 이해할 때, 그들을 자신의 경험적 장field의 대상들로 간주한다. 한 개인에게 속하는 주관적 의식은 결코 그 개인 자신 외에는 직접 알 수 없다. 즉, *자신을 위해 존재하는 것은 타자들을 위해 존재*하는 것과 근본적으로 다르다. 또한, 의식은 대타for-the-Other인 자기the self를 직접 알 수 없다. 왜냐하면 이 자기는 타자의 인식 대상으로서만 존재하기 때문이다.

> 내가 나에게 나타나는 *대상으로서의 타자*the Other-as-object를 기반으로 타자가 자신에게 무엇인지 이해할 수 없듯이, 나는 타자를 위해 존재하는 나 자신을 이해할 수 없다(p. 327).

대타존재의 "객관성objectness"의 결과는 자율적인 자유의 중심으로서 대자의 지속적인 삶에 대한 심각한 위협을 포함한다. 어떤 사람이 다른 사람의 눈에 띨 때, 그는 타자를 자신 주위의 의미와 가능성의 세계를 구성하는 자유로 파악한다. 그러면 이런 이해는 자신의 세계를 대체하여 자신을 순수한 객관성으로 흡수할 위험이 있는 그 전혀 다른 세계의 구조 안에서 그 자신이 표현되는 과정에 있다는 갑작스러운 인식으로 확장될 수 있다. 그는 자신의 무nothingness에 부과되는 이질적인 윤곽을 감지하고, 이 윤곽이 무엇인지 모른 채 자신의 주관성을 박탈당하고 대상으로 변형되는 것을 느낀다. "즉자가 한 번 더 대자에 접근한다. 나는 외양을 갖고 있고, 본성을 갖고 있다"(p. 352). 사람이 타자 시선의 대상이 되면, 자신의 주관적 세계 안에 "내출혈internal haemorrhage"이 일어나고, 그것은 타자의 자유 방향으로 흐른다. 사르트르는 한 의식과 다른 의식과의 이런 관계를 노예제도와 유사하다고 설명한다.

내가 나의 가능성이 아닌, 내 존재 너머의 순수한 존재를 엿볼 수조차 없고, 나를 내가 모르는 목적을 위한 수단으로 구성하기 위해 나의 초월성을 부정하는 가능성의 도구인 한, 나는 나의 존재가 나의 것이 아니고 나의 존재의 바로 그 조건인 자유의 중심에 의존하는 정도까지 타자의 노예이다. 즉, *나는 위험에 처해 있다.* 이 위험은 사고accident가 아니라 나의 대타존재의 영구적인 구조이다(p. 358).

사르트르가 이 대자존재의 위험에서 "영구적인 구조", 즉 개인의 의식이 갈망했던 자기-정체성 상태를 달성하는 미약하지만 지속적인 방법을 발견한 점은 주목할 가치가 있다.

대타존재에서 대상 상태로의 환원 위협에 대한 대자존재의 반응은 *자신*을 대상으로 환원함으로써 타자의 자유를 부정하는 것이다.

> 타자의 객관화는 자신의 존재 쪽에서는 방어인데, 정확하게는 타자에게 대자존재를 부여함으로써 나를 나의 대타존재로부터 자유롭게 한다(p. 359).

대타존재에서 자유의 상실과 주관성의 감금imprisonment은 사르트르의 연극「출구 없는 방No Exit」(1946)에서 지옥의 이미지로 생생하게 상징된다. 여기에서 주인공들은 서로의 추악한 삶에 대하여 그들이 가지고 있는 얼어붙은 이미지들을 통해서만 자신을 알도록 영원히 저주받는다. 따라서 인간관계는 서로의 자유를 박탈하고 서로를 대상으로 낮추기 위해 고군분투하는 경쟁하는 주관성들 사이의 끝없는 싸움으로 그려진다.

장 폴 사르트르의 이론적 세계에서, 개인의 주관적 존재는 객관화하고 압도하는 이질적인 의식의 힘에 의해 끊임없이 위협받는다. 대인관계의 삶에 대한 이런 이미지는 그 사람이 진정으로 식별할 수 없는 역할에 지속적으로 흡수되는 존재이다. 사르트르가 사회적 관계를 취급하는 방법에는 자신의 자기감sense of self이 함정에 빠지거나 타락하기보다는 반영되고 강화되는 그런 방식으로 공감적으로 이해될 가능성이 포함되지 않는다. 이 누락은 매우 중요한데, 왜냐하면 일단 그런 공감 경험이 대타존재의 구조에 도입되면, 대자를 괴롭히는 긴장과 갈등은 완전한 변형을 겪기 때문이다. 사회생활은 더 이상 서로를 전멸시키기 위해 사활을 건 투쟁에 갇혀 경쟁하는 주체성들의 전쟁터가 아니다. 대신에 타자와의 관계는 개인적 자아성personal selfhood이 안심할 수 있는 경험의 영역이 되고, 실제로 그 안에서 그것이 강력하게 확인될 수 있다.

    정신분석적 방법과 사상은 결코 사르트르의 의식 존재론에 근거하여 생겨날 수 없었다. 이것은 정신분석학이 두 사람 사이의 공감적 대화에 기반을 둔 상호주관적인 과학이기 때문이다. 분석가는 자신이 환자에게 어떤 존재인지, 그리고 또한 그의 환자가 자신에게 어떤 존재인지를 *이해할 수 있다*고 가정한다. 더 나아가서 이런 이해는 관련된 사람들의 자기-정의self-definitions에 본질적인 위협이 되지 않는 공동 노력을 통해 발전할 수 있다고 가정한다. 이와는 대조적으로,「존재와 무」원칙에 따라 일관되게 패턴화된 심리치료적 관계에서, 분석가는 오직 대상의 지위로의 환원을 통해 중립화된 위험한 적enemy인, 이질적이고 적대적인 세계의 매개자로서만 자신의 환자를 만날 수 있다.

    우리는 또한 사르트르의 철학에서 발전된 자유의 개념에 이의를 제기할 것이다. 이 개념의 문제점은 자기-경험의 특정 속성을 인간 존재의 존재론적 수준으로 끌어올려, 모든 사람들 세계의 중심에 있다고 가정해야 하는 것으로 만든다는 것이다. 주체의 근본적인 자유에 대한 이론은 사르트르의 틀이 이런 경험이 중심적인 것이 아닌 인간의 상황을 적절하게 묘사하고 설명할 수 없게 만든다. 더욱이, 자발성과 자율성을 의식의 본질에 위치시킴으로써, 그의 생각은 개인의 자유 경험의 발달적 기원과 변천에 관한 의문들을 추구하는 것을 그만두게 한다. 그런 의문들에 대한 연구는 인간 자아성의 기원을 이해하기 위한 정신분석적 탐구의 중요한 부분이다.

그럼에도 불구하고, 사르트르의 저서들은 정신분석학적 지식에 상당한 공헌을 담고 있다. 철학자 찰스 핸리Charles Hanly(1979)는 사르트르의 의식 이론이 일반적으로 인간의 주관성보다 "가장 인격as-if personality"으로 알려진 심리적 장애에 더 분명하게 적용된다는 자신의 흥미로운 제안으로 이 공헌의 본질을 암시한다. 「존재와 무」는 자기-경험 구조를 완전히 통합하지 못하면 그 결과로 자기-정의가 그 사람의 중심적인 선입견이 되는 그런 주관적 상태의 풍부하게 정교화된 현상학으로 읽힐 수 있다.

이런 주관적인 삶의 이미지의 개인적 배경에 대한 깊은 통찰은 사르트르의 자전적 단편인 「말The Words」(1964)을 읽음으로써 찾을 수 있다. 무nothingness에 대항한 투쟁과 실체성에 대한 탐구는 그의 철학뿐만 아니라 그의 개인적 존재를 주제로 삼았다(Atwood, 1983).

결론

위에서 검토한 세 가지 현상학적 시스템은 각각 인간 경험 연구의 기초가 되는 가정에 관한 제안들이다. 이런 제안들은 공통적으로 경험 세계에서 물질적 대상의 속성과 주관성 자체의 속성을 구별하는 데 중점을 둔다. 이 동일한 강조는 최근의 정신분석학적 사고, 특히 프로이트의 초심리학에 대한 비판에서 점점 더 중요해지고 있다. 우리가 보기에 이 의견의 일치는 현상학적 통찰력을 정신분석학에 통합할 수 있는 가능성을 확립하는 것 같다. 과거에는 그런 통합에 두 가지 주요 장애물이 있었다. 그 중 첫 번째는 자연과학의 이미지를 모델로 한 자신들 분야의 비전에 대한 분석가들의 헌신이었다. 이 헌신은 힘, 에너지, 메커니즘, 그리고 인과적 결정론의 지배 측면에서 정신적 삶을 묘사하는 고전적 초심리학의 은유적 언어에 담겨있다. 두 번째 장애물은 현상학적 철학자들 자신에 대한 불충분한 비판적 태도였다. 많은 예외적인 사상가들은 현상학적 노선을 따라 정신분석학의 가정들을 재구성하려고 노력해왔다(예를 들어, Binswanger, 1963; Boss, 1963; 1979; May, Angel, & Ellenberger, 1958). 그들의 목적이 정신분석학의 현상학적 지식을 메커니즘과 결정론의 무리하게 획일화하는 기반으로부터 해방시켰던 것인 한, 우리는 그런 개혁에 동감한다. 그러나 이런 노력의 성공을 제한한 것은, 진정으로 임상 관찰에 기초하지 않은 철학적 개념 및 범주를 정신분석학 이론에 무비판적으로 들여오는 경향이었다. 예를 들어, 인간 본성에 대한 프로이트의 가설 대신 하이데거의 현존재Dasein 존재론을 도입하는 것은, 정신분석학적 지식을 전체적으로 발전시키는 데 의심스러운 가치가 있는 것처럼 보인다. 진정한 *정신분석적* 현상학은 의식을 보편적인 용어로 정의하려는 철학자의 유혹에 저항하고, 대신 정신분석적 상황의 특정한 상호주관적 대화에서 일어나는 현상들에 대한 이해를 추구한다.

구조주의

정신분석적 현상학이 이용하는 세 번째 사상의 전통은 현대 구조주의Structuralism이다. 구조주의는 심리학, 철학, 문화 인류학, 언어학, 문학비평 등을 포함한, 매우 다양한 분야를 가로지르는 지적 운동이다. 다음에서, 우리는 "구조주의"로 지목된 이런 다양한 분야의 특정 개념 시스템에 대해 논의하지 않을 것이다. 대신에 우리는 그런 탐구가 보여주는 특정한 보편적인 특징들과 이런 특징들이 또한 어떻게 정신분석학의 특징이기도 한 것인지에 초점을 맞출 것이다.

가장 추상적인 수준에서, 구조분석structural analysis의 개념은 특정한 이해 방식에 도달하기 위한 방법을 말한다. 이 방법의 사용은 무엇보다도 고립되어 취해진 그런 어떤 현상들보다 탐구되고 있는 특정 현상들 *사이의* 관계에 대한 관심을 의미한다. 구조적 조사의 경험적 영역은 배열원칙ordering principles이나 패턴의 관점에서 이해할 수 있다고 가정된다. 이런 원칙들은 본질적으로 분석되고 있는 현상들에 속한다는 의미에서 내재적이므로, 구조분석은 본질적인 관계만을 다루고 외부 요인들에 기초하여 그것의 주제subject matter를 설명하려고 하지는 않는다.

구조분석은 인과분석causal analysis과 대조될 수 있다. 인과관계 조사는 연구 중인 현상들 바로 앞에 일어났던 것에 관심이 있으며 사건들을 시간에 따른 선형적인linear 전개로 생각한다. 인과분석의 목적은 포괄적인 설명, 즉 상황에서 우세한 결정적인 영향들을 철저하게 구체화하는 것을 의미한다. 이 목표를 따르는 사람들에게, 구조주의적 탐구는 아마도 단순한 서술적인 작업으로 보일 것이다. 그 이유는 구조적 사고가 원인-결과의 연결을 고립시키는 것에 관심이 있는 것이 아니라, 오히려 서로 다른 현상들을 구조적인 통일체나 전체로 연결시키는 상호관계에 대한 이해를 추구하기 때문이다. 구조적 전체의 개념은 어떤 사건이 내재된 관계의 맥락을 가리키는 추상적인 개념이다. 때로는 현상이 "생성"되거나, 구조에 의해 "조직"된다거나, 또는 구조가 사건에 의해 "실현actualized"된다고 말하지만, 이런 과정들은 시간에 따라 발생하는 선형의 인과적 연속물로 해석되지 않는다. 구조물들은 그것들이 식별되는 현상들 외에는 존재하지 않는다. 그럼에도 불구하고 구조분석은 단순히 서술적인 설명이 아니다. 반대로, 그것은 서술의 수준에서 볼 수 없는 현상들 안에서 일관성과 단순성을 드러낸다.

인과적 사고에 의해 시간 축에 부여된 중심적인 역할은 설명의 적절성을 평가하는 기준으로 예측*prediction*을 사용하게 한다. 이것은 사건의 시스템에 대한 포괄적인 인과적 설명이 해당 시스템의 미래를 예측할 수 있다고 생각되기 때문이다. 반면에, 구조주의적 탐구의 경험적 분야는 폐쇄적인 인과관계 시스템의 특징을 가지고 있지 않으며 실제로 개방적일 수 있어서 본질적으로 예측할 수 없다. 그러나 구체적인 사건들의 수준에서 예측할 수 없다는 것이 그런 사건들의 패턴화 수준에서 불법이라는 것을 의미하지는 않는다. 구조적 설명의 적절성은 예측력에 의해서가 아니라, 언뜻 보기에 관찰자와 단절된 것처럼 보이는 하나의 단일 해석 영역에 함께 모이는 정도에 의해 측정된다. 이 통합 기능의 핵심 개념은 불변성*invariance*이다. 여기서 불변성은 몇몇의 변형에 걸쳐 일정하게 유지되는 구조적 구성을 말한다. 구조분석의 목적은 그 시스템을 조직하는 불변의 구조적 구성을 조명함으로써 관찰된 사실들의 시스템에서 초기의 명백한 혼란을 줄이는 것이다.

구조주의의 이런 성격묘사는 정신분석적 사고에 매우 잘 적용된다. 정신분석학은 개인적인 경험과 행동을 조직하는 패턴과 관련하여, 주관성 구조에 대한 과학이고 항상 그래왔다. 비록 정신분석학의 초기 공식화들은 19세기의 자연과학에서 채택된 결정론에 의해 채색되었지만, 정신분석학의 실질적인 공헌은 초기 공식화들이 속한 의미의 구조적 맥락에서 다양한 심리적 현상들을 배치하는 데 있었다. 구조주의의 언어가 정신분석학적 지식을 표현하는 데 유일하게 적합하다는 것이 우리의 믿음이며, 이 책은 전체적으로 구조주의적 관점에서 정신분석학을 재고하려는 노력을 나타낸다. 우리는 전통적으로 중심이 되는 정신분석학적 개념들을 정신분석적 현상학의 구조주의 언어로 간략하게 논의함으로써 이 장을 마무리한다. 이런 논의는 동시에 이후의 장에서 더 자세히 다루어지는 임상 및 이론적 문제들을 소개하는 역할을 한다.

인격 구조

정신분석적 현상학의 관점에서, 인격 구조personality structure는 *한 사람의 경험 구조*이다. 따라서 인격에 대한 우리의 연구를 위한 분석의 기본 단위는 *경험의 구조*, 즉 한 사람의 주관적인 세계를 형성하고 조직하는 자신과 타인의 독특한 구성이다. 이런 심리적 구조는 단순히 "내재화internalizations"나 대인관계적 사건들의 정신적 복제물replicas로 간주되어서는 안 된다. 또한 그것들이 물리적 공간이나 "정신적 장치mental apparatus" 어딘가에 객관적으로 존재하는 것으로 간주되어서도 안 된다. 그 대신, 우리는 이런 구조들을 배열ordering 또는 조직organizing 원칙 시스템(Piaget, 1970b), 즉 자신과 타인에 대한 한 사람의 경험이 그것들의 특징적인 형태와 의미를 가정하는 인지적-감정적 도식(Klein, 1976; Slap & Saykin, 1980)으로 개념화한다. 그런 주관성의 구조는 한 사람의 주관적 삶의 주제와 관련된 패턴 양식에서 드러난다.

정신분석적 현상학에서 *성격character*의 개념은 주관적 세계의 구조와 동일하게 확장된다. 이런 성격의 개념은 인간 경험의 구조화와 인간 행동의 패턴화 사이의 밀접한 기능적 관계에 대한 가정에 기초하고 있다. 특히, 우리는 반복적인 행동 패턴이 한 사람의 성격을 구성하는 자신과 타인의 핵 구성을 실현하는 역할을 한다(Sandler & Sandler, 1978)고 가정한다. 이 기능적 관계는 제4장에서 탐구된다.

"인격personality"과 "성격character"은 주관적 우주의 전체 구조와 관련된 매우 광범위한 개념인 반면, *자기self*는 그것을 통해 자기-경험이 응집력과 연속성을 획득하고, 그것에 의해 자기-경험이 특징적인 형태와 지속적인 조직을 취하는 심리적 구조를 지칭하는 보다 제한적이고 구체적인 용어이다. 우리는 심리구조로서의 자기 개념과 경험 주체이자 행동을 시작하는 행위자로서의 *사람*의 개념을 뚜렷하게 구분하는 것이 중요하다는 것을 발견했다. 구조로서의 자기self-as-structure는 분명히 정신분석학적 연구 영역에 속하는 반면, 우리가 보기에 행위자로서의 개인person-as-agent의 존재론은 정신분석학적 연구 범위를 벗어난다. 정신분석학은 개인적인 행위 기관의 *경험*이나 의미의 특정 맥락에서 그것의 부재를 조명할 수 있을 뿐이다.

    심리구조로서의 자기 개념은 정신분석학적 사고에 대한 하인즈 코헛Heinz Kohut의 독특한 공헌을 분명하게 해준다. 예를 들어, 정신병리에 대한 우리의 이해에 대한 그의 핵심적인 공헌은 자아성selfhood의 경험을 조직하는 심리구조가 없거나 불안정한 상태에 관한 것이다(Kohut, 1971, 1977).

동기부여

정신분석적 현상학은 인격의 본질에 대한 이론을 "객관적 실체objective entity"로 상정하지 않는다. 대신, 그것은 인간의 경험과 행위의 의미에 대한 연구를 안내하는 해석 원칙의 방법론적 시스템으로 구성된다. 따라서 그것의 설명적 개념은 "심리적 결정론"과 인과관계에 대한 자연과학적 관점이 아니라, 오히려 한 사람의 경험과 행위가 내재된 개인적인 의미의 연결에 초점을 맞추는 *주관적 맥락주의subjective contextualism*를 강조한다. 정신분석적 현상학은 정신기관의 비인격적 동기부여의 주된 원동력을 공식화하기보다는, 개인이 자신의 심리구조를 실현하기 위해 노력하도록 이끄는 다양한 의식적 및 무의식적 목적(Klein, 1976) 또는 개인적인 이유(Schafer, 1976)를 조명하고자 한다.

우리 체계framework의 발전으로 우리는 추가적이고, 보다 일반적이며, 압도적인 동기부여 원칙을 제안하게 되었다. 즉, *경험 조직을 유지할 필요성*이 인간 행동의 패턴화에서 핵심적인 동기라는 것이다. 이 동기부여 원리의 중요성과 인간의 심리적 삶에서 구체적인 상징화가 수행하는 근본적인 역할에 대한 조명이 제4장의 초점이다.

억압과 무의식

정신분석적 현상학에서, 억압repression은 자기 자신과 타인의 특정한 구성이 인식에서 결정화되는 것을 막는 과정으로 이해된다. 따라서 억압은 의식적 경험에서 반복적으로 형체를 부여하는 구성의 기초가 되는 긍정적인 조직 원리와 함께 작동하는 *부정적인 조직 원리*로 볼 수 있다. 이런 관점에서 볼 때, "역동적 무의식dynamic unconscious"은 정서적 갈등 및 주관적 위험과의 연관성 때문에, 의식이 가정할 수 없는 일련의 형태들configurations로 구성된다. 특정 기억, 환상, 감정, 그리고 기타 경험적 내용들은 이런 형태들을 실현할 위험이 있기 때문에 억압된다. 다른 방어들은 자신과 타인에 대한 개인의 경험을 근본적으로 변경하고 제한함으로써 두려운 구성이 나타나는 것을 방지하는 주관적 세계의 추가적인 변형으로 개념화된다(Stolorow & Atwood, 1979).

부정적인 조직 원리 시스템으로 간주되는 "역동적 무의식" 외에도, 또 다른 형태의 무의식은 점점 더 우리의 체계에서 중요한 위치를 차지해 왔다. 개인의 주관적 세계를 조직하는 원리는, 긍정적으로 작동하든(인식에서 특정 형태를 만들든), 부정적으로 작동하든(특정 형태가 발생하지 않도록 방지하든), 그 자체로 무의식적이다. 개인의 경험은 인식과 성찰의 초점이 되지 않고 자신의 심리구조에 의해 형성된다. 그러므로 우리는 주관적 세계의 구조를 *선先성찰적으로prereflectively* 무의식적인 것으로 특징지었다.[7] 이런 형태의 무의식은 비록 그것을 극복하기 위해 많은 노력이 필요할지라도 방어 활동의 산물이 아니다. 사실상, 방어 자체는, 개인의 인식 밖에서 작동할 때, 선先성찰적으로 무의식적인 구조화 활동의 특별한 사례에 불과하다고 볼 수 있다.

성찰이 없으면, 개인은 자신의 개인적인 현실을 다듬는 구성 주체로서의 자신의 역할을 알지 못한다. 자신이 살고 움직이는 세계는 마치 그것이 독립적이고 객관적으로 실재하는 것처럼 나타난다. 따라서 자신의 개인적인 현실을 고유하게 특징짓는 사건들의 패턴화와 주제화는 주관적인 해석과 구성의 산물이라기보다 그런 사건들의 속성인 것처럼 보인다. 우리가 제2장에서 지적했듯이, 정신분석 치료는 환자가 이런 무의식적 구조화 활동에 대한 성찰적 지식을 습득하는 절차로 볼 수 있다.

인격 발달

정신분석적 현상학에서, 인격 발달은 *개인 경험의 구조화*를 말한다. 주관적 세계에 대한 정신분석적 발달심리학을 구성하려는 노력은 아직 초기 단계이다. 우리는 그 노력들이 인간의 주관성을 인지적 영역과 정동적 영역으로 인위적으로 나누는 지속적인 심리학적 전통, 즉 정신분석학적 지식과 아이들의 지각적 및 인지적 발달에 관한 풍부한 연구 결과의 통합을 배제하는 경향이 있는 심리적 현실의 단편화에 의해 상당한 방해를 받아왔다고 생각한다. 경험의 구조화와 관련된 정신분석적 발달심리학은 피아제Piaget의 발달-구조 심리학과의 연계에 의해 특히 풍부해질 것이다(Basch, 1977과 Greenspan, 1979 참조). 인지와 정동 사이의 균열을 고치고, (인지적-정동적) 경험의 단일 구성의 개체 발생에 초점을 맞춤으로써, 구조적 동화 및 조정의 원리와 같은 피아제의 개념은 특히 성격발달 과정을 개념화하는 데 적절해진다.

차별화와 통합이라는 두 가지의 편재적인ubiquitous 심리 과정은 주관적 세계의 진화에 중추적인 역할을 한다. 어린 시절 초기에 작동하는 것으로 추정되는 이런 발달 과정에 대한 간략한 설명은 경험의 구조화로서의 성격발달에 대한 우리의 개념을 설명하는 데 도움이 될 것이다(Stolorow & Atwood, 1979, Stolorow & Lachmann, 1980. 참조). 제3장에서 우리는 이런저런 발달 과정들이 촉진되거나 방해되는 특정한 상호주관적인 맥락을 살펴본다.

일반적으로 유아기의 가장 초기 단계에서는 자기와 타자가 일관되게 구분되지 않는다고 가정되어 왔다. 점진적으로, 신생아는 자신의 감각과 그것이 파생된 실체를 확실하게 구별할 수 있는 능력을 습득한다(Jacobson, 1964). 따라서 그의 주관적 세계의 초기 구조화의 중심인, 유아가 직면하는 첫 번째 발달 과제는 아마도 일차적 타자들과 자기 자신을 주관적으로 구별하는 것, 즉 자기-타자 경계의 기본적인 확립일 것이다(Mahler, Pine & Bergman, 1975). 어린아이가 자기-타자의 경계를 불완전하게 달성하면 부모의 모습을 "자기대상selfobjects"으로 의존하는 것이 필요하고 또 가능하게 되는데, 부모의 이상화된 속성과 거울 기능은 아직 스스로 유지할 수 없는 자기-응집력self-cohesion과 자기-연속성self-continuity을 확립하는 데 도움이 된다(Kohut, 1971, 1977). 아이의 자기-타자 구별 능력 성장은 상징화의 출현과 자신의 주관성 진화에서 중요한 이정표인 상징화된 실체들에서 자신의 상징화 활동을 구별할 수 있는 능력과 협력하여 발달한다.

매우 어린 유아 세계의 또 다른 특징은 대조적인 감정적 색채와 경험을 통합할 수 없다는 것이다. 따라서 자기-타자 구별의 발달과 일치하는 두 번째 발달 과제는, 정동적으로 대조적인 자기-경험을 스스로 통합된 지각으로 유사하게 종합하는 것과 함께, 긍정적 정서로 채색된 경험과 부정적 정서로 채색된 경험을 긍정적이고 부정적인 특징을 모두 가진 완전히 다른 통합된 지각으로 종합하는 것이다(Kernberg, 1976).

타인들 세계의 관점에서 볼 때, 차별화와 통합의 달성은 "대상 항상성object constancy", 즉 긍정적이고 부정적인 특징으로 평가되고, 자신의 욕구와 감정을 가진 별개의 개인으로 인정되는 다른 사람의 지속적인 이미지를 유지할 수 있는 능력의 달성에 반영된다. 자아성의 관점에서, 차별화와 통합의 달성은 일시적으로 안정되고 즉각적인 환경 지원과는 다소 독립적인 정서적 색채를 지닌 응집적인 자기-이미지를 확립하는 데 반영된다. 그런 "자기 항상성self constancy"은 주관적 정체감(Erikson, 1956)과 자존감self-esteem의 연속성(Jacobson, 1964; Kohut, 1971, 1977; Lichtenberg, 1975)의 측면에서 설명되어왔다.

아이의 주관적 세계의 특정 주제 구조는 아이의 고유한 초기 역사를 나타내는 비판적인 형성 경험과 그 결과로 발달하는 개인적인 동기의 개별화된 배열로부터 유기적으로 진화할 것이다. 일단 아이가 비교적 일정하고 안정적인 심리조직을 구축하게 되면, 그것은 자신이 후속 경험들을 무의식적으로 동화시킬 구조에 대한 선先성찰적인 준거 틀frame of reference 역할을 할 것이다. 이 구조가 새로운 경험 배치를 수용하기 위해 변경되고 확장될 때 발달적인 변화가 일어날 것이다.

이런 현상학적이고 발달-구조적인 관점에서 볼 때, 우리의 인격 발달 지식에 대한 코헛(1971, 1977)의 중심적인 기여는 자기-경험의 구조화에 대한 개념화였다. 자기-구조의 진화에 대한 그의 공식화에서 중추적인 두 가지 개념은 "자기대상"과 "변형적 내재화transmuting internalization"이다. 자기대상은 현상학적으로 한 사람이 자기 자신과 불완전하게 분리된 것으로 경험하고 자신의 자기감을 유지하는 역할을 하는 실체로 설명될 수 있다. 현상학적으로 설명된 변형적 내재화는, 경험된 타인의 특징들이 아이 자신의 자기-구조 속으로 옮겨지고 동화되는 주관적 장field의 지속적인 재편성reorganization이다. 자기대상과 변형적 내재화라는 이 두 가지 발달적 개념은 경험의 구조화를 강조하는 정신분석적 발달심리학에 대단히 중요한 공헌이다.

분석가들에게 특별한 관심을 불러일으킨 성격발달의 한 측면은 주관적 세계의 진화에서 심리성적psychosexual 상징의 역할이다. 이것은 제4장에서 다룬다.

심리적 건강과 병리

경험의 구조화를 중심으로 한 성격발달 이론은 일부 *최적의 구조화optimal structuralization*의 공식화에서 심리적 건강의 개념을 추구할 것이다. 이 이상ideal은 심리조직의 유지와 새로운 형태의 경험에 대한 개방 사이에서 최적의 균형을 달성할 수 있는 건강한 사람의 능력이라는 측면에서 개념화될 수 있다. 한편으로, 심리구조가 충분히 통합되어서 그것들이 자신과 타자에 대한 광범위한 경험을 동화시키면서도 여전히 진실성과 안정성을 유지할 수 있다. 다시 말해, 개인의 주관적 세계는 붕괴나 해체에 지나치게 취약하지 않다. 다른 한편으로, 형성된 심리구조는 자기와 타자의 새로운 경험 구성을 수용할 수 있을 만큼 충분히 유연하여, 개인의 주관적 삶의 조직은 복잡성과 범위 모두에서 계속 확장될 수 있다.

이에 상응하여, 우리는 이 최적의 균형을 달성하기 위해 두 가지 유형의 실패를 반영하는 두 가지 광범위한 부류의 정신병리를 개념화할 수 있다. 한편으로는, 그 사람의 주관적 영역을 제한하기 위해 엄격하게 작동하는 *병리* 구조의 통합을 반영하는 심리적 장애가 있다. 그런 사례들은 정서적 갈등과 주관적 위험의 출현을 막기 위해 자신들의 경험을 융통성 없이 배열하는 방어구조에 의해 삶이 심각하게 제한되는 사람들에게서 발견된다. 반면에, *불충분하거나 잘못된 구조화*, 즉 발달적 결함과 주관적 세계의 형성 및 통합의 정지를 반영하는 심리적 장애가 있다(Stolorow & Lachmann, 1980). 그런 사례들은 코헛(1971, 1977)이 기술했던 사람들에게서 발견되는데, 그들은 자기-파편화되기 쉽고 자신들의 불안정한 자기-경험의 응집력과 연속성을 유지하기 위해 원시적인 유대관계에의 몰입을 필요로 한다. 다음 장에서 볼 수 있듯이, 병리적 구조와 불충분한 구조화 사이의 이런 구별은 정신분석 치료의 다양한 치료 작용 방식을 개념화하는 데 중요한 의미를 갖는다. 우리는 이제 정신분석 과정이 전개되는 상호주관적 맥락에 대한 검토로 눈을 돌린다.

주석

1 우리와 다른 이론적 관점에서 글을 쓰고 있는, 라캉(1953)과 던컨Duncan(1981)도 정신분석학적 이해의 본질을 특징짓기 위해 "상호주관적intersubjective"이라는 용어를 사용한다. 라캉의 연구를 바탕으로, 레비Leavy(1980)는 정신분석학적 이해는 두 참여자의 개인적 세계 및 역사에 의해 형성된 대화의 과정을 통해 도달된다고 주장하면서, 우리와 대체로 유사한 관점을 발전시킨다.

2 현상학에서 "판단중지epochē"란 객관적인 인식의 가능성을 입증하기 위한 방법으로, 어떤 사물에 대한 진술의 진위 여부를 주장하지 않는 것이 아니라, 어떤 사물에 대한 일상적인 판단을 배제하고 일단 괄호 안에 묶어 무효화하는 것이다. 판단중지를 통해서 사물의 우연적 속성을 배제하고 본질을 찾아낼 수 있는 것이다. 그러나 사물의 본질은 사물 속에 내재하는 것이 아니라, 사유를 통해서 우리의 의식 속에 구성된다. 사물의 본질을 발견하기 위해서 그것을 구성하는 원천인 의식의 내부로 되돌아가는 것, 이러한 인식 상황에 적용되는 방법이 환원이다. 곧 현상학적 환원이란 본질 인식의 근원

으로 되돌아간다는 좁은 의미 외에도 판단중지, 배제, 괄호침 등과 동의어로서 넓은 의미로 사용된다(문학비평용어사전, 2006. 1. 30., 한국문학평론가협회).(번역자 주)

3   별도의 표시가 없으면, 후설에 대한 모든 참고문헌들은 그가 자신의 사상에 대한 최고의 입문서로 간주한 책인 「유럽 과학의 위기와 초월론적 현상학 The Crisis of the European Sciences and Transcendental Phenomenology」(1936) 에서 나온 것이다.

4   하이데거에 대한 논의에서의 모든 언급들은 이 작품 나온 것이다.

5   Dasein을 우리말로 그대로 옮기면 "거기에(Da) 있음(sein)"이다. 그런데 여기서의 Da는 단지 공간적 의미만을 갖지 않는다. 오히려 오로지 인간에게만 존재가 개시開示되어 있음을 말하는 동사적 의미를 갖는 용어로, 인간에게만 존재가 현시現示되고 있음을 나타내는 전문적 술어이다.(번역자 주)

6   별도의 표시가 없으면, 사르트르에 관한 부분의 모든 언급들은 이 책에서 나온 것이다.

7   선先성찰적prereflective 무의식 개념은 억압되지 않은 사고의 무의식적 구조에 대한 레비-스트라우스Levi-Strauss(1963)와 피아제(1972)의 가정, 그리고 무의식이 언어처럼 구조화되어 있다는 라캉(1958)의 생각과 공통적인 특징을 가지고 있다.

제 2 장

상호주관성
Intersubjectivity

1. 치료적 상황(The Therapeutic Situation)[1]

과학은 탐구의 영역에 의해 정의된다. 가장 일반적인 형태로, 이 장field에서 우리의 논제는 정신분석학이 환자와 분석가라는 두 주관성의 교차에 의해 구성된 특정한 심리적 영역 안에서 나타나는 현상들을 조명하고자 한다는 것이다. 이 개념화에서, 정신분석학은 하나의 고립된 "정신기관mental apparatus" 내에서 발생하는 것으로 추정되는 사건에 초점을 맞춘 심리내적intrapsychic 과학으로 간주되지 않는다. 그것은 또한 연구 중인 분야 밖의 관찰 관점에서 보이는 것처럼 치료적 상호작용의 "행동적 사실들"을 조사하는 사회과학으로 생각되지도 않는다. 오히려, 여기서 정신분석학은 다르게 조직된 관찰자와 피皮관찰자의 주관적 세계 사이의 상호작용에 초점을 맞춘, *상호주관적인intersubjective* 과학으로 그려진다. 관찰적 입장은, 외부라기보다는 내부의 것으로, 항상 관찰되고 있는 상호주관적 장field 또는 "맥락적 단위contextual unit"(Schwaber, 1979)에 있으며, 이는 관찰 방법으로서 자기성찰과 공감의 중요성을 보장하는 사실이다(Kohut, 1959). 정신분석학은 관찰자도 피관찰자라는 점에서 과학 중에서도 독특하다(Stolorow & Atwood, 1979). 이 장에서 우리는 정신분석 치료에서 중요한 관심사인 네 가지 문제, 즉 전이와 역전이의 본질, "부정적인 치료 반응"에 대한 설명, 정신병리에 대한 정신분석학적 이해, 그리고 정신분석 치료 작용의 개념화에 대한 이 특이한 상호주관적 상황의 의미를 검토한다. 그러나 먼저, 우리는 정신분석적 상황의 본질에 대한 몇 가지 성찰을 제의한다.

정신분석 상황 The Psychoanalytic Situation

제1장에서 우리는 정신분석학에서 성격의 개념은 주관적인 세계의 전체적인 조직을 의미하며, 그런 구조들은 우리가 "선성찰적prereflective"이라고 부르는 무의식의 독특한 영역을 구성한다고 주장했다. 이제 우리는 정신분석 치료가 증상 분석에서 성격 분석으로 발전함에 따라, 무의식을 의식화하려는 전통적인 목표가 환자의 경험과 행동을 선先성찰적으로 형성하는 조직화 원리와 지배적인 주목적leitmotivs에 점점 더 많이 적용하게 되었음을 덧붙인다. 환자가 자신의 심리적 삶의 주제적 패턴화에 대한 성찰적 지식을 습득하기 시작하면서, 지금까지 존재의 순수한 사실성으로 여겨왔던 것에서 한 걸음 물러나 자신의 세계를 자신의 주관성 구조에 의해 부분적으로 구성된 것으로 인식할 수 있게 된다.

정신분석 상황과 그것을 전통적으로 지배하는 기술적 지침들은 환자의 주관적 세계의 구조가 최대한으로 펼쳐지고, 분석적 전이에서 비교적 순수한 문화에서 깨달음illumination을 발견할 수 있도록 해주는 일련의 촉진조건으로 볼 수 있다. 이와 관련하여, 그것들이 예시하는 더 일반적인 심리 및 치료 원리들의 추출을 위한 목적으로, 자유연상의 "기본규칙", 이른바 "금욕규칙"과 특정 해석 규칙의 중요성을 고려해보자.

분석 상황에서 환자의 주관적 경험에 대한 기본 규칙의 결과는 무엇인가? 환자의 "의식의 흐름"이 논리적 일관성과 사회적 타당성의 관습으로부터 그리고 자부심과 도덕적 자기-평가에 대한 고찰에 의해 부과되는 개인적인 제한으로부터 점점 더 자유로워지는 정도까지, 무의식적으로 환자의 주관적인 경험들을 주제화하는 자기와 타자의 반복적인 구성이 점진적으로 더 대담한 안도감으로 나타난다. 따라서 근본적인 규칙은 한 사람의 주관적 세계의 구조가 상대적으로 자유롭고 자발적인 환자의 생산물에서 가장 쉽게 식별될 수 있는, 보다 일반적인 심리적 원리, 즉 꿈, 환상, 몽상 상태, 기발하고 "우발적인" 생각, 말실수 등의 특정한 정신분석적 유용성과 관련된 원리를 포함한다.

자유연상에 대한 저항은 부분적으로 환자가 정서적 갈등 및 주관적 위험과 관련된 자기와 타자의 구성을 의식적 경험에서 배제하려는 욕구의 측면에서 이해될 수 있다. 또한, 자유연상 과정 자체가 환자의 주관성 구조에 의해 동화되는 방식을 살펴보는 것이 필수적이다. 많은 환자들에게 자유연상은 도덕적 자기-반성self-scrutiny의 유혹적인 완화를 제공하고 위험한 정서적 자극에 직면할 위협을 제기한다는 점에서, 야누스 얼굴의Janus-faced 특성을 띤다는 것은 잘 알려져 있다. 게다가, 자유연상 경험은 어떤 심리성적psychosexual 형식의 이미지에 의해 채색될 수도 있다. 한 환자는 자유연상을 호혜적인 잔치를 보답으로 약속한 분석가의 먹이로 경험했기 때문에, 침묵을 잠재적으로 끝없는 정서적 굶주림의 고립 기간으로 두려워했다. 다른 환자는 소중한 심리적 내용물을 포기하고 파괴적 충동을 참지 못하기 때문에 자유연상에 저항했다. 또 다른 환자는 자유롭게 연상하는 것이 분석가를 성적으로 자극하고 상처를 주는 침투를 유도하는 것이며, 무의식적으로 그 과정을 무서운 오이디푸스 콤플렉스의 구성과 원초적 장면 이미지에 동화시키는 것이라고 느꼈다.

이것은 특히 심각한 발달상의 방해 및 정지의 결과로 주관적 세계가 불안정하게 구조화된 환자들이 어떻게 자유연상을 경험하는지를 결정한다. 그런 환자 중 한 명은 분석가가 그녀에 관한 어떤 예기치 않은 생각을 하도록 허용된다면, 그녀의 연약한 자기감이 파괴될 것이고 그래서 자신이 견딜 수 없는 공허감에 빠질 것이라는 두려움 때문에 사전에 정해진 주제에 대해 끊임없이 신중하게 예행연습이 된 이야기로 상담회기를 채웠다. 또 다른 환자는 자유연상도 침묵도 참을 수 없었는데, 이는 각각의 무無구조성structurelessness이 자기-타자의 구별 능력 상실을 수반하는 무서운 합병 경험의 위협을 제기했기 때문이다.

요약하자면, 기본 규칙은 분석 자료가 다소 자발적인 심리적 산물로 전개될 수 있도록 격려함으로써 환자의 주관적 세계의 공개를 향상시킬 뿐만 아니라, 또한 자유연상의 경험은 그 자체로 이 세계의 구조로 짜여 woven 그것의 조직 원리와 구조적 속성에 종속된다.

프로이트(1919)는 "*분석 치료는 가능한 한, 결핍, 즉 금욕 상태에서 수행되어야 한다*"(p. 162)라고 요구했는데, 이는 분석가가 자신의 환자에게 어떤 본능적인 만족도 제공해서는 안 된다는 것을 의미한다. 이 금욕 개념과 밀접한 관련이 있는 것은 간섭하지 않는 중립성과 눈에 띄지 않는 익명성의 권장된 태도이며, 이로 인해 분석가는 환자의 무의식적인 유아기 역사에서 나온 이미지들을 성찰하는 거울인 일종의 *백지상태 tabula rasa*로 기능하는 것으로 추정되었다.

이런 기술적 지침들은 종종 본능적 에너지의 추정된 변화를 포함하는 초심리학적 구성에 의해 정당화되지만, 우리는 그것들이 분석 관계에 대한 환자의 주관적 경험에 미치는 영향 측면에서 가장 잘 이해된다고 생각한다. 구체적으로, 치료자의 비 간섭적인 신중함은 환자의 주관적인 삶을 지배하는 심리적 구성으로 환자가 쉽게 동화할 수 있도록 촉진할 수 있다. 분석 상황의 이런 속성들이 전이transference의 발달을 촉진한다는 것은 실체가 모호할 때 그 이미지가 개인 자신의 주관적 세계의 조직 원리에 의해 더 분명하게 형성되고 채색된다는 일반적인 심리학적 원리의 한 예이다. 이것은 더 상호작용적이고, 개인적으로 드러내는 접근법을 채택한 치료자가 환자의 심리구조에 동화되지 않을 것이라는 말은 아니다. 그런 동화는 치료자의 행동과 관계없이 필연적이다. 그러나 신중한 분석 태도는 환자 자신의 심리구조가 자신의 치료적 관계 경험을 지배하는 반복적인 형태 및 양식으로 환자에게 인식할 수 있고 증명할 수 있는 용이성을 향상시킬 수 있다.

환자의 주관적인 준거 틀에 세심한 주의를 기울이면 분석가가 추정한 중립성이 급격히 한정되고 제한될 수 있는 방법도 알 수 있다. 환자가 치료자에게 받은 수용과 이해의 경험이 초기 모자 관계mother-child dyad의 요소들을 되살릴 수 있어서(Loewald, 1960), 분석 관계는 심리적 분화와 통합을 조용히 촉진하는 "안아주는 환경holding environment"(Winnicott, 1965; Modell, 1976) 또는 원시적인 자기대상 관계(Kohut, 1971, 1977)로 기능할 수 있다. 특히 심각한 발달 정지의 치료에서는, 환자가 조기에 중단된 융합의 전이에서 재개를 요구하거나 더 큰 분리를 향한 발달 단계의 인정을 요구할 때처럼, 금욕 원칙이 환자의 되살아난 발달 욕구를 포함하지 않도록 주의해야 한다(Stolorow & Lachmann, 1980). 그런 경우, 분석가 측에서 기술적 순수성이라는 이름으로 "중립성neutrality"을 과도하게 박탈하는 것은 실제로 "인간성의 오류error in humanity"(Stone, 1961; Greenson, 1967)를 구성할 수 있으며, 그 영향으로 환자의 정신병리 기원에 연루된 어린 시절의 외상이 반복된다(Balint, 1969; Kohut, 1971; Stolorow & Lachmann, 1980).

우리는 금욕, 중립성, 그리고 익명성의 규칙들이 치료적 상황에서 분석가의 행동이 가능한 한 현재 환자의 주관적 경험을 구성하는 구성의 본질, 기원, 기능에 대한 이해에 의해 결정되어야 한다는 보다 일반적이고 포괄적인 치료 원칙에 종속될 수 있다고 제안한다. 결과적으로, 분석가는 분석 상황의 모든 기술적 절차와 도구(자유연상, 중립성, 소파 사용, 상담회기 빈도, 수수료 지불 등)가 환자의 주관적 세계의 조직 원리에 의해 동화되고 적용되는 방식을 지속적으로 면밀히 조사해야 한다.

이제 "해석은 항상 표면에서 시작된다.", "자아ego 분석은 이드id 분석에 앞선다.", 그리고 "저항의 해석이 내용의 해석보다 앞선다."(Fenichel, 1941)와 같은 정신분석적 해석의 일부 기술적 규칙들에 대한 고찰로 눈을 돌려보자. 금욕의 개념과 유사하게, 이런 규칙들은 종종 "정신기관"의 지형적 계층화에 대한 초심리학적 개념에 의해 정당화되어왔다. 그런 해석 규칙들은 주관적인 세계의 전개와 관련하여 어떻게 이해될 수 있는가?

우리의 관점에서, 해석의 본질적인 작업은 일반적으로 환자의 주관적 경험을 선先성찰적으로 구성하고, 특히 전이 관계를 주제화하는 심리구조의 본질, 발달 기원, 그리고 기능적 중요성을 밝히는 것이다. 기능적 중요성과 관련하여, 우리는 그런 자기와 타자의 반복적인 구성이 개인의 생애 주기 동안 다양한 발달적 변천을 겪으면서 여러 가지의 의식적 및 무의식적 목적들(소원-충족, 자기-유도 및 자기-처벌, 적응적, 보상적-회복적 및 방어적 목적)에 도움이 될 수 있음을 보아왔다. 개념적으로 구별할 수 있지만, 이런 기능들은 일반적으로 매우 복잡한 방식으로 서로 결합되고 혼합되어, 임상적으로 동시에 발생한다고 밝혀졌다. 모든 중요한 구성은 복합적인 기원을 가지며 복합적인 목적을 수행한다(Waelder, 1936). 앞에서 인용한 해석 규칙은 해석이 항상 현재 연구 중인 구성의 의미나 목적의 상대적인 동기부여 우선순위 또는 긴급성에 대한 평가에 의해 인도되어야 한다는 보다 포용적인 치료 원칙 아래 포함될 수 있다(Stolorow & Atwood, 1979). 그런 평가는 일반적으로 환자의 경험 조직, 특히 전이 안에서 퇴행적이고 점진적인 변화에 따라 심리적 구성의 기능적 중요성이 변화하기 때문에 치료 과정에 걸쳐 그리고 심지어 단일 상담회기 내에서조차 변화한다. 어쨌든, 분석가는 항상 분석의 특정 시점에서 동기적으로 가장 두드러지고 강제적인 의미나 목적을 해석하려고 노력해야 한다. 환자 경험의 의미를 이해하는 분석가의 능력은 분석가의 임상 기술과 지식뿐만 아니라, 이제 우리가 관심을 돌릴 주제인 분석가의 주관적 세계와 환자의 주관적 세계 사이의 상호작용에도 달려있다.

전이와 역전이 Transference and Countertransference

이 장에서 전개된 상호주관성 개념은 전이와 역전이에 대한 정신분석학적 이해의 직접적인 파생물이다. 전이의 개념은 분석적 관계에 대한 환자의 경험이 자신의 주관적인 세계를 무의식적으로 구성하는 자기와 타자의 구성에 따라 조직되는 모든 방식을 지칭하는 것으로 이해될 수 있다. 전이는 실제로 환자의 전체 심리적 삶의 축소판이며, 전이에 대한 분석은 전체적으로 환자의 존재를 지배하는 패턴을 명확히 하고 이해하고 변경할 수 있는 초점을 제공한다. 역전이는 결국 분석가의 주관성 구조가 분석 관계에 대한, 특히 환자의 전이에 대한 자신의 경험을 어떻게 형성하는지를 말한다.

전이와 역전이 사이의 지속적인 상호작용에서 두 가지 기본 상황, 즉, *상호주관적 결합conjunction*과 *상호주관적 분리disjunction*가 반복적으로 발생한다. 이들 중 첫 번째는 환자의 경험을 구조화하는 자기와 타자의 구성configurations이 분석가의 심리적 삶에서 매우 유사한 중심 구성으로 동화되는 표현을 발생시키는 사례로 설명된다. 대조적으로, 분리는 환자가 표현한 자료들을 분석가가 환자에 대한 주관적 의미를 크게 변경하는 구성으로 동화시킬 때 발생한다. 상호주관적 결합과 상호주관적 분리의 반복적인 발생은 분석 과정의 필연적인 부속물이며, 다르게 조직된 주관적 세계의 상호작용을 반영한다.

이런 상호주관적 상황이 분석의 진행을 촉진하는지 또는 방해하는지의 여부는 대부분 분석가의 성찰적인 자기-인식과 분석가 자신의 주관적 세계의 조직 원리와 관련하여 중심에서 벗어나게 하고(Piaget, 1970a) 그에 따라 환자 경험의 의미를 공감적으로 파악할 수 있는 능력의 정도에 달려있다. 분석가 측에서 그런 성찰적 자기-인식이 확실하게 존재할 때, 환자와 치료자의 주관적 세계 사이의 일치 또는 불일치는 공감적 이해와 분석적 통찰을 촉진하는 데 사용될 수 있다. 예를 들어, 인식된 상호주관적 결합의 경우에, 분석가는 자신의 삶에서 환자가 제시한 경험의 유사점들을 발견할 수 있다. 따라서 분석가의 자기-지식은 환자 표현의 있음직한 배경 의미에 관한 정보의 귀중한 보조 소스source의 역할을 한다. 분리는, 일단 중심에서 벗어난 관점에서 의식을 갖게 되면, 환자를 이해하려는 분석가의 지속적인 노력에 도움이 될 수도 있는데, 그렇게 되면 분석가 자신의 정서적 반응이 환자의 경험을 구조화하는 구성의 잠재적인 상호주관적 지표로 작용할 수 있기 때문이다.

분석가 측에서 중심에서 벗어난 자기-인식이 없을 경우, 그런 결합과 분리는 분석의 진행을 심각하게 방해할 수 있다. 이것은 치료자가 자기-인식이 부족하고 무의식적으로 환자와 동일시되어 치료자가 이미 자기 스스로 도달한 것과 동등한 방어적 해결책을 제안하거나 강요하려고 시도하는 상호주관적 결합 사례에서 분명하게 볼 수 있다. 그들의 심리적 양립 가능성에 따라, 그런 제안들은 환자의 방어 시스템에 새로운 추가 사항으로 받아들여질 수 있으며, 어쩌면 일시적으로 고통을 완화시킬 수 있지만, 장기적으로는 분석의 성공을 방해할 수 있다.

이런 상황에 대한 좋은 실례는 빌헬름 라이히Wilhelm Reich가 프리츠 펄스Fritz Perls를 치료하면서 발생한 사건(Perls, 1969)에 의해 제공된다. 펄스의 어린 시절 발달에서 결정적인 요인 중 하나는 정서적으로 억누르고 가차 없이 비판적이고 판단적인 것으로 경험된 심각한 문제가 있는 아버지와의 관계와 관련이 있다. 펄스의 주관적인 삶을 조직한 주변의 지배적인 문제들 가운데 많은 것들이 그 역시 밀접하게 동일시하게 되었던 아버지의 강력한 부정적인 영향으로부터 자신을 분리해야 할 필요성에 관계가 있는 것으로 보인다. 자신의 자서전에서 펄스는 라이히와의 관계를 주로 긍정적인 용어로 묘사하고 그의 상상력을 사로잡은 한 사건을 보고한다. 펄스를 키워온 남자가 그의 실제 생물학적 아버지가 아니라, 오히려 펄스는 그의 어머니와 가족의 자랑이었던 삼촌과의 관계의 산물이라는 것이 라이히의 결론이었다. 비록 펄스는 라이히의 생각이 타당하다고 굳게 확신하지는 못했지만, 그는 남은 생애 동안 그 가능성에 대해 호기심을 느끼며 혼란스러워 했다. 아버지의 영향과 아버지와의 동일시로부터 해방되기 위한 치열한 투쟁을 고려할 때, 그 제안을 뒷받침할 실제적인 증거가 없다는 사실에도 불구하고, 이 제안이 왜 공감을 불러일으켰는지 쉽게 이해할 수 있다. 실제로, 펄스는 라이히가 어떻게 이런 결론에 도달했는지 전혀 알지 못했다고 말한다.

복원reconstruction에 대한 제안은 일단 라이히의 주관적 세계 구조가 결정화된 역사적 상황을 고려하면 이해할 수 있게 된다. 라이히의 삶은 또한 권위주의적이고 성적으로 억압적인 가치관이 사랑하는 어머니가 자살하도록 자극하는 데 중심적인 역할을 했던 아버지의 영향으로부터 자신을 분리하려는 욕망에 의해 지배되었다(Stolorow & Atwood, 1979. 참조). 13세 때 라이히가 어머니의 성적 불륜을 배반하게 된 것은 아버지에 대한 충성심과 아버지의 가치관에 대한 동일시였다. 아버지가 그녀의 불륜을 발견한 것이 그녀의 자살을 촉발시켰다. 이 배신과 그것의 비극적인 결과에 대한 라이히의 극단적인 후회와 죄책감은 권위주의를 전복하고 성적 자유와 자발성의 가치를 확인하기 위한 그의 평생의 투쟁을 낳았다. 이 상황은 또한 라이히가 자신의 삶에서 아버지의 중요성을 부정하려는 욕구의 근원이 되었는데, 이 욕구는 자신이 아버지의 아들이 될 수 없다는 확신으로 절정에 달했다. 그는 한때 자신이 어머니와 외계에서 온 남자의 자손이라고 주장하기까지 했다. 그런 환상은 그가 그의 아버지가 나타내는 모든 것으로부터 자신을 분리하고 펄스의 주관적인 삶의 중심 부분과 관련된 것(비록 다른 기원을 가지고 있지만)과 매우 유사한 방어적인 구성을 표현하고자 했던 정도degree를 강조한다.

상호주관적 결합이 치료 과정을 방해할 수 있는 유사하지만 덜 극적인 방법은 환자의 경험들이 분석가의 경험들과 너무 밀접하게 일치하여 그것들이 분석되고 이해되어야 할 심리적으로 중요한 자료를 포함하고 있다고 인식되지 않는 상황에 의해 설명된다. 따라서 분석가의 개인적인 세계관과 일치하는 환자의 삶에 대한 설명은 환자 성격의 표현이기보다는 객관적인 현실의 반영으로 간주되는 경향이 있다. 일반적으로 분석적 탐구를 피하는 상호주관적인 일치correspondence의 특정 영역은 환자와 분석가 모두 공유하는 방어적인 해결책을 반영한다. 그 결합은 저항과 반反저항counter-resistance의 상호 강화를 초래하고, 따라서 분석을 연장시킨다.

예를 들어, 한 환자가 현대 사회의 기계화와 비인격화를 반복적으로 탄식하며 자신의 삶이 중요성과 의미를 가질 수 있는 유토피아적 공동체에 대한 갈망을 표현했다. 사회에 대한 이런 부정적인 이미지를 공유한 그의 치료자는 결코 이런 표현들에 대하여 분석적으로 반응하지 않앉는데, 왜냐하면 그것들이 그에게는 인간 조건에 관한 좋은 현실-검증 reality testing의 지표에 지나지 않는 것으로 보였기 때문이다. 그 두 사람 모두 그들 관계에서 겪는 어려움의 근원을 비인격적인 세력과 제도에 투사하고, 더 나아가서 그들 각자의 삶에서 사라진 과거의 이상화된 이미지를 모델로 삼은 세계를 소원하는 경향이 있었다. 이런 이미지에 대한 선입견은 또한 친밀함과 의존성에 관련된 특정 갈등 문제들과의 고통스러운 대립을 피하는 역할을 했다. 여기서 환자와 치료자 사이의 결합은 표현된 이미지의 내용뿐만 아니라, 방어 목적 측면까지도 확장되었다. 따라서 전이에 대한 함의도 포함하고 있는 자료의 의미와 출처를 밝히는 기회는 환자(및 치료자)의 자기-지식 달성을 제한하는 무의식적이고 조용한 공모collusion로 대체되었다.

이제 상호주관적인 분리로부터 초래될 수 있는 몇 가지 결과를 고려해보자. 한 가지 즉각적인 결과는 치료적 개입이 사실상 존재하지 않는 주관적인 상황으로 향하게 될 것이고, 분석가의 관점에서 볼 때 이해할 수 없어 보이는 효과와 반응을 일으키는 경향이 있다는 것이다.

또 다른 환자의 치료에서 발생한 일시적인 상호주관적 오해가 이런 딜레마를 보여준다. 이 환자의 어려움의 원인들 중 하나는 가까운 관계에서의 심오한 양가감정 갈등, 특히 자신의 적대감이 사랑하는 사람들에게 치명적인 위협이 된다는 깊은 확신에 집중되어 있었다. 이것은 그녀가 치료에서 제시한 첫 번째 꿈에서 생생하게 상징되었는데, 꿈속에서 그녀는 섬세한 수정으로 만들어진 집 앞에 서 있는 무시무시한 괴물 고릴라를 보았다. 그녀는 지원support과 안전을 위해 자신이 의지한 사람들을 수정으로 만든 집처럼 연약하고 취약한 사람들로 경험한 반면, 그녀의 공격성은 고릴라처럼 잔인할 정도로 파괴적인 것으로 보였다. 그녀에게 공격적인 감정과 충동의 출현은 *다른 사람들의 파괴와 상실의*

위험을 의미했다.

　치료자 역시 그녀의 발달 기간 동안 분노 표현에 어려움을 겪었고, 만약 그녀가 사랑하는 사람들에게 적대적이 된다면 그들이 자신을 거부하고 미워할 것이라는 확신을 얻었다. 그녀의 주관적인 세계에서, 공격적인 감정의 출현은 *사랑 상실*의 위험과 관련이 있었다. 환자가 앞에서 설명한 조직 원리에 따라 전이를 구조화하기 시작하고 그녀의 새로운 부정적인 감정과 태도에 대한 불안을 경험하기 시작하면서, 치료자는 분석적 관계에서 분노의 표현이 허용되고 심지어 바람직하다고 그녀를 확신시켰다. 무의식적으로 환자의 걱정을 정서적으로 채색된 자신의 주관적인 삶의 구성에 동화시키면서, 그녀는 치료에서 증오와 분노의 감정이 표면화되기 시작하더라도 자신의 유용성과 긍정적인 관심(사랑)이 철회되지 않을 것이라는 확신을 주려고 노력했다. 환자는 이런 안심시키기reassurances를 거부했고 그녀의 불안은 더욱 심해졌는데, 이는 그녀가 이런 격려를 재난으로의 초대로 경험하고 있었기 때문이다. 치료는 몇 번의 긴장된 상담회기 동안 이런 오해로 인해 좌초되었지만, 치료자가 환자의 불안에 동화되어 왔던 구성에서 벗어날 수 있었을 때 수퍼비전 자문supervisory consultation을 따라 다시 진행되기 시작했다. 그런 다음 개입의 초점을 허약함과 취약성의 원인을 자신의 치료자에게로 그리고 전능한 파괴성의 원인을 자신에게로 돌리는 것과 관련된 환자의 표현에 깔려있는 의미를 명확히 하는 것으로 옮기는 것이 가능해졌다.

　특히 손상되는 것은 장기간에 걸친, 인식되지 않은 상호주관적 분리의 결과로 발생하는 치료의 방해이다. 그런 경우, 환자와 분석가 사이의 불일치는 그들 각각의 주관적인 삶에서 고비가 되는 무서운 장면과 훨씬 더 극적인 대결을 만드는 악성 반-치료적counter-therapeutic 소용돌이의 형성에 기여할 수 있다. 공감이 만성적으로 오해로 대체되는 그런 지속적인 분리는 변함없이 환자의 고통을 심화시키고 악화시키며 정신병리를 드러낸다. 여기서 우리는 분석가들이 완곡하게 "부정적인 치료 반응negative therapeutic reactions"이라고 부르는 것의 근원을 발견한다.

부정적인 치료 반응Negative Therapeutic Reactions

"부정적인 치료 반응"의 개념은 정확하다고 추정되는 해석이 실제로 환자를 좋아지게 하기 보다는 더 악화시키는 그런 불안한 상황들을 설명하기 위해 분석가들에 의해 만들어졌다. 일반적으로, 분석가의 좋은-의도의 해석적 노력에 대한 그런 탐탁지 않은 반응들은 무의식적 죄책감, 처벌 욕구, 원초적 피학증(Freud, 1923, 1937), 자기애적 성격 저항(Abraham, 1919), 전능한 통제를 통한 우울적 자리 회피 욕구(Riviere, 1936), 또는 무의식적 시기심과 그로 인한 분석 작업을 망치고 싶은 충동(Kernberg, 1975; Klein, 1957)과 같은, 전적으로 환자의 정신기관 내에 위치한 심리내적 메커니즘에 기인한다. 대조적으로, 우리는 그런 치료적 교착상태들impasses과 재난들은 그것들이 발생하는 상호주관적인 맥락을 떠나서는 이해될 수 없다고 주장하고 있다. 그것들은 대부분 장기적이고, 인식되지 않는 전이-역전이 분리와 그로 인한 만성적인 오해의 산물이다(Stolorow & Lachmann, 1980; Stolorow, Atwood, & Lachmann, 1981; Brandchaft, 1983).

인간의 상호주관성, 정신분석 상황, 그리고 소위 부정적인 치료 반응에 대한 우리의 이해는 코헛(1971, 1977)의 자기대상과 자기대상 전이 개념에 의해 상당히 심화되었다. 자기대상 전이에서, 환자는 형성기 동안 외상적이고 단계적으로 부적절하게 파열되었던 초기의 이상화하고 반영하는 유대관계를 분석가와 함께 되살리고, 이제 자기감의 회복 및 유지 그리고 중단된 심리적 성장의 재개와 완성을 위해 그것을 의존하게 된다. 우리의 경험에 따르면, "부정적인 치료 반응"이라고 불릴 만큼 심각한 환자의 정신병리의 악화와 고착은 환자의 자기대상 전이 요구가 지속적으로 오해되어 분석가에 의해 무자비하게 거부된 오랫동안 인식되지 않은 상호주관적 분리에 의해 가장 자주 발생한다. 그런 오해는 일반적으로 정지된 자기대상 유대관계나 요구를 악의적이고 병리적인 저항의 표현으로 잘못 해석하는 형태를 취한다. 환자가 분석 관계 안에서 정지된 자기대상 유대관계나 요구를 되살리고, 분석가가 이런 발달적 필요성을 마치 단순한 병리적 저항인 것처럼 반복적으로 해석할 때, 환자는 공감의 총체적 실패와 같은 그런 오해를 경험하게 될 것이다. 결과적으로, 외상성 심리적 상처들이 반복적으로 가해지며, 환자의 초기 삶의 병원성pathogenic 사건들과 유사한 영향을 미친다.

그런 불행한 사태 전환의 사례는 한 여성의 치료에 의해 제공되었는데, 그 여성의 문제들은 안정적이고 응집적인 자기감 형성에 필요한 확인 및 인정 반응을 제공하지 못한 초기 가족의 지속적인 실패에서 유래했다. 그녀가 기억할 수 있는 이 냉혹한 무반응 패턴의 유일한 예외는, 그녀의 기억에 따르면, 그녀가 9살 때 시작된 그녀에 대한 아버지의 성적 관심이었다. 이것은 유혹적이고 요염한 스타일을 키우고, 궁극적으로 자기-고갈self-depletion과 자기-상실self-loss의 끔찍한 감정을 인식하고 대응하려는 필사적인 노력으로, 아버지-대리자들father-surrogates과의 강박적인 난잡한 성행위 패턴으로 이어졌다.

그녀의 치료자는 금욕 규칙에 대한 지나치게 문자적인 해석이 포함된 고전적인 정신분석의 지침에 대한 자신의 이해에 따라 그녀의 치료를 시작했다. 이것은 그가 그녀의 긴급한 확인 요청에 침묵으로 또는 기껏해야 간략한 설명으로 반응했다는 것을 의미했다. 그녀는 그의 곁으로 보이는 무관심과 "중립성"을 어린 시절의 외상적으로 박탈하는 환경의 반복으로 경험하기 시작했고, 치료 과정에서 한편으로는 전이의 성애화sexualization와 시도된 유혹, 다른 한편으로는 깊은 분노의 표현 사이를 오갔다.

　치료자의 주관적 세계에서 중심적인 구성은 권력과 통제의 문제에 관한 것이다. 이런 문제들의 두드러진 특징은 주로 어린 시절 어머니와의 문제 있는 관계에서 비롯되었는데, 그 관계에서 그는 그녀의 압제적이고 억압적인 의지라고 느꼈던 것에 복종하는 것을 격렬하게 저항했었다. 그의 주관적 삶의 주요 측면들이 조직된 딜레마는 통제와 자율성을 포기하는 위험이었는데, 그것이 그에게는 다른 사람들의 노예와 같은 연장선이 되는 것과 동등하게 보였다. 환자의 필사적인 거울 반응 mirroring responsiveness 요구는 그의 정서적으로 가득 찬 주제인 힘과 통제에 무의식적으로 동화되어, 완강한 저항의 반응을 불러일으켰고 이미 유보적이고 반응하지 않는 그의 스타일을 굳혔다. 촉발된 역전이 반응을 인식하지 못한 채, 그는 환자의 강화되는 요구를 지배에 대한 악의적인 욕구의 표현으로 상상했다. 그에 따라 환자와 치료자의 분리된 지각, 욕구, 그리고 반응들이 상호 파괴적인 방식으로 서로를 강화하는 악순환이 설정되었다. 이런 상황 속에서 치료는 환자가 스스로 목숨을 끊으려고 시도함으로써 마침내 종결될 때까지 18개월 동안 계속되었다.

　상호주관적 분리에 뿌리를 둔 부정적인 치료 반응의 두 번째 사례는 무자비한 자기-증오와 자기-공격의 반복적이고 심각한 상태에 예속된 한 청년의 분석에서 발생했다. 그의 어머니는 정서적 자양물의 원천으로서 그에게 기생적으로parasitically 매달렸고, 더 큰 분리를 위한 그의 노력에 대하여 마치 이것들이 의도적으로 그녀를 다치게 하려는 잔인하고 파괴적인 시도인 것처럼 느끼게 함으로써 반응했다. 그로 인한 그의 심각한 자존감self-esteem 손상은 그가 평생 그녀의 완벽함이 그를 사악한 존재에서 선한 존재로 변형시킴으로써 자신의 자기감을 구하는 이상화된 모성적 인물과의 연합을 찾는 데 반영되었다. 이 탐색은 필연적으로 분석가에 대한 그의 인식을 형성하기 시작했다.

분석가의 주관적 세계에서는, 자기-주장과 분노의 표출을 둘러싼 갈등이 두드러졌다. 치료자는 이상화된 타자에 대한 환자의 요구를 자신의 이런 갈등적인 문제들과 융합시키면서, 환자의 자기-공격과 이상화하는 태도 모두를 마치 자신의 분노와 공격으로부터 어머니를 보호하려는 초기 시도를 반복하는 방어적 분열 과정의 표현인 것처럼 지속적으로 잘못 해석했다. 환자는 결국 이런 해석을 어머니가 자신을 본질적으로 잔인하고 파괴적이라고 묘사한 것의 재생으로 경험했고, 그는 점점 절망과 자살적 자포자기에 빠져들게 되었다. 이 악순환은 감독자의 개입이 전이-역전이 분리를 명확히 했을 때 마침내 중단되었다. 감독자는 치료자에게 분석의 이 시점에서 환자의 주관적 삶을 구성하는 동기부여적으로 가장 두드러진 주제는 다른 사람들에 대한 공격을 피할 필요가 아니라, 그의 자기감을 되찾고 자존감을 회복하기 위해 이상화된 타자와의 초기 유대관계를 찾는 것이라고 설득했다.

이와 같은 사례에서 우리는 분석가와 관련하여 되살아난 중요한 발달적 요구 사항들이 지속적으로 비공감적인 반응과 만나는 만성적이고, 인식되지 않는 분리가 부정적인(종종 극적으로 부정적인) "치료적" 반응이 생성되는 상호주관적 맥락을 구성한다는 것을 알 수 있다. 우리는 이 발견이 일반적으로 정신병리에 대한 정신분석학적 이해의 가장 광범위한 함의를 담고 있다고 믿게 되었다.

정신병리Psychopathology

우리는 정신분석학적 관점에서, 즉 정신분석적 상황 내에서의 공감적-

성찰적 관찰로부터 파생된 관점에서 심리적 장애는 더 이상 환자 내부에 위치한 병리적 메커니즘에서만 발생하는 결과로 볼 수 없다고 주장한다. "부정적인 치료 반응"과 마찬가지로, 일반적으로 정신병리Psychopathology는 그것이 발생하는 상호주관적인 맥락과 별개로 고려될 수 없다.

초기 연구(Brandchaft & Stolorow, 1984)에서, 이 논제는 소위 경계선 정신병리와 관련하여 예시되었다. *경계선borderline*이라는 용어는 특징적인 본능적 갈등과 원시적 방어에 뿌리를 둔 분리되고, 안정적이며, 병리적인 성격 구조를 지칭한다는 견해에 대한 비판이 제기되었다. 그런 갈등과 방어의 중심성에 대해 인용된 임상적 증거는 실제로 초기 관련성의 특정 방식에 대한 발달적 요구와 초기 자기대상 유대관계 내에서 경험된 공감적 실패의 증거인 것으로 나타났다. 이른바 *경계선*이라고 불리는 것의 심리적 본질은 그것이 환자에게만 있는 병리적인 상태가 아니라는 것이 제안되었다. 오히려 그것은 상호주관적인 장, 즉 불안정하고 취약한 자기감과 약해지는 초기의 자기대상 유대관계로 구성된 영역에서 발생하는 현상을 가리킨다.

경계선이라 불리는 환자들의 초기 상태와 욕구가 보다 적절하게 이해되고 받아들여지면, 그들은 다소 안정적인 자기대상 전이 관계를 형성하는 데 도움을 받을 수 있으며, 이것이 달성되면, 그들의 소위 경계선 특징들은 후퇴하고 심지어 사라지기도 한다고 주장되었다. 치료자와의 자기대상 유대관계가 온전하게 유지되는 한, 그들의 치료는 자기애적 성격장애narcissistic personality disorders의 분석에 대한 설명과 밀접한 유사성을 지닐 것이다(Kohut, 1971). 대조적으로, 치료자와의 자기대상 유대관계가 공감 실패로 인해 크게 방해받게 되면, 환자는 다시 한번 경계선처럼 보일지도 모른다. 결과적으로 분명한 진단 그림과 분석 가능성의 평가 모두를 형성하는 안정적인 자기대상 유대가 발달하고 유지될 수 있는지의 여부는, 환자의 핵 자기감의 손상 정도 및 취약성에 달려있을 뿐만 아니라, 또한 그것이 치료자가 자신의 주관성 구조에서 벗어나고 그것이 전이의 소우주를 구조화하기 시작할 때 환자의 초기 주관적 우주의 본질을 공감적으로 이해하는 능력의 정도에 따라 공동 결정될 것이라고 강조되었다.

우리는 더 많은 정신분석학적 연구를 통해 상호주관적인 장 안에서 발생하고 후퇴하는 현상으로서의 경계선 개념이 정신 신경증으로부터 명백한 정신증에 이르기까지 모든 형태의 분명한 정신병리에 적용되는 것으로 밝혀질 것이라고 확신하게 되었다. 그러나 정신병리의 상호주관적 맥락은 자기감의 기본적인 구조적 완전성과 안정성을 유지하고 구조적 해체를 방지하기 위해 아주 초기의 자기대상 유대관계에 의존해야 하는 환자들의 치료에서 가장 쉽게 입증된다. 이제 우리는 이것을 전이 정신증transference psychosis의 사례로 설명한다.

환자가 25세에 치료를 시작했을 때, 그의 현란한 모습의 정신병리에는 일반적으로 경계선이라고 불리는 많은 특징들이 포함되어 있었다. 그는 심각하고, 불안해하며, 외로운 우울증에 시달렸고, 그것들의 이상화된 특징들이 멋지다고 경험한 여성들과의 친밀함과 신체적 접촉에 대한 필사적이고 격렬한 갈망을 느꼈다. 동시에, 다른 사람들, 특히 여성들과의 관계는 본질적으로 극도로 혼란스럽고 가-피학적sadomasochistic이었으며, 다른 사람들과 자신 모두를 향한 폭력적인 분노, 시기심, 파괴성으로 특징지어졌다. 그는 종종 가-피학적이고 성적으로 왜곡된 성격의 기괴하고 의례적인 실연enactments에 관여했다.

몇 개월의 치료 후에 분석가는 여성과의 친밀한 접촉에 대한 명백한 공포증적 회피 패턴으로 보이는 것에 자신의 개입을 집중하기 시작했다. 이것은 환자에게 모성 원형maternal prototype을 포함하여, 끔찍하게 강력하고, 가학적이며, 위험할 정도로 파괴적인 이미지를 기반으로, 여성에 대한 그의 강렬한 두려움을 반영하는 것으로 이해되었고, 지속적으로 해석되었다. 이 모든 것들은 분석 자료에 잘 기록되어 있다. 실제로 환자는 의식적으로 성행위를 자신의 음경이 여성의 몸에 손상을 입히고, 면도날이 늘어선 그녀의 질vagina이 보복으로 자신의 음경을 잘라내는 상호파괴와 절단의 상황으로 상상했다고 밝혔다. 공포증적인 방어와 근본적인 두려움과 환상의 반복적인 해석에 대한 환자의 반응은 그가 전이 안에서 심하게 편집증적이 되었다는 것이었다. 그는 분석가가 해석을 하는 유일한 동기가 자신을 모욕하고, 자신을 지배하며, 궁극적으로 자신을 파괴하는 것이라고 점점 더 확신을 가지고 믿기 시작했다. 결국, 환자는 복수의 환상과 분석가를 공격하고 파괴하고 싶은 소원에 사로잡혔고, 때로는 상담회기 동안 그것들을 실행하기 바로 직전인 것처럼 보였다. 투사적 메커니즘에 대한 해석은 환자의 피해 감정을 더 악화시켰을 뿐이며, 결국에는 본격적인 박해망상persecutory delusions의 형태로 고착되었다.

 이 편집증적 전이 정신증은 몇 주 동안 지속되었고 두 가지 우연한 상황의 결과로 상당 부분 완화되었다. 첫 번째는 환자가 주간 병원 프로그램에 관하여 물었을 때 발생했는데, 그 프로그램은 분석가가 잘 안다고 환자가 알고 있었다. 치료자는 이 특정 프로그램에 대해 환자가 "충분히 안정적"이라고 느꼈다고 말하면서, 자발적이고 비분석적으로 반응했다. 환자는 완전히 의기양양해졌고 분석가의 논평을 예상치 못한 신임 투표, 갈망하던 승인의 표현으로 경험했다고 밝혔다. 그 후 얼마 지나지 않아 그는 매우 계시적인 꿈을 보고했는데, 그 꿈의 상징은 원시적인 과대감grandiosity의 출현과 그것의 수축deflation을 가리켰다.

나는 사람들에게 내가 매우 높은 고도, 건물이나 창문턱에서 뛰어내릴 것이라고 말하고 있었어요. 나는 자살하려는 것이 아니라, 뛰어내려 살 거예요! 세계 역사상 처음 또는 두 번째였을 것입니다! 그런 다음 중요한 날이 왔어요. 나는 창문턱에 기어 올라가 아래를 내려다보았어요. 무서웠어요. 뛰어내릴 수가 없었어요. 나는 밧줄 사다리를 보았고 그 아래로 내려갈 수도 없었어요. 엄청나게 굴욕적이었어요. 사람들에게 내가 무언가를 할 수 있다고 말하고 나서 너무 무서웠어요.

두 번째로 운이 좋은 상황은 이 시기에 분석가가 초기 나르시시즘의 이해와 치료에 대한 코헛의 초기 논문을 알게 되었다는 것이다. 이 새로운 이해는 개인적으로 분석가에게 깊은 영향을 미쳤고, 자신의 자기애적 취약점과 욕구에 대한 더 큰 지식을 포함하도록 성찰적인 자기-인식을 확장할 수 있게 했다. 이 확장된 인식은, 결국 그가 자신의 심리적 역사에서 환자 초기 상태의 유사물analogues을 발견할 수 있게 했고, 그럼으로써 그가 환자의 자기대상 전이 요구의 본질과 전이 정신증이 발달했던 상호주관적인 상황을 이해하기 시작할 수 있게 했다.

환자의 자기감은 극도로 취약했고 장기적인 파편화에 노출되어 있었다. 실제로 그의 가-피학적이고 비뚤어진 실연들의 주 목적이 자신의 무너지는 자기-경험에 미약한 완전감과 안정감을 회복시키는 것이었다는 것이 나중에 이해되었다. 그가 필요로 했던 것은, 완벽함과 전능함의 초기 이미지를 중심으로 더욱 응집적인 자기감을 공고히 할 수 있는 기회라는 것을 알게 되었다. 그가 전이에서 가장 필요로 했던 것은 분석가가 이 부서지기 쉬운 초기 자기-이미지의 웅장함을 높이 평가하고 감탄했다고 느끼는 것이었다. 이런 특정한 맥락에서, 분석가가 여성에 대한 그의 두려움을 반복적으로 해석하는 것은 참을 수 없는 굴욕으로 경험되었다. 전이 정신증은 치료자의 해석적 접근방식이 환자가 자신의 불안정한 자기감의 조직을 유지하기 위해 긴급하게 필요했던 초기의 거울 반응적 유대관계를 지속적으로 방해한 장기간의 인식되지 않은 상호주관적 분리의 결과로 발생했다. 분리가 인식되고, 해석적으로 분명해지고, 환자의 자기대상 전이 요구의 본질에 대한 공감적 이해로 대체되었을 때, 전이 정신증은 완전히 사라졌고, 치료의 긴 과정 동안 결코 재발하지 않았다.

치료 작용Therapeutic Action

만약 "부정적인 치료 반응"과 정신병리가 그것들이 발생하는 상호주관적인 맥락을 제외하고는 이해될 수 없다면, 이것은 정신분석의 치료 작용Therapeutic Action에도 똑같이 적용된다. 치료 작용에 대한 프로이트의 설명(예를 들어, 1914, 1937)은 전이 저항의 분석을 통해 해방된 유아기 소원들에 대한 환자의 포기와 같은, 심리내적 과정에 중점을 두었다. 그러나 정신분석의 치료 작용을 설명하려고 시도한 일부 다른 분석가들은, 예를 들어 스트레이치Strachey(1934)는 환자의 초자아 기능에 분석가의 온화한 태도를 내사하는 개념에서, 뢰발트Loewald(1960)는 환자가 분석가와의 새로운 관계 방식을 발견하는 것에 대한 강조에서 상호주관적인 것의 중요성을 암시적으로 언급했다.

우리는 구조 변화 과정들이 항상 상호주관적 장에서 발생한다는 것을 강조하지만, 이 장의 치료 작용 방식은, 어떤 특정 시점의 치료에서 병리적 구조나 불충분한 구조화의 잔재물이 우세한 정도에 따라 다를 것이다(제1장 참조).

전이에서 병리적 구조가 지배적일 때, 훈습working-through 단계와 그것의 치료 작용은 점진적인 *구조 변형structural transformation* 과정으로 개념화될 수 있다. 분석가가 동화되는 자기 및 타자 구성의 본질, 기원, 그리고 목적에 대한 반복적인 해석적 설명은, 그것들이 수용해야 하는 새로운 타자로서의 분석가 경험을 가진 이런 패턴의 반복적인 병치 juxtaposition와 함께, 분석 관계에 대한 환자의 인식이 어떻게 자신의 심리적 구조에 의해 형성되고 있는지에 대한 성찰적 지식을 확립하고, 동시에 자기와 다른 사람들을 경험하는 대안적 방식들의 통합을 유도한다. 지금까지 환자의 경험을 구조화해온 경직된 병리적 형태들이 점차 해체되고 재조직됨에 따라, 새롭게 확장되고 성찰적으로 의식적인 환자의 주관적 세계의 구조에 의해 가능해진 새롭고 풍부한 개인적 현실이 열린다.

따라서 분석은 환자의 경험에 새로운 타자, 즉 과거 이미지를 불러올 수 있는 능력에서 독특할 뿐만 아니라 이런 초기의 평가 기준들과의 본질적인 차이를 보여주는 타자를 도입한다.[2] 우리는 구조 변형 과정에서는 분석가가 인위적인 부모 역할이나 "교정" 역할을 수행할 것이 요구되지 않는다는 것을 강조하고 싶다. 타자로서 분석가의 새로움은 분석가의 관찰적 입장의 일관성, 즉 환자 경험의 의미를 이해하고 제공하기 위해 성찰과 공감을 사용하기 위한 헌신에 의해 보장된다. 환자에게 자신의 무의식적 과거를 성공적으로 밝혀주는 모든 전이 해석은 동시에 환상적인 현재, 즉 이해하는 존재로서 치료자의 신선함을 결정한다. 자신과 타자에 대한 인식은 새로운 경험을 하기 위해 필연적으로 변형되고 재구성된다. 동화assimilation는 전이에 내재된 감정적 힘에 기여하는 반면, 적응accommodation은 변화를 만든다.

전이에서 잘못된 구조화의 잔재물이 우세할 때, 훈습 단계와 그 치료 작용의 다른 개념화가 필요하다. 그런 경우에, 분석은 기존의 병리적인 구조를 해체하고 재구성하는 것이라기보다는, 발달 공백과 간섭의 결과로 누락되거나 결함이 있는 심리구조의 성장을 목표로 한다(Kohut,

1971, 1977; Stolorow & Lachmann, 1980). 환자는 분석가와 초기의 자기대상 유대관계를 확립할 수 있고, 따라서 분석가와 함께 자신의 심리발달이 정지되었던 초기 단계를 되살릴 수 있다. 외상성 장애traumatic disruptions로부터 보호될 때, 이 자기대상 유대관계는 환자의 형성기 동안 중단되었던 분화와 통합의 발달 과정을 복원시키는 역할을 한다.

자기대상 전이와 이런 전이의 확립과 훈습에서 분석가의 공감적 이해의 중심 역할에 대한 코헛(1971, 1977)의 개념화는 정신분석적 치료 작용의 상호주관적 맥락을 특히 두드러지게 했다. 그는 발달이 허용된 자기대상 유대의 붕괴에 대한 이해와 훈습이 어떻게 심리구조 형성 과정을 초래할 수 있는지 설명했다. 우리가 특히 강조하고 싶은 이 과정의 한 측면은 환자가 점진적으로 분석가의 관찰 자세를 동일시하는 것인데, 이로써 이전에는 분석가의 유일한 속성으로 느꼈던 공감적 이해의 특성이 환자 자신의 자기-경험의 지속적인 특징이 된다. 그런 변형적 동일시transmuting identifications의 치료 작용에 우리는 공감 그 자체의 변용력mutative power을 추가할 것이다. 구조를 형성하는 경험의 표현은 분석가의 공감적 소통을 촉진하는 매개체에서 직접적으로 증진된다. 따라서 깊이 이해되는 것에 대한 누적 경험은 이해된 자기-경험의 통합과 공감적 자기-관찰 능력의 획득으로 이어진다.

그런 구조화는 여러 단계를 통해 진행되는 것으로 볼 수 있다. 분석가에게 이해되는 반복적인 경험과 분석가를 점진적으로 더 차별화되고 공감적으로 탐구하는 타자로 지각하는 진화하는 지각은 환자가 자신에 대한 보완적 지각을 공감적으로 이해되어 왔고 또 이해될 수 있는 사람으로 형성할 수 있게 한다. 여기서 우리는 분석가의 이해를 매개로한 자기-표현self-articulation을 볼 수 있다. 예를 들어, 오해 또는 분리로 인해 발생할 수 있는 분석가의 공감 부재에 대한 환자의 경험을 반복적으로 분석함으로써 추가적인 구조화가 촉진된다. 처음에 환자는 부재를 경험한 기간 동안 분석가의 공감적 민감성에 대한 이미지를 불러올 수 있게 됨으로써 공백을 메울 수 있고, 따라서 상실된 이해받는 느낌을 회복할 수 있다. 이 단계에서, 분석가로부터 분리를 겪고 있는 환자는 비록 분석가가 물리적으로 존재하지 않고 주관적 공간에 뚜렷이 있지 않더라도, 어떻게든 "사용 가능"하고 "거기에" 있다는 느낌을 설명할 수 있다. 그런 경우에, 분석가는 환자의 인식 속에 과도기적인 공감적 존재로 결정화된다. 점차적으로, 환자는 "대상의 인격에 대한 인간 전체의 맥락에서 특정 기능으로의 이동"(Kohut, 1971, p. 50)을 경험하게 된다. 환자는 분석가의 구체적인 이미지를 필요로 하지 않고, 자신에게 상실된 공감적 반응을 시행할 수 있게 되며, 이를 외부 원천으로부터가 아니라, 자신의 구조의 필수적인 부분으로 경험하게 된다(Lichtenberg, 1978). 환자가 점점 더 자신을 공감적으로 이해될 수 있는 사람으로 상상함에 따라, 분석가의 공감적 특성과의 동일시는 자기감에 완전히 통합되어 그것의 구조화에 크게 기여한다.

우리는 특정 유형 환자의 전이 특성 유형*type*을 지칭하기 위해 "자기대상 전이"라는 문구를 고려하는 것은 개념적 오류였다고 생각한다. 대신에, 우리는 그 문구를 환자의 분석 관계 경험에서 전경figure 또는 배경ground의 위치를 차지하는 정도에 따라 변동될 수 있는 전이의(실제로 모든 전이의) 차원을 나타내는 데 사용하기를 선호한다(Stolorow & Lachmann, 1980, 제9장 참조). 코헛의 연구는 자기대상 차원이 전경인, 즉, 자기-경험의 회복이나 유지가 분석가에 대한 환자의 특정한 유대 관계에 동기를 부여할 최고의 심리적 목적인 그런 전이 구성을 이해하고 훈습하는 독특한 치료적 중요성을 조명했다. 그러나 그렇지 않고, 사랑, 증오, 욕망, 경쟁에 대한 갈등들과 같은 다른 차원의 경험과 인간 동기들이 전이를 구조화하는 데 가장 두드러지게 나타날 때조차도, 자기대상 차원은 결코 빠지지 않는다. 그것이 방해받지 않고 분석가의 공감이라는 매개체에 보존되는 한, 그것은 배경에서 조용히 작동하여, 환자가 무서운 감정과 고통스러운 딜레마에 직면할 수 있게 한다.

이런 관점에서, 전통적인 저항 분석이 일어나는 상호주관적 상황을 생각해 보라. 경험이 풍부한 치료자들은, 분석가가 저항이 필요하다고 느끼게 만드는 주관적인 위험이나 정서적 갈등을 식별할 수 없다면 환자 저항의 본질을 명확히 하는 것이 인정할 수 있는 치료 결과를 얻을 수 없다는 것을 알고 있다. 분석가가 환자의 두려움과 괴로움을 알고 있다는 것을 보여주고 이로써 진정되고, 참고, 이상화된 타자로서 어느 정도 확립될 때만, 환자는 저항을 완화하고 자신의 주관적 삶이 보다 자유롭게 나타날 수 있을 정도로 충분히 안전하다고 느끼기 시작한다. 모든 변화적 치료 순간은, 심지어 저항과 갈등의 해석에 기초할 때조차도, 그것이 발생하는 상호주관적 장에서 그 치료 작용을 이끌어낸다.

한 사람의 경험 구조를 중심 초점으로 삼는 이론적 틀의 관점에서, 정서적 갈등(병리적인 구조)과 발달 정지(구조화의 실패)의 치료가 완전히 별개인 두 개의 정신분석 시스템을 필요로 하는지에 대한 자주 제기되는 질문은 논의할 여지가 있다. 인간 주체성의 심층심리학으로 생각되는 정신분석적 현상학은, 정서적 갈등과 발달 정지 모두의 치료를 포괄하고 다루기에 충분히 포괄적이다.

결론 Conclusion

정신분석 치료는 환자의 주관적인 우주 구조가 최대한 펼쳐지고 분석 전이에서 비교적 순수한 문화에서 조명을 찾을 수 있도록 허용하는 일련의 촉진 조건으로 볼 수 있다. 정신분석적 현상학의 관점에서, 전이와 역전이, 부정적인 치료 반응, 일반적인 정신병리, 그리고 정신분석의 치료 작용과 같은 임상 현상들은 그것들이 형성되는 상호주관적인 맥락들과 분리하여 이해될 수 없다. 환자와 분석가가 함께 확고한 심리 시스템을 형성하며, 바로 이 시스템이 정신분석학적 탐구의 경험적 영역을 구성한다.

주석

1   이 장의 전개는 우리의 친애하는 친구인 고故 버나드 브랜드샤프트와의 토론에서 큰 도움을 받았는데, 그는 이 주제에 대한 초기 연구를 공동 집필했다(Stolorow, Brandchaft, & Atwood, 1983).

2   이 단락의 많은 아이디어들은 정신분석 치료라는 주제에 관한 초기 연구를 공동으로 집필한 존 문더 로스 박사가 기고한 것이다(Stolorow, Atwood, & Ross, 1978).

제 3 장

상호주관성
Intersubjectivity

Ⅱ. 발달과 병인(Development and Pathogenesis)[1]

위니캇Winnicott은 "유아와 같은 것은 결코 존재하지 않는다There is no such as an infant"(Winnicott, 1965, p. 39)고 말한 적이 있는데, 이는 유아와 모성 돌봄이 함께 불가분의 단위를 형성한다는 것을 의미한다. 앞 장에서, 정신분석 환자와 관련하여 유사한 주장을 전개한 우리는 이제 위니캇의 환기시키는 발언이 제시한 방향으로 우리의 상호주관적인 관점을 확장한다. 우리는 심리적 발달과 병인 모두가 발달 과정을 형성하고 결정적인 발달 과제와 발달 단계의 성공적인 통과에 대한 아이의 협상을 촉진하거나 방해하는 특정한 상호주관적 맥락의 관점에서 가장 잘 개념화된다고 주장한다. 관찰의 초점은 서로 다르게 조직된 아이와 양육자의 주관성 사이의 상호작용에 의해 구성된 진화하는 심리적 장field이다(Loewald, 1970).

이런 관찰적 입장은, 우리가 보기에 발달 시스템 내의 모든 당사자의 주관적 세계 안에서 일어나는 변화를 조사하기 위한 근본적인 방법론적 요구 사항이다. 샌더Sander(1975)가 유아에 대한 자신의 연구와 관련하여 강조하듯이, 우리는 이런 입장이 묻는 질문들, 발견의 경로, 무의식과 개체발생으로의 창window, 그리고 가능해지는 이해가 모두 다르다는 점에서 보다 전통적인 정신분석학적 입장과는 다르다고 강조한다.

발달 이론가들은 오랫동안 "자연 상태nature"와 "양육nurture"을 결합하는 "상호작용주의적interactionist" 관점을 옹호해 왔다. 예를 들어, 에릭슨Erikson(1950)은 하트만Hartmann(1939)의 "맞추기fitting together"라는 발달적 개념에 따라, 후생 유전의 법칙을 환경과의 "중요한 상호작용을 위한 일련의 잠재력"을 창조하는 것으로 생각했다(p. 67). 유아 연구 분야에서 현재의 많은 사고를 예상하는 진술에서, 그는 "어떤 반응 패턴이 생물학적으로 주어지든지, 어떤 일정이 발달적으로 미리 결정되든지, 상호 조절 패턴을 변화시키는 일련의 잠재력으로 간주되어야 한다"라고 주장했다(p. 69; 원본의 이탤릭체). 비슷한 맥락에서, 웨딩톤Waddington(1957)은 인간의 성격을 다음과 같이 주장했다.

> 인간의 성격은 다수의 가능하고 분리된 경로들 중 하나 또는 다른 경로를 따라 끊임없이 발전하는 구조물이다. 모든 경로들은 서로 밀접하게 시작하여, 개념상, 한 개인은 자신이 여행할 수 있는 어느 하나를 따라 광범위한 경로에 접근할 수 있다고 생각된다. 선택된 것은 그 순간까지 발전해 온 유기체와 당시에 그것이 자신을 발견하는 환경 사이의 상호작용에서 각각의 매 단계마다 바뀐다.
>
> (Bowlby, 1981, p. 248.에서 인용)

말러Mahler(1968)는 유아-어머니 둘의 자연 상태와 양육 사이의 상호작용을 설명하면서 다음과 같이 썼다.

> 유아는 매우 다양한 신호들을 제시한다. 복잡한 방식으로, 어머니는 이런 신호들 중 특정한 신호에만 선택적으로 반응한다. 유아는 이런 선택적 반응

과 관련하여 점차 자신의 행동을 변경한다. 그는 자신의 타고난 재능과 모-자 관계의 결과인 독특한 방식으로 그렇게 한다. 이 순환적인 상호작용으로부터 이미 아이 성격의 특정 특성 전반을 보여주는 행동 패턴이 나타난다. 유아의 무한한 잠재력 중에서, 특히 각자의 어머니를 위해 어머니 자신의 독특하고 개인적인 요구를 반영하는 "아이"를 창조하는 것들을 활성화하는 것은 어머니의 특정한 무의식적 요구이다.

(pp. 18-19; 또한 Lichtenstein, 1961.도 참조)

상호작용주의적 관점이 발달 이론에 새로운 것은 아니지만, 상호주관성 개념은 정신분석학에 가장 중요한 아이와 환경 사이의 특정 상호작용 영역, 즉 아이의 취약하고 진화하는 주관성과 양육자의 보다 복잡하게 조직되고 견고하게 통합된 주관성 사이의 독특한 상호작용에 날카로운 초점을 맞춘다(Loewald, 1978). 따라서 상호주관적 관점은 인격 발달의 사회적 결정요인을 강조하는 사람들(예, Sullivan, 1953)과 충동, 환상, 감정, 그리고 사고의 개인적 세계를 강조하는 사람들 사이의 격차를 좁힌다.

유아와 양육자 사이의 미세한 상호작용에 대한 다수의 또는 매우 정교한 조사 연구 결과들(Beebe, 1986 및 Lichtenberg, 1981에서 검토)은 행동 조직이 상호 조절에 대한 유아-환경 시스템의 속성으로 간주되어야 한다는 주장에 강력한 지지를 제공하고 있다(Sander, 1976). 이런 연구들은 유아와 양육자의 심리적 구조 사이의 상호작용에서 비롯되는 감각운동sensorimotor인 "대화"(Spitz, 1964)의 정확한 본질을 자세히 설명하기 시작했다. 예를 들어, 미시동작학적Microkinesic 영화 분석은 "엄마와 유아 사이의 행동 '춤'의 안무가 식별 가능한 구조 또는 상호 조절의 '규칙'으로, 수 초 또는 몇 분의 일 초 안에 완료된 행동의 '순간적인' 상호 조정adjustments"으로 구성되어 있음을 보여준다(Beebe, 1986, p. 29).

이런 순간적인 상호 조정(Stern, 1971)의 절묘한 동기화synchronization와 "지속적으로 조화로운 조정"(Sander, 1977, p. 136)은 일부 연구자들이 엄마와 유아 사이의 유대를 공유된 조직 형태의 공동 참여 시스템으로 보아야 한다고 결론 내리게 한다(Condon & Sander, 1974). 비베Beebe(1986)는 이 "연동 반응성interlocking respon-sivity"(p. 34)과 "미세한 조율finegrained attunement"(p. 39)의 시간적 패턴화가 심리 구조화가 일어나는 맥락을 제공한다고 제안한다(참조: Stern, 1983). 스피츠Spitz(1964)와 마찬가지로, 그녀는 이 정교하게 조율된 상호조절의 방해가 유아와 양육자 사이의 감각운동 대화의 탈선을 초래할 때, "최초의 방어적proto-defensive" 활동(예: 철수)이 발생한다는 것을 발견한다.

앞 장에서 언급했듯이, 정신분석적 상황의 상호주관적 성질에 대한 우리의 이해는 코헛(1971, 1977)의 자기대상 전이의 개념화에 의해 상당히 심화되었다. 여기서 환자는 자기감의 회복과 유지, 그리고 정지된 심리적 성장의 재개를 위해 분석가의 이해와 공감적 반응을 요구하게 된다. 우리는 자기대상 개념이 정신분석 분야와 유아 관찰 분야 사이에 독특한 다리를 제공한다는 슈바버Schwaber(1979)의 제안에 동의한다(참조: Basch, 1984). 자기대상 개념은 유아기 연구자들이 밝혀낸 정교하게 조정된 상호 조절 패턴의 자기-경험의 후성 생성epigenesis 및 구조화와 같은 발달적 중요성을 이해하기 위한 심층-심리학적 틀을 제공한다. 보다 일반적으로, 그것은 생애 주기의 모든 단계에서 인간 발달의 완전히 상호주관적인 성질을 대담하게 완화시킨다.

울프Wolf(1980)는 "자기대상 관계의 발달 노선"의 초기 단계에 대한 개요에서 이 점을 언급하는데, 여기서 "유아는 부모를 경험하고 부모는 유아를 자기대상으로서 자기 안녕의 필수적인 측면으로 경험한다"(p. 122).

정교하게 조율된 상호 반응 역사의 누적적 효과는 점차 아기와 엄마를 독특한 모-자 단위의 맞춤형 부품으로 변형시킨다. 두 사람은 모두 일종의 합병을 통해 자신을 각자의 자기에게 힘을 부여하는 이 단위의 일부로 자신들을 경험한다(p. 124).

상호주관적 장의 개념화는, 부분적으로, 자기대상 개념을 더 높고, 더 포괄적인 일반론 수준으로 끌어올리려는 시도이다. 구체적으로 전개되는 특정 아이의 발달 요구와 이들이 각 양육자의 심리 세계에 의해 어떻게 동화되는지를 적절하게 설명하기 위해서는 자기대상 개념이 상당히 확대될 필요가 있다는 것이 우리의 견해이다. 코헛(1983, pp. 401-402)이 다음과 같이 언급했을 때, 비슷한 것을 제안하는 것처럼 보였다.

우리는 또한 더 많은 연구를 위한 거대한 분야가 우리 앞에 열렸음을 깨닫고, 단조롭고 유사한 현상과 설명의 작은 그룹이 아니라, 반대로 거의 압도적으로 다양한 가능성에 추가적인 질서를 끌어들이도록 도전한다. 우리의 일은 특정한 자기대상 실패와 그 특정 결과에 대한 최적의 설명 군들 explanatory clusters을 공식화하는 것이다.

우리는 아이 발달의 모든 단계는 아이의 진화하는 주관적 세계와 양육자의 주관적 세계와의 교차점에 의해 구성되는 독특하고 지속적으로 변화하는 심리적 장field의 관점에서 가장 잘 개념화된다고 주장하고 있다. 확장된 자기대상 개념의 도움으로, 우리는 이런 진행이 발생하고, 또 특정한 발달 단계가 취해지고 발달 국면이 통과하는 특정 상호주관적 맥락을 상세하게 공식화하기 시작할 수 있다. 이런 상호주관적 관점에서, 병인pathogenesis은 부모와 자녀의 주관성 구조 사이에서 발생하는 심각한 분리disjunctions 또는 비동시성asynchronies의 관점에서 이해되며, 이로 인해 아이의 일차적인 발달 요구는 부모로부터 필수적인 반응을 받지 못한다. 부모의 심리조직이 발달하는 아이의 변화하는 단계별 특정 요구를 충분히 수용할 수 없을 때, 아이의 더 유순하고 취약한 심리구조는 이용 가능한 것을 수용할 것이다. 다양한 병리적인 결과가 발생할 수 있다. 아이는 진정한 자기-경험을 위해 어떤 대가를 치르더라도 필요한 유대관계를 유지하기 위해, 부모의 원시적인 요구에 부응하는 방어적인 "거짓 자기false self"(Winnicott, 1960), "정체성 테마identity theme"(Lichtenstein, 1961)를 발달시킬 수 있다(Miller, 1979). 아니면 아이가 거리두기를 영구적인 보호 방패로 사용하거나, 또는 원시적인 자기감의 격리된 핵이 반응 없는 양육자와 충돌하거나, 고립되어 보존되는 증상을 나타낼 수도 있다.

우리는 처음부터 각 발달 단계가 새롭고 더 복잡한 후속 단계와 새로운 상호주관적 장의 출현을 위해 각 당사자를 준비시켜, 아이를 위해 어떤 경로가 열려 있고 어떤 경로가 차단되었는지를 결정한다는 것을 강조하고 싶다. 이것은 특히 출생 전 단계에서 분명하게 나타나지만, 각 후속 단계에서도 똑같이 나타난다. 태아가 신생아로 출현하기 위한 준비는 대부분 생물학적 시스템과 선천적인 발달 패턴 및 어머니의 발달 패턴의 상호작용에 달려 있다. 어머니의 준비는 또한 그녀의 임신 경험이 특히 자신의 신체-자기body-self를 포함하여, 이미 존재하는 자기감의 구조에 동화되기 때문에 새로 온 사람이 그녀에게 갖는 특정한 심리적 *의미*에 의해 크게 영향을 받는다. 그녀의 몸 안에 절대적인 의존성을 가진 살아있고 기생하는 새로운 존재를 품는 것, 통제될 수 없는 방식으로 그녀의 몸을 급진적으로 변화시키는 것, 그녀의 삶이 다시는 예전과 같지 않을 것이며 이제는 새롭고 중심적인 불확실성을 내포하고 있다는 것을 깨닫는 것, 이 모든 변화들은 그녀의 주관적인 세계의 중요한 재편성을 필요로 한다. 이 재구성 작업에서 가장 눈에 띄는 실패 사례는 산후 우울증 증후군에서 볼 수 있다.

이 초기 단계에서 분명한 것은 모든 후속 단계에도 적용된다. 보통 발달 과정이 전개되는 상호주관적 장은 처음부터 삼자 간의 영역이며, 아버지와 그의 반응은 자신과 아기에 대한 어머니의 경험에 지대한 영향을 미친다. 예를 들어, 극심한 산후 우울증의 경우, 중요한 기여 요인은 자신과 아이가 아버지에게 실망을 줄 것이라는 어머니의 두려움일 수 있다. 중요한 산전 및 산후 재편성의 결과를 결정하는 요소들은 이후의 사건들을 예고하는 원형prototypes이다. 어머니는 아이의 출생을 자신의 중요한 부분을 상실한 것으로 반응하거나, 유아의 요구를 불충분하게 설정된 자신의 자기-경계에 대한 위협으로 반응할 수도 있다. 그녀는 출산을 남편과 함께 자신의 중심적 위치를 상실한 것으로 반응하거나, 그녀를 잃은 남편의 상실을 일차적 타자로 반응할 수도 있다. 그런 모든 요인들은 어머니의 약화되고 지지받지 못한 자기감을 초래하여, 경직성, 거리두기, 기타 기능의 장애를 초래할 수 있으며, 처음부터 초기의 심리적 패턴화가 양호한 상태에서 벗어나고 아이의 발달이 방해받는 제한된 영역에 기여할 수 있다. 불안정한 자기감을 가진 어머니는 나중에 자신의 충족되지 않은 원시적인 욕구를 충족시키기 위해 아이에게 의존하게 될 수도 있다. 그 결과 그녀는 아이의 피할 수 없는 결점들을 자신의 치명적인 결함의 지표로 경험하게 될 것이고 더 큰 자율성을 위한 자녀의 노력을 필수적으로 필요로 하는 유대관계에 대한 위협으로 경험하게 될 것이다.

이 장의 나머지 부분은 정신분석학적 임상 문헌에서 상당한 관심을 받았으며 성인의 정신분석 치료에서 파생된 유전적 재구성에 자주 나타나는 세 가지의 발달 과제 또는 위기, 즉 일차적인 타자와의 자기의 주관적 차별화, 자기와 타자들의 정동적으로 모순된 경험의 통합, 그리고 오이디푸스 콤플렉스 시기의 통과에 관한 것이다. 예를 들어, 말러 외.(1975), 컨버그Kernberg(1976), 프로이트(1924a) 등, 그것들이 인격 발달의 중심이라고 생각하는 사람들이 제시한 이런 이정표들에 대한 논의에서 주된 강조점은 욕동과 방어의 변동, 그리고 관련된 것으로 추정되는 다른 심리내적 메커니즘들에 있었다. 대조적으로, 우리의 노력은 이런 발달 과제들에 대한 아이들의 협상을 촉진하거나 방해하는 특정한 상호주관적 맥락에 초점을 맞춘다. 각각에 대해, 우리는 상호주관적 관점에서 재구성된 발달 실패의 임상적 실례를 제공한다.

자기-타자 분화Self-Other Differenciation

아이가 자기-타자 분화와 안정적인 자기-경계를 달성하고 공고히 하기 위한 요건은 구분되고 확고하게 구조화된 자기와 다른 사람들에 대한 감각에 의해, 아이의 고유한 자질과 독립적인 노력을 확실하게 인식하고, 긍정하고, 인정하고, 자랑스럽게 즐길 수 있는 양육자의 존재이다. 부모가 아이의 중심적인 자질과 노력을 인식하고 긍정할 수 없을 때, 그것들은 아이가 부모 자신의 원시적인 요구에 부응해야 할 필요와 충돌하기 때문에, 그 아이는 코헛(1971, 1977)이 보여주었듯이, 반영 받지 못한 과대자신감grandiosity의 영역에서 자기-경험의 방해를 경험하게 될 것이다. 우리는 또한 그런 병리적인 상호주관적 상황은 부모가 요구하는 것이 무엇이든 "되어야compelled to become"하고, 그래서 자신의 독립된 설계에 따라 발달하려는 어떤 노력도 복종시켜야 한다고 아이가 느끼기 때문에, 자기-타자 분화와 자기-경계 형성 과정을 심각하게 방해할 것이라는 점을 강조하고 싶다.

임상 사례 예시

분석에서 처음 보았을 때, 에이미Amy는 33세의 전문직 여성이었다. 그녀는 밤색 머리카락과 우아한 걸음걸이가 매력적이어서, 마치 그녀가 결코 땅에 닿지 않은 것처럼 그녀 주위에 천상의 분위기를 풍겼다. 그녀는 세 아이의 엄마이자 정치 및 기업에서 활동하는 저명한 남성의 아내였다. 전문가이자 어머니, 그리고 아내로서, 그녀는 특유의 겸손함과 거의 불평 없이 모범적인 태도로 자신의 모든 임무를 수행했다. 그녀는 자신의 전문적인 활동이 가정의 이익과 의무를 거의 방해하지 않도록 자신의 일정을 조정했다. 그녀는 자신이 성장할 때 바랐던 모든 것들이 실제로 실현되었기 때문에, 왜 분석에 들어갔는지 정확히 알지 못했다. 그녀의 친구들 중 어느 누구도 그녀가 분석이 필요하다고 믿을 수 없었다. 왜냐하면, 그들은 그녀를 자신들이 아는 가장 평범한 사람으로, 그리고 그녀의 가족을 가족이 되어야 할 전형으로 여겼기 때문이다. 첫 번째 상담회기부터 그녀는 자신에게 "전혀 옳지 않은" 무언가가 있다는 느낌을 표현했지만, 심지어 격려를 받았을 때조차도 그것이 무엇이었는지 또는 왜 그렇게 느꼈는지 정확히 표현할 수 없었다. 나중에 그녀는 실제로 존재하지 않는 고통스러운 느낌과 함께, 끊임없이 아이 같고 형성되지 않은 존재감을 명료하게 표현할 수 있었다. 그녀의 어린 시절 기억들은 존재의 연속성에 대한 감각이 전혀 없는 "공백blanks"에 둘러싸인 고립된 에피소드나 조각들처럼 보였다. 그녀는 분석가가 분석을 완료하면 그녀에게 말해야 한다고 자주 주장했는데, 그렇지 않으면 그녀는 알 방법이 없기 때문이었다.

분석이 진행됨에 따라, 특히 전이 감정과 관련하여 그녀의 미묘한 분위기와 모호함의 특성이 더욱 두드러졌다. 수년 동안 그녀는 분석가의 존재에 대해 직접적이고 정서적으로 주요한 언급을 하지 않았다. 자신의 가족과 함께 추가 시간을 계획하기 위해 약간 강박적이고 흥분된 노력을 보인 것을 제외하고는, 그와의 이별을 예상할 때 그녀의 어떤 기분 변화에도 직접적인 징후는 없었다. 오랜 시간에 걸쳐 그녀의 일상적인 활동, 특히 자신의 아이들과의 상호작용에 대해 끊임없이 이야기했고, 그들의 기분과 활동에 그녀가 완전히 몰입한 것처럼 보였다. 다만 분석가와 함께 있는 이 존재 방식에서 그녀는 자신의 성격에서 의심할 여지가 없는 측면이 된 방식으로 확산된 취약성으로부터 자신을 보호했다는 것이 점차 분명해졌다.

그녀의 관계들은 즐겁고, 무엇보다도 기분을 상하게 하지 않는, 기대되고 좋아하는 것을 하는 보편적인 특성으로 특징지어졌다. 그녀가 누구라도 자신을 좋아하는 사람을 얻을 수 있다는 것은 그녀에게 자부심의 문제였고, 만약 자신이 마음을 쓰는 누군가가 그녀에게 불쾌감을 느낀다면 자신이 어떻게 잘못했는지 "이해"할 수 있다는 것도 마찬가지로 중요한 일이었다. 그녀는 다른 사람의 반응에 대해 아무것도 할 수 없지만, 항상 자신의 행동을 개선할 수 있다고 설명했다. 그녀는 자신의 남편, 아이들, 그리고 친구들의 목표, 요구, 소원, 즉 그녀가 해야 하고, 말해야 하고, 생각해야 하고, 느껴야 하는 것을 중심으로 너무 집중되어서, 그녀는 종종 자신이 실제로 무엇을 느끼는지 또는 자신의 성향이 무엇인지 구별할 수 없다는 것이 분명해졌다. 따라서 그녀가 분석가와 거리를 두는 것이 그녀 자신의 어떤 자기감이라도 보존할 수 있다고 느끼는 유일한 방법이었다.

그녀는 자신의 아이들과 함께 완벽한 어머니가 되는 것이 무엇인지 너무 잘 알고 있었다. 그러나 그들과의 경계가 너무 불분명하여, 그녀는 그들의 모든 좌절, 모든 상처, 모든 실망을 마치 자신의 것처럼 경험했고, 그들에 대한 그것의 의미를 꼭 자신에 대한 것처럼 정리했다.

결국 전이에서 뚜렷한 패턴이 나타났다. 분석가가 그녀가 말한 것에 대한 인정과 요약에 만족하는 한, 그 관계는 원활하고 결합적이며 조화로워 보였다. 그러나 그녀의 의사소통의 특정 지점을 넘어서는 강조 또는 확장의 사소한 변화는 리듬의 장애, 즉 그녀가 올바르게 설정할 필요가 있는 일시적인 리듬 장애를 일으켰다. 처음에 그녀는 조화를 회복하려는 자신의 시도에 앞서 일어났던 "정상이 아닌r" 변화에 대해 알지 못했다. 점차 환자는 자신의 지각과 주관적인 경험에 집중하고 그것들을 분명히 표현함으로써 자신의 자기-경계를 구분하고 설정하는 과정을 시작하기 위해 분석 상황을 사용하려고 시도하고 있음이 분명해졌다. 분석가의 유일한 역할은 이런 일이 발생할 수 있는 촉진 매체를 제공하는 것이었다. 수년 동안 이런 한계를 넘어서려는 어떤 시도도 그녀의 자기-경험, 즉 그녀가 필사적으로 강화해야 할 필요가 있던 현실과 견고함을 침입하는 것으로 느껴졌다. 그런 침입은 그녀의 새로운 자기-경계의 해체 위협과 그녀 자신을 침범하는 분석가의 지각과 조직 원리에 대한 두려움을 불러일으켰다.

점차 환자는 자기-경계에 있는 약점의 기원을 이해하게 되었다. 처음에 그녀는 어머니와의 관계를 이상적인 용어로 묘사했었다. 그녀보다 더 이해심이 많고 사랑스러운 어머니를 가진 아이는 없었다. 그들의 관계는 그녀의 어머니가, 부모로서가 아니라 "여성들 중 한 명"으로 받아들여질 수 있는 자신의 능력에 자부심을 가졌기 때문에 그녀 친구들의 부러움을 샀다. 그녀의 아버지는 열심히 일했고, 그녀에 대한 자신의 사랑에는 의심의 여지가 없었지만, 그는 그녀를 돌보는 문제를 전적으로 아내의 손에 맡겼다. 그녀 어머니의 영향은, 결정적인 영역에서 극히 미묘해서 분류하기가 매우 어려웠다. 분석 자료에 반복적으로 나타난 특징 중 하나는 에이미가 말을 듣지 않거나 자신을 실망시키면 상처받는 어머니의 극심한 취약성이었다. 그러나 그녀의 어머니는 이런 반응들을 단호하게 부인함으로써, 에이미에게서 자율적인 지각과 판단에 대한 자신감을 발달시키는 데 필요한 지원을 박탈했다. 게다가, 그녀의 어머니는 자주 에이미의 지각을 마치 딸들이 발달하는 다양한 시기에 어머니들이 겪어야 하는 "정상적인" 어려움의 일부인 것처럼, 즉 자기-분화의 이 필수적인 구성 요소가 일시적인 일탈인, 철이 드는 "단계"인 것처럼 설명했다.

    예를 들어, 어머니는 왜 에이미가 십대 때 자신을 위해 드레스를 사주는 것을 고마워하지 않는지 이해할 수 없었다. 그 드레스들은 정확히 어머니가 스스로 선택한 것이거나, 아니면 어머니가 자신을 위해 선택하기를 바랐던 것이었다. 이것에서, 어머니는 자신의 취향과 개별적이고 전혀 다른 딸의 발달하는 취향을 인정하고, 동의하고 승인할 수 없다는 것을 보여주었다. 그녀의 어머니 또한 환자가 화가 나거나 극심하게 불행할 때마다 죽을 고생을 겪었다. 그녀는 딸이 자신의 지각이나 취향을 갖도록 허용할 수 없었던 것처럼, 딸이 자신의 분위기를 갖도록 허용할 수 없었다. 그녀는 환자의 불행에 대해 그것이 마치 자신의 완전한 실패인 것처럼 반응했다. 만약 딸이 자신을 싫어한다면, 그녀의 어머니는 그것을 고치기 위해 모든 수단을 다 동원할 것이다. 환자는 자신의 불쾌한 기분에 대한 어머니의 반응이 자신의 불행한 감정보다 훨씬 더 억압적이었다고 회상했다. 에이미는 어머니가 자신의 약한 자존감을 유지하기 위해 그녀가 이상적인 아이가 되기를 필사적으로 요구했다는 것을 점차 분명하게 알게 되었다. 에이미의 정신 상태나 행동에 나타난 어떤 불완전함도 어머니는 결함이 있는 자신의 노출로 경험했다.

    자기-경계 발달의 장애는 미묘하게 발생했지만, 그 효과에 있어서는 혹독했다. 그녀의 어머니가 "다른 사람들이 모두 청바지를 입고 있다고 해서 청바지 뒤에 디자이너의 메달을 달아야 하는 사람들이 싫지 않니?"라고 물었고, 에이미는 즉시 자신은 결코 그런 사람이 되고 싶지 않다는 것을 느끼곤 했다. 11살 때, 환자는 이미 그녀가 어떤 종류의 결혼식을 하게 될지 알고 있었다. 그녀의 어머니는 그녀에게 "결혼식은 두 사람과 몇 명의 가까운 친구들과 가족들의 사적인 축하가 되어야지, 네가 얼마나 많은 사람들을 알고 있는지를 보여주기 위해 열리는 서커스가 아니야"라고 말했고, 에이미는 정확히 그렇게 되었다. 그녀가 자신의 어머니와 같은 수의 아이를 둔 것은 우연이 아니었다. 에이미의 구별되고 진정한 소원 중 하나는 아이를 한 명만 더 갖고 싶다는 끈질긴 소원이었다.

요약하면, 이 환자의 정신병리는 자기-타자 분화와 자기-경계 발달의 정지에서 비롯된 것으로 볼 수 있다. 이 결점은 그녀 자신의 주관적 경험에 대한 지각과 명확한 표현에 대한 어려움, 그리고 그 경험을 중심으로 자신을 집중시킬 수 없어서 자신의 어떤 설계에 따라 행동을 시작할 수 없다는 점에서 가장 두드러지게 나타났다. 이 어려움은 에이미가 자신의 이상화된 모습으로 역할을 해야 한다는 어머니의 요구와 그 결과로 초래된 뚜렷하고 구분된 사람이라는 새로운 환자의 존재감을 인정하고 동의하고 승인할 수 없는 무능력, 그리고 그녀의 아버지가 이 발달 추진력이 부수적으로 관여했을지도 모르는 타자로서 이용할 수 없었던 아버지의 불가용성의 결과인 것으로 밝혀졌다. 에이미는 어머니가 요구하는 이상화된 타자가 되려고 시도하고, 이 원시적인 유대관계에 위협이 되는 자기-분화 과정의 그런 요소들을 희생함으로써 적응했다. 따라서 정지된 자기-타자 구별은 분리에 내재된 공격성 갈등(비록 그런 갈등이 없지는 않았지만), 또는 그런 다른 심리내적 메커니즘의 "공생적 고착"의 산물인 것처럼 보이지 않는다. 대신 그것은 중요한 발달 단계 동안에,

차별화된 자기-정의가 결정화되고 통합될 수 있는 상호주관적인 맥락의 부재에서 발생했다. 분석적 전이에서 환자가 찾았던 것은 바로 그런 촉진적인 맥락이었다.

정동적으로 모순된 경험의 통합
Integration of Affectively Discrefant Experiences

아이가 자기와 다른 사람들과의 정동적으로 대조되는 경험을 종합할 수 있는 능력을 얻기 위한 요건은 확고하게 통합된 인식 덕분에 아이의 강렬하고 모순적인 정동 상태를 단일하고 지속적인 사람에게서 나오는 것으로 믿을 수 있게 받아들이고, 용인하고, 이해하고, 결국 알 수 있게 할 수 있는 담아주고 안아주는 타인의 존재이다. 대조적으로, 부모가 아이를 "분리된 존재"로 지각해야 한다면, 예를 들어, "좋은" 정동은 부모의 요구를 충족시키는 한 존재, 그리고 "나쁜" 정동은 부모의 요구를 좌절시키는 두 번째 외계 존재로 인식해야 할 때, 자신과 타자들의 정동적으로 모순된 경험들이 부모의 단편적인 인식에 따라 서로 영구적으로 격리되기 때문에 아이의 통합 능력 발달이 심각하게 방해받을 것이다.

임상 사례 예시

사무실 관리자로 일했던 매력적이고 세련된 25세 여성 린다Linda는 궤양ulcers, 만성적인 목과 허리 통증, 편두통, 턱의 조임, 극심한 자의식 및 비인격화 감정, 그리고 자살 환상을 동반한 심각하고 공허한 우울증 상태를 포함한 다양한 심신 및 심리적인 문제들을 안고 치료에 들어갔다. 그녀는 참을 수 없을 정도로 거부당하고 상처받은 감정을 남기면서, 자신에게 비참하게 끝났던 남자들과의 과거 관계들에 대해 말했다. 그녀는 어떤 정서적인 연루에 대한 장벽을 세움으로써 이것으로부터 자신을 보호하려고 노력했고, 1년 이상 동안 남자들로부터 자신을 고립시켰다. 이제 그녀는 벽에 둘러싸여 무감각하고 생명이 없다고 느꼈고, 자신의 정신과 신체에 대한 통제력을 잃고 "회로 과부하로 인한 붕괴"를 두려워했다.

시작부터 린다는 분석 과정에 몰입되는 것을 매우 꺼려했다. 치료 시작을 몇 주 연기한 후, 그녀는 첫 번째 상담회기를 "잊어 버렸다." 드디어 시작했을 때, 그녀는 자신이나 자신의 문제에 대해 자발적으로 생각하거나 말할 수 없으며, 어떤 주제를 다룰지에 대해 분석가의 제안이 필요하다고 주장했다. 처음에 그녀는 자신의 어린 시절과 청소년기에 대해 아무것도 기억할 수 없었고, 치료적 대화가 그녀를 강한 느낌으로 이끄는 것처럼 보일 때마다 그녀는 "차단되었다." 이런 초기 저항에 대한 탐사는 그녀의 정서에 대한 절대적인 통제 필요성과 정동적 삶을 느슨하게 하면 그녀가 완전히 광포하게 될 것이라는 공포를 드러냈다.

점차 그녀는 자신이 어렸을 때 얼마나 비참하고 불행했는지, 그리고 청소년 시절에 얼마나 슬프고 죽고 싶었는지를 기억하고 드러내기 시작했다. 그녀의 어머니는 알코올 중독자이자 폭력적인 남편, 두 명의 반항적인 큰 아이들, 두 명의 아장아장 걷는 아이들, 그리고 그녀 자신의 다양한 신체 질환들로 "매우 바빴기" 때문에 린다를 위한 시간이 거의 없었던 차갑고 표현력이 부족한 여자로 기억 속에 떠올랐다. 어머니는 항상 부정적인 면에 초점을 맞추는 것 같았고, 끊임없이 린다의 단점을 지적했다. 그 환자는 정기적으로 술에 취한 상태로 집에 들어와 폭발적인 분노로 가족을 공포에 떨게 한 아버지에 대해 "무서워서 죽을 것 같았다"라고 회상했다. 자신의 두 오빠들이 아버지와 맞서려고 노력하면서 입은 피해를 목격한 린다는, 대신에 자신의 모든 감정을 내면에 간직하기로 결정했다.

두 개의 꿈이 초기 치료 기간 동안 전이의 양상들을 밝혀주었다. 첫 번째 꿈에서, 린다가 룸메이트와 이야기하고 있을 때, 갑자기 끔찍하고 못생기고 기형적인 노인이 열린 창문을 통해 뛰어들어 위협적인 방식으로 그들에게 다가왔다. 두 번째 꿈에서, 린다는 약사에게 가서 진통제 약을 조제해 달라고 요청했지만, 그가 자신의 요청을 거절할까 봐 걱정했다. 첫 번째 꿈과 환자의 연상은 분석가가 그녀의 아버지처럼 자신의 주관적인 세계에 파괴적으로 침입하여 그 안에 대혼란을 일으킬 것이라는 자신의 두려움을 드러냈다. 두 번째 꿈은 분석가로부터 받아들여지고 진정시키며 달래는 반응에 대한 그녀의 요구뿐만 아니라, 자신의 어머니가 그랬던 것처럼 이 요구를 거절할 것이라는 두려움도 나타냈다.

전이에서 새로운 것이 나타나기 시작했다. 일반적으로 그녀는 최근의 삶에서 정서적으로 강렬한 경험을 묘사하고 나서, 분석가에게 고개를 돌려 "당신은 어떻게 생각하세요?"라고 묻곤 했다. 그런 경우에 그녀는 자신의 마음의 눈으로는 자신에 대해 아무것도 볼 수 없다고 말했지만, 그녀는 분석가가 자신의 내면에서 일어나고 있는 모든 것을 알고 있다고 상상했다. 처음에 분석가는 그녀의 질문의 의미를 오해하여, 그것들이 이상화 전이의 표현이라고 믿었다. 나중에 그와 환자는 그 질문들이 방어적 목적을 수행한다는 것을 이해하게 되었고, 자신의 지각과 감정에 대한 린다의 심오한 불신과 이런 질문들이 분석가에 의해 용인되지 않을 것이라는 그녀의 깊은 두려움을 반영했다.

환자는 4세부터 시작하여 8세까지 어머니와의 계속적인 관계에서 경험했던 반복적인 트라우마를 기억하고 재구성하기 시작했다. 린다가 강렬한 감정들, 특히 불쾌하거나, 비판적이거나, 화가 나거나, 반항적인 감정을 보일 때마다 그녀의 어머니는 그녀를 꾸짖고 벌을 주기만 한 것이 아니었다. 그녀는 마치 자신의 딸이 글자 그대로 완전히 다른 사람, 외계인이자 사악한 침입자로 변한 것처럼 행동했고, 심지어 "조앤 Joanne"이라는 가상의 이름으로 반복적으로 그녀를 지칭하기도 했다. 이 누적적인 외상의 결과로, 린다의 자기-경험에 깊은 분열이 영원히 남게 되었다. 한편으로 그녀는 이상화된 자기-확장에 대한 어머니의 요구를 만족시킨 정서적으로 억제되고, 순종적이고, 완벽하게 행동하는 좋은 소녀였다. 반면에, 특히 그녀의 내부에서 강한 감정이 휘몰아칠 때, 그녀는 자신의 어머니가 참을 수 없고, 그녀의 아버지처럼 언제든지 격렬하고 통제할 수 없이 폭발할 수 있는 사악한 조앤이었다. 이 내적 파편화의 결과는 비인격화 및 심각한 정체성 혼란 상태, 자신의 지각과 감정에 대한 불신과 퇴행적인 (정신신체적) 감정 표현 경로의 사용, 그녀에 관하여 무언가 끔찍하게 "잘못된" 그리고 "비정상적인" 것이 있다는 확신, 그리고 내재적으로 악함, 무가치함, 그리고 자기-혐오의 광범위한 감정이었다.

우리는 린다의 통합되지 않은 자기-경험들이 양가감정을 막아내기 위해 고안된 어떤 방어적인 분열 과정의 산물로도 보이지 않는다는 것을 강조하고 싶다. 대신에 그것들은 그녀에 대한 어머니의 단편적인 지각에 적응하려는 그녀의 시도와 어린 시절의 결정적인 시기에 대립적인 정동 상태가 종합되어 단일하고 연속적인 사람에게서 나오는 것으로 경험될 수 있는 상호주관적 맥락의 부재에서 발생했다. 전이에서 그녀는 자신의 강렬하고 종종 모순되는 감정의 주관적 타당성을 인정하고, 용인하고, 지지하는 존재를 담아주는 대망의 안아주기의 형태로 이 맥락을 추구했다.

오이디푸스 콤플렉스 시기의 통과
The Passing of the Oedipal Period

오이디푸스 콤플렉스 단계를 통과하는 아이의 상호주관적 맥락은 코헛 (1977)에 의해 아이의 오이디푸스 콤플렉스적인 자기-경험이 부모의 주관적 세계의 구조에 의해 동화될 수 있는 두 가지 방식으로 좀 더 상세하게 기술되어 있다.

> 오이디푸스 콤플렉스 시기 아이의 애정 어린 욕망과 자기주장이 강하고 경쟁적인 경쟁심은 보통 공감적인 부모들에 의해 두 가지 방식으로 반응될 것이다. 부모는 성적으로 자극 받고 반-공격적counter-aggressive이 됨으로써 아이의 성적 욕망과 경쟁적인 경쟁심에 반응할 것이며, 동시에 아이의 발달적 성취, 그의 활력과 자기주장에 기쁨과 자부심으로 반응할 것이다(p. 230).

오이디푸스 콤플렉스 시기의 영향이 성장 향상인지 아니면 병원성pathogenic인지는 다음과 같은 두 가지 부모의 반응 방식 사이에서 아이가 경험하는 균형에 달려 있다.

예를 들어, 만약 작은 몸이 아버지가 그를 오래된 블록에서 떨어져 나온 조각으로 자랑스럽게 여기고 그를 자신과 자신의 성인의 위대함과 합쳐지도록 허용한다고 느낀다면, 그의 오이디푸스 콤플렉스 단계는 통합된 남성성의 여러 변형들 중 하나를 내려놓는 것을 포함하여 자기-공고화과 자기-패턴-형성에 결정적인 단계가 될 것이다. 그러나 만약 오이디푸스 콤플렉스 단계에서 부모 반향의 이런 측면이 없다면, 아이의 오이디푸스 콤플렉스 갈등은, 아이의 리비도적이고 공격적인 노력에 대해 부모의 반응이 엄청나게 왜곡되지 않았더라도, 악의적인 특성을 띠게 될 것이다. 더욱이 왜곡된 부모의 반응도 이런 상황에서 발생할 가능성이 높다. 다시 말해서, 아이의 발달하는 자기와의 공감적인 접촉을 확립할 수 없는 부모들은 아이의 오이디푸스 콤플렉스적인 열망의 구성 요소들을 별개로 보는 경향이 있을 것이다. 즉, 그들은 독단적인 애정과 독단적인 경쟁의 더 큰 구성 대신 아이의 놀라운 적대감을 보는 경향이 있을 것이다. 그 결과 아이의 오이디푸스 콤플렉스 갈등이 심화될 것이다(pp. 234-235).

따라서 오이디푸스 콤플렉스의 격동적인 신경증 병인의 성적이고 공격적인 갈등과 타협조차도 그것들이 형성되는 상호주관적 맥락을 제외하고는 이해될 수 없다.

임상 사례 예시

43세의 부동산 개발업자이자 두 아이의 아버지인 조나단Jonathan은 조루 치료를 요구했다. 그는 18년의 결혼 생활 내내 간헐적으로 이 문제를 경험했지만, 사업에서 큰 성공을 거둔 최근 몇 주 동안 이 문제는 상당히 악화되었다. 그는 새로 찾은 자신의 성취감이 아내와 자신의 형과의 관계에 긴장감을 조성하고 있으며, 그로 인해 항상 그들 두 사람에게 맡겼던 부수적인 역할을 계속 받아들이기 어려워졌다고 지적했다.

조나단은 치료 과정 내내 좀처럼 약해지지 않는 활력과 열정으로 빠르게 분석에 몰두했다. 그는 분석가의 모든 말에 매달리는 것 같았고, 동시에 자신의 자기-표현에 점점 더 개방적이 되었다. 치료적 유대가 의미 있게 붕괴될 때마다 문제가 재발했지만, 자신의 어머니에게 느꼈던 것과 상응하는, 아내를 끝없이 만족시키고 기쁘게 하는 것이 "의무"라는 자신의 감정에 대한 약간의 예비 탐사 후에 조루가 멈추었다.

아내를 기쁘게 해야 한다는 의무를 더 탐구하자, 자신이 거세당하고 남자답지 못하고 절망적으로 불충분하며 다른 남자들과 경쟁할 수 없다는 조나단의 핵심 감각이 드러났다. 이 자기-인식의 유전적 기원은 4년

여의 분석 과정에서 밝혀졌다.

처음에, 그 환자는 결함이 있고 남자답지 못하다는 자신의 느낌을 성기의 발달이 늦어서 또래들에게 잔인하게 놀림 받고 굴욕을 당했던 청소년기까지 추적했다. 하지만, 곧 그의 연상들associations은 그의 형과의 관계에 대한 기억을 중심으로 연합하기 시작했고, 그것은 초기 몇 달 동안의 치료를 지배했다. 네 살 연상이고 예술과 음악에 재능이 있는 형은 항상 부모님 관심의 중심에 있는 것처럼 보였고, 조나단은 끊임없이 그의 그림자 속에 있는 느낌을 받았다. 그 자신이 인정받을 만한 어떤 재능도 부족하다고 느꼈기 때문에, 그 환자는 어머니를 도와 부모님의 지지를 얻으려고 노력해서, 순종적이고 신뢰할 수 있는 "착한 아이"가 되었고, 그 역할은 나중에 아내와의 관계에 계승되었다. 그의 부모는 종종 자신들의 부부 문제에 너무 몰두하여 그를 걱정하지 않는 것처럼 보였으므로, 5~6세 때부터 그는 점점 더 형에게 지도guidance와 방향을 의지했고, 그의 비위를 맞추고 그가 "신탁과 같은" 힘을 소유하고 있다고 믿었다. 그의 형은 꽤 경쟁적이었고 종종 그를 괴롭히고 굴욕감을 주었지만, 조나단은 유대관계에 대한 엄청난 필요성 때문에 결코 반격할 수 없었다. 이제서야, 환자 자신의 부인할 수 없는 성취에 힘입어, 형의 높은 지위에 의문이 제기되었다.

마침내 조나단이 형과의 이상화 유대관계를 맺게 된 이면에는 아버지의 인정에 대한 절망적인 열망, 즉 반복적이고 외상적인 실망으로 끝나게 될 운명이었던 열망이 있었다는 것이 드러났다. 자신이 비통하게 이루지 못한 남자인 아버지는 큰아들에게서 자신의 좌절된 예술적 포부의 구현을 보았고, 따라서 끊임없이 그에게 관심과 격려와 칭찬을 퍼붓는 것처럼 보였다. 그러나 작은아들에게서 그는 자신의 약점과 실패, 자신에 대한 실망스럽고 품위 떨어진 관점만 볼 수 있었고, 그래서 그는 조나단의 경쟁적 야망과 예술적 노력에 대해 일관되게 무관심, 비하, 경멸로 반응했다. 환자는 아들의 오이디푸스 콤플렉스 단계의 확장에 대해 자부심과 기쁨으로 반응할 수 없는 아버지의 무능에서 비롯된 수많은 반복적인 상처들을 요약한 것 같은 5~6세 때부터의 초기 기억을 회복했다. 조나단은 숙모의 집에서 크고 야심찬 그림을 그리며 몇 시간을 보냈는데, 그가 형의 예술적 영역 속으로 과감하게 모험한 것은 오직 집에서 멀리 떠나 비밀리에 이루어졌을 때뿐이었다. 그의 아버지가 들어와서 누가 그랬냐고 물었다. 그때 숙모가 조나단이라고 대답하자, 아버지는 "그럴 줄 알았어"라고 빈정거렸고 싫어서 떠나 버렸다. 환자는 아버지가 칭찬하는 모든 것을 구현하는 것처럼 보이는 형과 연결된 감정을 통해, 오직 "대리로"만 아버지의 인정을 받을 수 있고 그래서 자기-가치감과 그의 새로운 남성성 감각에 대한 약간의 지지를 얻을 수 있다고 체념하게 되었다.

나중에 분석에서 환자의 남근적-오이디푸스 콤플렉스의 자기감에 대한 더 깊은 상처가 드러났는데, 이번에는 그의 어머니와 관련이 있었다. 조나단의 오이디푸스 콤플렉스 시절은 부모 사이의 거의 끊임없는 불화와 아버지가 화를 내며 어머니의 불륜을 비난하고, 그러면 어머니가 울음을 터뜨리는 반복적인 장면들로 흐려졌다. 그의 어머니가 울었을 때, 환자는 자기 내면에서 어머니의 고통을 느꼈고, 그녀의 고통을 덜어주기 위해 헌신하게 되었다고 회상했다. 그는 어머니가 위안과 위로를 얻기 위해, 달래고 위로받기 위해 그를 의지했던 정도와, 그 자신이 소년기와 성인기로 성장하는 데 어떤 대가를 치르더라도, 그들 사이의 원시적인 일체감이 유지되어야 한다는 그에 대한 어머니의 요구가 어떻게 요구되었는지를 기억하고 이해하기 시작했다. 가장 가까운 시기는 그가 아팠을 때였는데, 그들은 자신들의 고통, 즉 그의 신체적 고통과 그녀의 감정적 고통을 함께 나눌 수 있었다. 이 공생 같은 유대의 유지는 소년의 분리 발달에 대한, 특히 그의 남근적 오이디푸스 콤플렉스 노력에 대한 어머니 측의 어떤 반응도 가로막았다. 따라서 거세되고 남성적이지 않은 그의 자기-인식의 가장 깊은 원천인 것 같은 것, 즉 그의 새롭고, 자기-주장적이며, 남근적으로 과장된 오이디푸스 콤플렉스 단계의 소년다움에 대한 모성적 반영의 심오한 부재가 드러났다.

이 임상 사례 예시를 요약하면, 조나단이 오이디푸스 콤플렉스 단계를 성공적으로 통과하지 못한 것에 대한 상호주관적 맥락은 매우 복잡했으며, 세 가지의 상호 관련된 측면들과 그에 상응하는 중단된 발달 추진력을 수반했다. 그 핵심에는 달래고, 위로하는 원시적 타자로서 아이와 하나 되고자 하는 어머니의 욕구와 새로운 남근적 과대감과 오이디푸스 콤플렉스적 자기주장에 대한 어떤 거울 반응도 제공할 수 없었던 그녀의 무능력이 있었다. 환자가 보상적으로 자신의 아버지에게 의지했을 때, 아버지 역시 필요한 거울 반응을 제공할 수 없었고, 그 아이를 오직 자신이 결함 있다고 경멸하는 관점의 복제품으로만 보았다. 조나단이 마지막으로 의지하는 것은 이상적인 예술적 자질의 소유자로 아버지가 칭찬한 형과의 연합을 자존감과 남성적인 힘의 간접적인 원천으로 추구하는 것이었다. 그러나 형의 경쟁력 때문에, 이 절실하게 필요한 유대관계를 유지하는 대가는 환자 자신의 자기-개발을 더욱 예속시키고 제한하는 것이었다.

분석에서 이 세 단계의 유전자 서열은 역순으로 풀렸다. 처음에는, 이상화된 "신탁과 같은" 형의 인물로서 분석가와의 접촉이 환자의 자신감을 높이고 증상을 제거하기에 충분했다. 다음으로 드러난 것은 분석가가 그의 상당한 재능을 인정하고 경쟁적인 야망과 업적을 지지할 아버지 같은 인물로서 역할을 해야 한다는 그의 요구였다. 마지막으로 나타난 것은, 그의 남근적 과대감에 대하여 어머니가 반영하지 않은 것에 대한 그의 깊고 억제된 욕구(주로 그의 아내와 경험했지만, 분석가와도 경험했다), 그가 "산을 움직일 수 있고, 모든 라이벌을 물리칠 수 있다"라고 느끼게 하는 그의 강점과 남성적인 기량에 대한 무조건적인 숭배를 바라는 그의 소원이었다.

결론 Conclusion

아이 발달의 모든 단계들은 아이의 진화하는 주관적 세계와 양육자의 주관적 세계의 교차에 의해 구성된 독특하고 지속적으로 변화하는 심리적 장field의 관점에서 정신분석학적으로 가장 잘 개념화된다. 이런 관찰적 입장은 발달 과정을 형성하고 아이의 발달 과제의 협상과 발달 단계의 통과를 촉진하거나 방해하는 특정한 상호주관적 맥락에 예리한 초점을 맞춘다. 자기와 타자의 분화, 감정적으로 모순된 경험의 통합, 그리고 오이디푸스 콤플렉스 시기의 통과, 이 세 가지 중요한 발달 과제는 각 영역의 발달 실패에 대한 임상적 사례 예시와 함께 상호주관적 관점에서 검토되었다. 각각의 경우에 환자는 형성기 동안에 부재하거나 불충분했고 이제는 정지된 발달 과정을 다시 시작할 수 있게 된 필수적이고 촉진적인 상호주관적 맥락을 분석적 전이에서 확립하려고 노력한 것으로 나타났다.

주석

1   이 장은 우리의 소중한 친구인 고故 버나드 브랜드샤프트Bernard Brandchaft의 협력으로 작성되었다.

제 4 장

구체화의 경로
Pathways of Concretization

우리는 인간 동기부여의 최상위 원칙으로서, 경험의 조직화를 유지할 필요성이 인간 행동 패턴화의 핵심적인 동기라고 제안했다(제1장 참조). 경험과 행동 사이의 이 기능적 관계를 중재하는 기본적인 심리 과정은 *구체화*concretization인데, 이는 구체적이고 감각운동적sensorimotor 기호에 의한 경험 구조의 캡슐화encapsulation이다. 우리는 경험의 구체화가 인간의 심리적 삶에서 편재적ubiquitous이고 근본적인 과정이며, 그것이 매우 다양한 심리적 활동 및 산물의 기초가 된다고 믿게 되었다. 구체화는 어떤 경로나 표현 방식이 유리한지에 따라, 다양한 형태를 가정할 수 있다. 예를 들어, 구체화 방식에서 운동 활동이 우세할 때는 필요한 경험 구성을 실현하기 위해 실연enactments에 의존한다. 잠에서처럼 운동 활동이 줄어들면, 지각적 이미지는 꿈속에서처럼 구체화의 선호 경로가 될 수 있다.

    이 장에서 우리는 구체화 원리의 넓은 범위와 그것이 포함하는 광범위한 심리적 현상들을 나타낼 수 있기를 바라는 예시 자료를 제공한다. 우리는 신경증 증상의 간단한 예로 시작하는데, 그 이유는 정신분석학

이 무의식적 상징화의 중요성을 처음으로 발견한 곳이기 때문이다. 다음으로 우리는 전이 대상 개념의 확장된 공식화를 제시한다. 마지막 두 섹션에서 우리는 실연과 꿈에 대한 보다 광범위한 논의를 제시한다. 임상 실례에서 우리는 이런 다양한 심리적 현상들이 구체화하는 구체적인 경험 구성을 식별하고 그것을 통해 이 보편적인 과정이 제공하는 개인적 목적의 다양성을 입증하려 한다. 가능한 한, 우리는 구체화 산물이 발생하고 사라지는 상호주관적인 맥락을 조사한다.

신경증 증상들Neurotic Symptoms

히스테리성 전환 증상 및 기타 신경증적 억제가 그것들의 무의식적인 의미를 밝혀냄으로써 해결될 수 있다는 초기 정신분석적 발견(Breuer & Freud, 1893-1895)은 아마도 정신병리 군(群, constellations)의 기원에서 구체화의 역할에 대한 최초의 주요 증거였을 것이다. 그러나 프로이트와 다른 사람들은, 이 현상을 설명하기 위해 암호생리학적 cryptophysiological 에너지 변형에 대한 초심리학적 개념에 의존하면서, 구체적이고 감각운동적인 상징화의 사용이 증상 형성 과정의 중심이라는 중요한 발견을 모호하게 만들었다. 이 현상은 지금까지 잘 알려져 있으므로, 두 가지 간단한 사례만으로 충분할 것이다.

 4년간의 분석 과정 중간에, 33세의 한 여성이 목이 조이거나 덩어리가 생겨서 삼키기가 어려운 새로운 증상을 보고했다. 상담회기 동안 그녀는 최근에 많은 다른 여성들과 관련하여 경쟁적인 성공을 경험했으며, 그녀는 이에 대해 막연한 불안감을 느꼈다고 말했다. 이 주제를 둘러싼 그녀의 연상은 결국 그녀가 항상 너무 애처롭고, 정서적으로 무능력하고, 고통스러울 정도로 성취하지 못한 것처럼 보였던 만성적 우울증을 앓는 어머니에게 개인적인 승리를 안겨줄 때마다 그녀가 어렸을 때 얼마나 견딜 수 없을 정도로 죄책감을 느꼈는지에 대한 기억으로 이어졌다. "내가 학교에서 A학점을 받아올 때마다, 그것은 내 성공을 어머니의 목에 밀어 넣는 것 같았어요."라고 그녀는 말했다. 분석가는 새로운 증상에서 그녀가 자신의 성공을 어머니의 목에 미칠지도 모른다고 두려워했던 것을 자신의 목에 하고 있는 것처럼 보인다고 해석했다. 그 증상의 무의식적 의미를 "육체의 모래에 쓰인 상징symbol written in the sand of the flesh"(Lacan, 1953, p. 69)으로 해석하는 것만으로도 그것을 영구적으로 제거하기에 충분했다. 이 사례에서 목의 감각운동적 상징은 자신의 성공이 어머니에게 영향을 줄 수 있는 상처에 대한 죄책감을 캡슐화했고, 구체화는 속죄와 자기 처벌의 목적을 달성했다.

28세의 남성(Stolorow & Atwood, 1979, 제6장에서 치료에 대해 간략하게 언급됨)은 자신의 엄격하게 통제된 생활에 정서적 자발성을 회복하고 자신이 겪은 성적 억제를 바로잡기 위한 치료를 요청했다. 그는 치료자에게 자신이 보존해야 할 에너지와 체액의 공급이 제한되어 있다고 믿었으며, 주중의 성행위가 이런 물질들을 고갈시켜 일을 수행하기에 충분한 양이 남아있지 않을 것이라는 두려움 때문에 주말 동안에만 성관계를 가질 수 있다고 설명했다. 탈진에 대한 그의 두려움을 더 자세하게 탐색한 결과 그는 성적 상황에서 자신의 아내를, 어머니를 경험했던 것처럼 필연적으로 충족시켜야 하는 끝없는 욕구와 요구의 "밑 빠진 독"으로 경험했다는 것이 밝혀졌다. 점차 줄어드는 에너지와 체액의 이미지들은 대리모의 식욕에 종속되어 자신을 낭비하는 두려움을 상징적으로 캡슐화했고, 구체화는 그에게 통제감을 제공하는 자기-보호 기능을 수행했다. 그는 그가 자신의 에너지와 체액을 보존하고 그에 따라 성행위를 제한하고 엄격히 통제함으로써 자신의 상실로부터 보호할 수 있다고 믿었다.

이 사례에서, 구체적인 상징의 의미에 대한 해석은 성적 억제를 완화하는 데 효과적이지 못했다. 분석이 진행됨에 따라, 환자의 연상은 점점 더 그의 아버지에게로 흘러갔는데, 아버지는 파악하기 어렵고 무관심하고 정서적으로 결여된 인물로 기억 속에 결정화되고, 월터 미티 Walter Mitty[1]같이 개인적인 환상과 몽상의 세계에 몰두되어서 자신의 아들에게 힘과 보호라고 할 만한 것을 거의 제공하지 않았다. 전이에서 분석가가, 자신의 아버지와는 달리, 환자가 어머니 이마고의 "만족할 줄 모르는" 요구에 대항하는 강력한 동맹자로 경험할 수 있는, 정서적으로 존재하고 관여하는 아버지 같은 인물로 자리 잡게 되었을 때만, 비로소 성적 억제가 완화되었다. 환자가 자기대상 전이 유대에 의해 유지되는 자신의 개인적 자아의 완전함을 느끼면서, 자기 보존적 구체화는 덜 필요하게 되었고, 그에 따라 그의 성생활은 점점 더 자발적이고 그에게 즐거움의 원천이 되었다.

상징적인 대상들 Symbolic Objects

인간의 심리적 삶에서 구체화의 역할을 이해하는 데 중요한 공헌은 위니캇(1951)의 중간대상 transitional object의 개념이다. 그는 특히 어린 아이가 분리의 초기 경험, 즉 어머니로부터의 신체적 분리와 자기와 비非자기 nonself, 주관적 현실과 객관적 현실의 연합된 심리적 분화 모두에 의해 유발되는 불안과 우울한 감정을 마스터하기 위해 부드러운 물건을 사용하는 것에 초점을 맞추었다. 중간대상은 젖가슴-어머니를 상징하며 사라진 어머니의 현존과 재결합하는 *착각illusion*을 만들어낸다. 우리 용어로 말하면, 물질적인 대상은 달래고, 편안하게 하고, 진정시키는 어머니의 특성을 상징적으로 캡슐화하고, 구체화는 깨진 합병을 고치거나 대체하는 회복적인 기능을 제공한다.

중간대상은 종종 환자가 분리하는 동안 치료자와의 유대를 회복하거나 유지하기 위해 사용된다. 이에 대한 흥미로운 사례는 그에 대하여 자신의 존재를 확인하지 못한 상처와 거절에 대한 반응으로 매우 충격적이고, 자기-해체self-dissolution와 유사한 상태로 고통받았던 31세 남성(Stolorow & Lachmann, 1980, 제7장에서 그의 치료가 기술됨)의 분석에서 발생했다. 분석가와 안정적인 자기대상 전이 관계를 수립하는 과정에 있던 치료 기간 동안 그는 매우 치료적이라고 입증된 방법으로 테이프 녹음기를 사용했다. 굴욕감과 실망감이 밀려오자, 그는 테이프에 자신의 감정을 녹음한 다음, 자신이 치료자에게서 경험했던 것과 같은 이해심 있는 태도로 그 녹음을 듣곤 했다. 이 중간대상으로서의 녹음기 사용은 그의 상처받은 자기감을 구체화하고 치료자와의 공감적 유대를 다시 불러일으킴으로써, 환자가 실질적이고 현실적인 존재감을 되찾을 수 있게 했다.

우리가 보기에, 중간대상에 대한 위니캇의 개념화는 필요한 경험 구성이 구체적인 물리적 대상들을 통해 상징적으로 구체화되는 보다 일반적인 심리 과정의 특정 사례로 볼 수 있다. 그런 구체화는 보상적인 기능을 수행할 수 있지만, 추가 사례에서 볼 수 있듯이, 다른 심리적 목적에도 도움이 될 수 있다.

35세 여성의 압도적인 초기 이력은 그녀가 한 사람으로서 전혀 가치가 없고, 본질적으로 다른 인간들에게 완전히 혐오스럽다는 느낌을 남겼다. 그래서 친밀한 관계를 위한 어떤 시도도 거의 참을 수 없는 취약감과 거부에 대한 공포를 가져왔고, 그것은 그녀에게, 자신의 내면 핵심이 부패되고 다른 사람들에게 혐오감을 주고 있다는 확신을 확인시켜주었을 것이다. 심리치료 과정 동안 그녀는 이 극심한 취약성과 공포에 대처하기 위해 특정한 방법으로 상징 대상들을 사용하기 시작했다. 우정이 발전하는 어느 시점에 그녀는 자신이 친해지고 싶은 사람에게 어떤 물건, 보통은 저렴한 장신구를 갖고 싶다고 나타내곤 했다. 만약 미래의 친구가 그녀를 위해 그 물건을 사주는 것으로 반응한다면, 환자는 이것을 그 사람이 자신을 가치 있다고 생각한다는 확실한 증거로 경험할 것이고, 그녀의 취약감은 현저하게 가라앉을 것이다. 만약 그런 우정이 끝나거나 더 이상 발전하지 못한다면, 환자는 다른 사람들에게 그녀가 가치가 있다는 것을 구체적으로 상기시켜주는 것으로서 이런 선물들을 계속 소중히 여길 것이다. 여기서 물질적인 물건들은 새롭게 부상하는 자기-가치의 특성을 상징적으로 캡슐화했고, 구체화는 여전히 불안정하고 연약한 그녀의 자기-경험 측면을 공고히 하고 확고하게 하는 역할을 했다. 그녀는 자신의 자기감에서도 다양한 다른 치료적 변화를 강화하기 위해 상징적인 물건들을 사용했다. 예를 들어, 그녀는 종종 자신의 집에 둘 특정 옷이나 장식품들, 즉 자아의 새로운 특성들을 상징적으로 구체화한 물건들을 구입함으로써 자신의 새로운 측면을 발견하거나 발전시키는 것을 강조했다.

또 다른 젊은 여성의 초기 이력에서, 어머니의 극심한 자기-몰두와 자녀들의 요구에 진정으로 관심을 가질 수 없어서, 환자는 아버지를 자신을 돌보는 주요 인물로 의지할 수밖에 없었다. 아버지는 돌봄과 관심을 제공할 수 있었지만, 점점 더 자신의 두려움에 찬 건강염려증적 관점에 딸을 포함시켰다. 그의 건강염려증적 걱정은 특히 그녀의 정서적인 삶으로까지 확장되어서, 사랑하는 것들을 포함하여 그녀의 강한 욕구나 감정에 대해, 마치 이것들이 그녀의 성격에 치명적인 결함인 것처럼 반응하여, 그녀를 세상에서 살아남고 수용되기에 부적합하게 만들었다. 이것은 자신의 내면에 고통스러운 분열을 가져왔고, 이로 인해 그녀의 감정적 삶의 깊은 측면들은 다른 사람들과의 공개적인 기능과 분리되어야 했다.

그녀의 이력과 그 영향의 이런 측면이 치료에서 탐색됨에 따라, 분석가는 그녀의 욕구와 감정을 수용하고 긍정적으로 평가함으로써 전이에서 점차 그녀가 더 넓어지는 자신의 정서성 영역과 재결합할 수 있게 해주는 타자로 확립되었다. 이 기간 동안 그녀는 자신에게 따뜻하고 다정한 접촉을 제공하고, 그녀가 매우 다정하게 돌보아준 장난감 곰과 강하고 사랑스러운 유대를 발전시켰다. 이것은 세상에서 정서적인 성취를 찾으려는 그녀의 새로운 희망을 구현하는 것처럼 보였기 때문에, 곰 인형과 관련하여 이런 욕구와 감정이 허용될 수 있다는 것은 그녀에게 강렬한 기쁨의 원천이었다. 환자는 위니캇이 설명한 것처럼 장난감 곰이 상담회기에서 떠났을 때 자신의 치료자와의 유대를 유지할 수 있게 해준다는 인식을 나타냈다. 그러나 더욱 중요한 것은, 장난감 곰과의 관계가 그녀의 "잃어버린 감정 세계"(Miller, 1979, p. 9)를 회복하고 재통합하고, 탈선되었던 정서적인 성장 과정을 재개하려는 그녀의 점점 더 성공적인 노력을 구체화하고 강화하는 데 도움이 되었다는 것이다.

위험에 빠진 자기감을 유지하기 위해 물리적인 물건들을 사용한 흥미로운 사례는 7세에서 10세 사이의 어린 시절이 결정적인 시기였던 칼 융Carl Jung의 심리적 이력에서 찾을 수 있다. 어린 시절 거의 완전히 혼자 보낸 후 학교에 입학하고 학교 친구들 사회에 푹 빠져들게 되자, 융은 자신의 정체성이 극도로 취약하고 새로운 사회 환경으로부터 강력한 영향을 받기 쉽다고 느꼈다. 자기-상실의 위험으로부터 보호하려는 그의 시도는 일련의 독특하고 상징적인 대상들, 즉 그가 돌보고 영원하다고 생각한 불, 불변의 돌, 그리고 작은 나무 마네킹을 포함하는 비밀스럽고 유사 종교적인 의식들의 형태를 취했다. 이런 신성한 물건들과 그에 상응하는 의식들은 자부심과 전지전능한 화려함이 봉쇄된 세계에 존재하는 영원한 존재로서의 자신에 대한 환상적인 경험을 창조함으로써 불안정한 통합감과 개인적인 자아를 안정시키고 강화하려는 그의 노력을 구체화했다(그의 중심적인 초심리학적 구성물들이 나중에 상속자가 되는 환상; 자세한 분석은 Stolorow & Atwood, 1979, 제3장. 참조).

실연들[2]

경험 조직을 구체화하고 유지하는 데 있어서 실연의 중요성은 주관적 세계의 구조로서 우리의 성격 개념화에 내포되어 있다(제1장 참조). 이 개념화는, 특히 반복적인 행동 패턴이 개인의 성격을 구성하는 자기와 타자의 핵 구성을 현실화하는 역할을 한다고 가정한다(Sandler & Sandler, 1978). 그런 행동 패턴은 다른 사람들이 미리 정해진 방식으로 행동하도록 자극하는 것이 포함될 수 있으므로, 주관적 및 대인관계적 영역의 순서 사이에 주제별 유질동상(類質同像, isomorphism)이 만들어진다.

인간 행동의 패턴화가 경험 조직을 유지하는 역할을 한다는 명제는 두 가지 의미로 적용되는 것으로 이해될 수 있다. 한편으로, 행동 패턴은 다양한 기원에서 파생되고 다양한 목적을 수행하는 자기와 타자의 특정 구성이 구체화되는 특정 경험 조직을 유지하는 역할을 할 수 있다. 그런 구성은, 실현될 때, 소중한 소원과 긴급한 욕망을 다양한 정도로 충족시키고, 도덕적 억제와 자기-처벌을 제공하며, 어려운 현실에 대한 적응을 돕고, 손상되거나 상실된 자기 및 타자 이미지를 복구하거나 복원할 수 있다. 그것들은 또한 다른 주관적으로 위험한 구성이 의식적인 경험에서 나타나는 것을 방지하는 방어 기능을 수행할 수도 있다. 이런 목표 일부 또는 전부는 행동 패턴 형성에 기여할 수 있으며, 동작 패턴이 제공하는 목적의 상대적 동기부여의 중요성 또는 우선순위를 결정하는 것은 정신분석 치료에서 필수적이다.

반면에, 행동 패턴은 특정한 경험 구성을 구체화하는 데 큰 역할을 하기보다는, 오히려 파편화된 자기 또는 타인 감각의 구조적 응집력과 연속성을 유지하기 위해 행동 실연들behavioral enactments이 필요할 때처럼, 심리조직 그 자체를 유지하는 데 도움이 될 수도 있다. 우리는 이제 경험과 행동 사이의 이 가장 근본적인 기능적 관계, 즉 그것에 따라 주관적 세계의 구조적 완전성과 안정성을 유지하기 위해 요구되는 구체적인 동작 과정들을 성적 실연들sexual enactments에 대한 고찰을 통해 설명한다.

왜 어떤 사람들은 주로 꿈, 환상, 개인적 신화, 사회적 역할 관계, 그리고 다른 상징화 시스템에서 자신들의 심리구조를 실현할 수 있는 반면, 다른 사람들은 자신들의 심리조직을 유지하기 위해 극적이고 종종 기괴한 행동 실연을 수행할 필요가 있을까? 라는 의문이 생긴다. 일반적으로 심각한 발달적인 트라우마, 공백, 그리고 정지가 주관적 세계의 구조화를 방해하는 정도까지 취약하고 붕괴되기 쉬운 경험 구조를 복원하거나 유지하기 위해서는 생생한 구체적인 실연이 요구되는 경향이 있다(Stolorow & Lachmann, 1980). 이 공식은 명백한 파괴성과 성애적인 행위 모두에 대한 이해와 분석적 접근에 매우 중요하다. 소위 성적이고 공격적인 "행동화acting-out"는 "충동 통제"가 부족한 불완전한 "정신기관"의 관점이 아니라, 위협받는 주관적 세계를 뒷받침하기 위한 행동 실연에 대한 개인적인 필요성이라는 관점에서 개념화된다.

두 번째로 떠오르는 문제는, 왜 많은 사람들이 불안정한 주관적 구조를 회복하거나 유지하기 위한 목적으로 성적 실연들을 사용할까? 이다. 이 질문에 대한 몇 가지 대답은 초기의 심리성적psychosexual 경험이 주관적 세계의 발달과 특히 자기감의 구조화에 기여하는 바를 조사하고, 또한 진실과 신념의 지지와 관련하여 성적 쾌락 경험의 특별한 특성을 고려함으로써 찾을 수 있다.

발달 중인 아이의 주관적 세계를 표현하는 감각적인 경험의 역할과 관련하여, 많은 저자들(예: Hoffer, 1950; Mahler 외, 1975)은 초보적인 신체 이미지의 묘사가 어머니-유아 상호작용 내의 즐거운 접촉에서 비롯되는 아이의 신체 표면에 대한 감각적 자극을 통해 달성된다고 제안했다. 보다 구체적으로, 에릭슨(1950)이 설명한 바와 같이, 심리성적 방식의 후생적 전개는 일차적 타자들과 구별되는 개별화된 자아의 감각을 통합하는 데 결정적인 역할을 하는 것으로 나타날 수 있다(Stolorow, 1979; Stolorow & Lachmann, 1980).

구순기-함입 방식의 경험과 환상은 내부와 외부, 담아주는 자container로서의 자기와 담길 수 있는 비非자기 사이의 주관적 구분을 구체화함으로써 자기-타자 분화 과정에 기여한다. 동시에, 아이는 타자들의 가치 있고 존경받는 특성들을 자신의 자기감에 충당하는 것을 상징하기 위해 함입 환상을 사용하여, 그것의 구조화에 더 기여할 수 있다.

항문기-보유 방식의 경험과 환상은 자기-타자 분화의 결정적인 이정표인 자기와 비자기를 분리하는 경계에 대한 완고한 동의를 위한 구체적인 상징을 제공한다. 항문기-배출 행위와 환상을 통해, 아이는 상징적으로 자신의 자기감에서 바람직하지 않은 내용물을 배출하여, 개인화를 더욱 촉진하고 타인들과의 경계를 세련되게 한다.

자기-정의에서 결정적인 단계는 생식기 차이의 발견과 침입적이고 포괄적인 생식기 방식의 전개와 함께 발생하며, 이는 소년과 소녀의 관능적인 자기-경험을 각각 구별하기 시작한다. 구강기-함입 환상 및 항문기-공격 환상과 마찬가지로, 남근 이미지 역시 발달 중인 남녀 아이들의 취약한 자기감을 뒷받침하는 역할을 할 수 있다. 오이디푸스 콤플렉스의 전설 자체는, 남근의 위엄과 고갈, 경쟁적인 승리와 패배, 생식기의 온전함에 대한 위협, 그리고 음경이나 자궁에 대한 부러움 등에 대한 경험의 갈등적 변화에서 나타나는 독특한 형태를 찾는 자기감 구조화의 중추적인 단계로 볼 수 있다(Kohut, 1977).

따라서 우리는 자연이 진화론적 지혜로 인간 주관성의 개체발생에 봉사하기 위해 관능적 쾌락의 절묘함을 활용해 왔다는 것을 알 수 있다. 초기 발달 과정에서 발생하는 관능적인 경험과 환상은 주관적 세계의 구조화와 특히 자기감의 구조화에 아주 중요하게 기여하는 심리 조직자로 볼 수 있다. 심리성적 경험은 아이에게 자신의 주관적 세계의 표현에서 발달 단계를 구체화하고 굳히는 역할을 하는 일련의 감각운동 및 해부학적 상징을 제공한다. 이런 발달들이 심각하게 방해되어 구조적인 결함과 약점을 초래할 때, 그 사람은 성인이 되어도 자신의 주관적인 삶의 조직을 유지하기 위해 계속해서 심리성적 상징을 찾을 수 있다. 오르가즘에 수반되는 이런 구체적인 상징 형태들을 극적으로 실연함으로써, 약해지는 자기감을 회복하려는 자신의 노력에 생생하게 구체화되고 만질 수 있는 실체를 부여한다. 그런 성적인 실연의 경우, 프로이트(1905)가 주장한 것과는 달리, 고착되었다가 퇴행적으로 다시 살아나는 것은 유아기의 성애적인 경험 그 자체가 아니다. 그 대신에 유지되고 퇴행적으로 의존되는 것은 성애적 경험의 초기 기능, 즉 붕괴로 위협받는 자기감의 응집력과 안정성을 유지하는 기능이다. 그런 실연의 세부사항, 그 기원 및 기능들에 대한 분석적 탐색은, 그것들이 자아에 대한 위험을 캡슐화하고 자기-회복에 대한 구체화 노력을 구현하는 특정한 방식을 밝혀야 한다.

많은 분석가들이 불안정한 경험 구조를 뒷받침하는 성애적인 활동 기능에 대한 중요한 통찰력을 제공했다. 예를 들어, 소카리데스 Socarides(1978)는 동성애 패턴이 자기-타자 경계 해체의 위험으로부터 어떻게 보호할 수 있는지를 보여주었다. 취약한 자기감을 회복하거나 유지하는 성적 행위의 기능은 코헛(1971, 1977)과 골드버그 Goldberg(1975)에 의해 자세히 탐구되었다. 그들은 매우 다양한 성애적인 활동들이 자기감의 공백과 결함을 보상하고 정서적인 죽음과 자기-파편화의 경험에 대응하려는 성을 매개로한 시도로 보일 수 있음을 발견했다. 성애적인 실연에서, 그 사람은 자신의 형성기에 외상적으로 부재하고 실망했거나 또는 자신의 발달적 요구사항들에 반응하지 않았던 양육자를 대신할 성애화된 대체물을 찾으려는 노력의 일환으로 원시적인 자기애적 구성의 단편을 성적으로 표현한다.

이전의 연구(Stolorow & Lachmann, 1980)에서는, 피학적인 성적 실연들의 기능을 조사함으로써 이런 개념들 중 일부를 더욱 발전시키려는 시도가 있었다. 심리구조 형성에 결함이 있는 사람들의 경우, 피학적인 경험들은 고통과 피부 에로티시즘이 제공하는 자극을 통해, 실제 또는 상상된 청중에게 고통의 전시적인 표현을 통해, 전능한 타자들 이미지와의 결합을 통해, 그리고 원시적인 과대 자기감을 실현함으로써, 손상되고 위협받은 또는 붕괴되는 자기감을 회복하거나 유지하는 역할을 할 수 있다고 제안되었다. 확신을 만들고 확인하는 성적 쾌락과 오르가즘의 힘에 관한 나이즈Nydes(1950)와 아이슬러Eissler(1958)의 생각으로부터 추정하면, 가피학적인sadomasochistic 실연에서의 오르가즘 경험은 경계가 있고 응집적인 자기를 갖는 자신의 감각에 대한 진실과 현실에 관한 그 사람의 확신감을 황홀하게 활성화하는 역할을 한다고 제안되었다. 더욱이, 자기-표현의 약속 제공과 자기-해체의 위협 모두를 제기하는 야누스-얼굴의 오르가즘 특성은 종종 그런 실연을 둘러싼 정교한 의식화ritualization를 설명한다고 제안되었다.

불충분하게 구조화된 자기감을 바로잡고 유지하는 성애적인 실연의 기능에 대한 실례는 그의 동성애 때문이 아니라, 그의 직업적 승진

속도에 대한 실망으로 촉발된 자존감 장애 때문에 치료를 요청했던 청년 마크Mark[3]의 사례에서 제공된다. 분석적 재구성은 그의 취약한 자존감의 기원을 허영심 많고 자기-몰입적인 여성인 그의 어머니와의 초기 유대관계를 추적했는데, 그의 어머니는 마크에게 따뜻하고 관능적인 신체 접촉이나 응집력 있고 안정적인 자기감의 기초적인 통합을 위한 필수 조건인 확인을 제공하는 능력이 거의 없었다. 어린 시절, 그는 어머니의 절친한 친구인 그녀의 "작은 신사"의 역할과 자기-확장을 기꺼이 수용함으로써 위태롭고 과장된 자기-이미지를 유지해 왔다. 동시에, 그의 어머니는 그의 보다 독립적인 과대적이고 남근-과시적인 노력을 약화시켰고, 자주 그를 조롱하고 심한 모욕을 가했으며, 그의 자기감의 통합을 철저하게 방해했다. 반복된 이 굴욕의 역사는 그가 바닥에 오줌을 싸서 어머니를 "난처하게 했을" 때의 혹독한 굴욕에 대한 초기 기억 속에 캡슐화되고 구체화되었다.

    이런 초기의 외상적인 수치심 경험에 대한 연상은 마크의 동성애 발달의 세 단계를 드러냈고, 그것이 자신의 자기감을 지탱하는 기능을 밝혀주었다. 10대 초반에 그는 자신의 소변 위에 뒹굴기 위해 주기적으로 부엌 바닥에 소변을 보곤 했다. 이 실연은 자기애적 트라우마의 상징적 캡슐화인 자신의 소변을 어머니가 제공하지 못한 따뜻하고 관능적이며 확인하는 접촉의 대체물로 변형함으로써 자신의 위태로운 자기-경계의 온전함을 뒷받침할 필요가 있다는 측면에서 이해되었다. 그의 사춘기가 어느 정도 지나자, 자신의 소변에서 뒹구는 것에 의한 자기 회복은 그 속에서 완벽한 자신의 모습을 상상하는 거울 앞에서의 자위행위로 대체되었는데, 그 순간 동안은 자신이 신체적으로 완벽한 상상의 그림으로 변형되는 것을 느낄 수 있었다. 이런 초기 습관의 자기-회복적, 자기-보상적 기능은 그의 대학 시절 후반기 동안에 싹텄던 동성애에서 결정적이고 지속적인 성애화sexualization를 습득했다. 그의 동성애 경험들의 두 가지 필수적인 구성 요소는, 첫째, 그것들은 그가 그의 구경꾼들의 감탄에 의해 고양된 느낌을 받을 수 있는 공개적인 동성애 환경에서 과시적으로 실연되었다는 것이고, 둘째, 그것들은 마크 자신의 원시적이고, 희망적으로 완벽하고, 과대적인 자기-이미지를 동시에 확인하고 복제한 감탄스럽고, 이상화되고, 성적으로 동일한 파트너와의 결합을 가능하게 했다는 것이다. 그것들의 거울-기능에서, 그의 청중과 그의 파트너는 소변과 그의 초기 사춘기 시절의 문자 그대로의 거울을 상속받는다. 과시적인 동성애 실연는 성적 오르가즘에 의해 확신감과 현실감으로 각인된 완벽함의 초기 환상을 실현함으로써 그의 자기감에 조금의 응집력과 안정감을 제공했다.

요약하자면, 우리는 성애적인 실연들을 경험과 행동 사이의 가장 근본적인 기능적 관계의 사례로 간주했으며, 이에 따라 주관적 세계의 구조적 완전성을 유지하기 위해 구체적인 행동 과정이 필요하다. 우리는 아이의 경험을 표현하는 데 있어 구체적인 심리성적 상징의 발달적 중요성과 신념을 만들고 확정하는 성적 쾌락과 오르가즘의 특별한 능력 때문에, 성적 실연들이 이런 목적을 달성하는 데 특히 매우 적합하다고 제안했다. 그리고 마지막으로, 우리는 구조적 결함의 맥락에서 발생하는 성적 실연들이, 마크의 사례와 마찬가지로, 자기감에 대한 위험을 캡슐화하고 자기-회복으로 구체화하려는 노력을 구현하는 것으로 보일 수 있다고 제안했다. 따라서 그런 실연들은 경험의 조직을 유지하는 데 있어 구체화의 역할을 보여주는 극적인 예를 제공한다.

상호주관적 관점에서 볼 때, 성적 실연들을 심리적 구조 형성에서의 발달적 결함이 구체화된 상징적 잔여물로 보는 치료적 의미는 심오하다. 환자는 자신의 주관적 삶의 초기 발달이 실패한 반영하기, 이상화하기, 그리고 다른 원시적인 유대관계를 치료자와 함께 되살리도록 허용되어야 하고, 그것을 통해 이 발달이 한 번 더 다시 시작될 수 있어야 한다. 일반적으로, 일단 발달 전이 관계가 확실하게 확립되면, 그것이 환자의 자기-경험의 온전함을 유지하는 데 있어서 이전에 성애적인 활동이 제공했던 기능들을 흡수하는 경향이 있다. 따라서 그런 활동은 줄어들거나 심지어 사라지는 경향이 있으며, 다만 공감 실패나 분리에 의해 원시적인 전이 유대가 현저하게 파열될 때 돌아가거나, 강화되거나, 더 원시적인 형태를 취하는 경향이 있다(Kohut, 1971). 실제로 구체화 과정의 모든 산물인 성애적인 활동들은 그것들이 일어나고 줄어드는 상호주관적인 맥락을 떠나서는 이해될 수 없다. 성적 실연들의 의미, 특히 발달상 필요한 유대관계가 지장을 받은 맥락에서 위험에 처한 자기감을 강화하는 기능에 대한 이해는 전이에 대한 분석과 훈습, 그리고 새로운 경험 구조의 형성과 통합에 중추적인 역할을 할 수 있다.

꿈 Dreams

역사적으로, 무의식에 대한 정신분석학적 개념은 꿈의 해석과 함께 발전했다(Freud, 1900). 따라서 무의식 개념의 중요한 확장은 꿈에 대한 정신분석학적 접근에 중요한 의미를 갖는다. 우리가 "선 성찰적"이라고 불러온 무의식의 형태에 대한 이해는 정신분석학적 이론과 실제를 위한 꿈의 독특한 중요성을 새롭게 조명한다는 것이 우리의 주장이다. 한 개인의 주관적 세계의 선 성찰적 구조는 상대적으로 자유롭고 자발적인 자신의 생산물들에서 가장 쉽게 식별할 수 있으며, 아마도 꿈보다 덜 구속되거나 더 자발적인 심리적 산물은 없을 것이다. 가장 순수한 문화에서 인간의 주관성으로서, 꿈은 선 성찰적 무의식, 즉 한 개인의 심리적 삶을 무의식적으로 패턴화하고 주제화하는 조직 원리와 지배적인 시도

동기[4]로 가는 "왕도"를 구성한다.[5] 이 장의 나머지 부분에서, 우리는 꿈이 경험의 무의식적 구조에 매우 가깝게 근접해 있다는 임상적, 이론적 함의를 탐구한다. 우리는 먼저 정신분석학적 꿈 해석의 본질에 대한 몇 가지 일반적인 언급을 제공한다.

꿈 해석의 본질

고전 정신분석학에서, 꿈의 의미에 도달하기 위한 기술적 절차는 그 꿈을 개별적인 요소들로 분해한 다음, 이 각각의 요소들에 대한 꿈꾼 사람의 연상을 수집하는 것이다. 이 절차에 대한 이론적 근거는 꿈꾼 사람이 제공하고, 분석가가 제안한 특정 연결 및 첨가물들에 의해 보완된 연상의 사슬이 꿈을 낳았던 정신적 과정을 되돌아보고 꿈의 잠재적 내용이나 무의식적 의미로 돌아가는 길을 안내할 것이라는 이론적 아이디어에서 발견된다. 이 방법에 의해 결정된 꿈의 의미는 꿈의 인과적 기원과 동일하다고 가정된다. 즉, 분석에 의해 드러난 잠재적 사고와 소원들이 꿈 형성의 기본적인 출발점이 되었다고 간주된다.

인간의 주관성을 중심으로 삼는 틀의 관점에서 볼 때, 꿈의 의미를 결정하는 것은 꿈꾸는 사람의 진행 중인 경험 과정에 꿈이 어떤 방식으로 내재되어 있는지를 밝히는 문제이다. 해석은, 꿈의 상징과 은유를 그것들이 형성하는 개인적 맥락으로 복원함으로써 꿈 이미지들과 꿈꾸는 사람의 주관적인 삶의 두드러진 관심사 사이의 연결고리를 재건한다. 꿈의 심리학에 대한 현상학적 접근법을 개발할 때, 우리는 꿈이 어떻게 꿈꾸는 사람의 개인 세계와 역사를 캡슐화하는지 이해하려고 한다. 따라서 우리의 관점에서, 자유연상을 수집하는 유용성은 추정되는 꿈 형성의 인과적 경로를 되돌아보는 것이 아니라, 오히려 꿈 이미지들을 조사하고 이해할 수 있는 측면에서 *주관적 의미의 맥락을 생성하는 것이*

다. 명백한 꿈의 개별적인 요소들 외에도, 꿈 이야기를 구성하는 자기와 타자의 독특한 주제 구성들도 연상적 정교화를 위한 유용한 출발점 역할을 할 수도 있다(Stolorow, 1978b). 그런 주제들은, 꿈의 구체적인 세부사항들로부터 추상화되어 꿈꾸는 사람에게 제시될 때, 생성되는 연상을 실질적으로 풍부하게 할 수 있고 개인의 주관적 세계를 조직하는 선先성찰적으로 무의식적인 경험 구조에 대한 통찰력의 중요한 원천을 나타낼 수 있다.

정신분석적 현상학의 개념적 틀의 핵심에는 그것들의 개인적인 맥락에서 심리적 현상을 해명하기 위한 일련의 해석 원칙들이 있다. 꿈과 관련하여, 이런 원칙들은 꿈꾸는 사람의 주관적 세계를 배경으로 꿈의 이미지를 보는 방법을 제공한다. 꿈이 어떻게 형성되는지에 대한 고전적인 프로이트 이론에는 그런 해석 원칙들이 많이 내포되어 있다. 우리는 이 이론이 꿈의 생성 과정에 대한 인과적-기계적 설명이라기보다는 해석 규칙의 해석학적 시스템으로 가장 유익하게 여겨진다고 믿는다. 프로이트(1900)는 해석이 꿈 작업을 거꾸로 한다고, 즉 꿈 분석 활동은 꿈 형성의 경로를 따라 뒤로 이동한다고 주장했다. 꿈-작업 이론은 정신분석적 해석이 뒤따르는 경로를 거꾸로 한다고 말하는 것이 더 정확할 것이다. 예를 들어, 압축condensation의 꿈-작업 "메커니즘"은 꿈 텍스트의 단일 요소가 꿈꾼 사람의 심리적 삶의 다양한 주관적 맥락과 관련될 수 있다는 해석 원칙을 이론적으로 뒤집은 것이다. 마찬가지로, 전치displacement의 메커니즘은 꿈꾼 사람이 인식 속에서 결정화되는 것을 막으려고 시도할 수 있는 주관적으로 위험하거나 갈등적인 이미지의 구성을 식별하기 위해 꿈 이야기의 다양한 요소들에 대한 감정적 강조를 바꾸고 서로 교환할 수 있다는 원칙을 뒤집는다.

꿈이 (시도된) 소원성취wish fulfillment를 나타낸다는 고전적 개념은 꿈이 꿈꾸는 사람의 주관적 관심사와의 연결을 찾는 해석 원리로 볼 수도 있다. 이 전제는, 특정 꿈 이야기의 복잡성에 직면할 때 분석가에게 초기의 관계를 제공함으로써, 꿈꾸는 사람의 삶에서 정서적으로 중요한 문제들과 꿈을 연관시키는 지향점을 제공한다. 우리는 꿈에서 소원성취의 중심성에 대한 고전적 개념을 꿈이 항상 꿈꾸는 사람의 개인적인 목적 중 하나 이상을 구현한다는 보다 일반적이고 포괄적인 명제로 확장할 것이다. 그런 목적에는 프로이트가 논의한 바와 같은 소원의 성취뿐만 아니라, 다른 여러 가지 중요한 심리적 목적(자기-유도 및 자기-처벌, 적응적, 보상적-회복적, 방어적)도 포함된다. 그런 개인적인 동기들 일부 또는 전부가 꿈의 구성에 기여할 수 있으며, 꿈이 제공한 여러 목적의 상대적인 동기부여 중요성 또는 우선순위를 결정하는 것은 꿈 해석의 치료적 사용에 필수적이다.

꿈에 적용되는 정신분석적 현상학의 해석 원칙들은 명백한 꿈과 그것의 연상 내용에 접근하는 데 해석자에게 도움을 주는 역할을 한다. 그것들은 분석가가 꿈꾸는 사람의 개인적 세계와 연결하는 다양한 상징적인 표현의 복잡한 지도를 그릴 수 있게 한다. 특정한 꿈을 검토하기 위한 이런 원칙들의 유용성은 꿈 텍스트의 다양한 특징을 꿈꾼 사람의 주관적인 삶에서 두드러진 문제들과 관심사의 구현으로 설득력 있게 조명하는 해석으로 이어지는 정도degree에 있다. 결국, 특정 꿈 해석의 적절성은 일반적으로 정신분석적 해석의 타당성 평가를 지배하는 동일한 해석학적 기준(제1장 참조), 즉 주장의 논리적 일관성, 꿈꾼 사람의 심리적 삶에 대한 자신의 일반적인 지식과의 해석 양립성, 꿈 텍스트의 다양한 세부사항들을 투명하게 만드는 설명의 포괄성, 그리고 꿈 이야기에서 이전에 숨겨진 순서의 패턴을 조명하고 이런 패턴을 꿈꾸는 사람의 개인적인 주관성의 배경 구조와 연결하는 분석의 미학적 아름다움에 의해 평가된다.

이제 꿈 해석에 대한 이 일반적인 논의에서 꿈 경험의 중심 속성인 구체적인 상징화에 대한 고찰로 돌아가자.

꿈속의 구체적인 상징화

프로이트 이론에 대한 최근의 비판 중에서, 가장 건설적인 것들의 일부는 죠지 클라인George Klein(1976)의 초심리학과 정신분석 임상 이론 사이의 구분을 명확히 한 것들이다. 클라인은 초심리학과 임상 이론이 완전히 다른 두 개의 담론 세계에서 파생된다고 주장했다. 초심리학은 인간 경험의 추정된 물질적 기질을 다루고, 따라서 비인격적인 메커니즘, 방출 장치, 그리고 욕동 에너지라는 자연과학의 틀로 표현된다. 대조적으로, 정신분석적 상황에서 파생되어 정신분석적 실행을 인도하는 임상 이론은 의도성, 의식적 및 무의식적 목적, 그리고 주관적 경험의 개인적 의미를 다룬다. 클라인은 초심리학적 개념과 임상적 개념을 구분하고, 후자만을 정신분석학 이론의 정당한 내용으로 유지하기를 원했다.

이 섹션에서 우리는 먼저 꿈 작업에 대한 프로이트의 두 가지 이론, 즉 초심리학적 이론과 임상적 이론에 대해 간략하게 설명한다. 그런 다음 우리는 정신분석적 현상학의 틀에 기초하여, 꿈에서 구체적인 상징화의 목적에 대한 임상적인 정신분석학 이론을 제시한다.

꿈 작업에 대한 프로이트의 초심리학적 이론은 「꿈의 해석The Interpretation of Dreams」(1900) 제7장에서 가장 명확한 표현을 찾을 수 있다. 거기서 꿈 작업(이차적 수정을 제외하고)은 전前의식적 사고가 "배출구를 찾으려는 노력"으로 무의식으로부터 에너지 충전을 받는 과정의 비非목적적이고, 기계적인 결과로 개념화된다(p. 605). 꿈 작업은 전의식적 사고가 "무의식 속으로 끌려 들어가고"(p. 594) 그 때문에 자동적으로 "일차적 정신 과정에 지배당하게 됨"(p. 603)으로써 발생한다.

꿈 작업에 대한 이런 기계론적 관점과 대조적으로, 의도적이고 목적적인 특성을 강조하는 임상 이론의 기원은 "꿈의 왜곡"에 대한 이전 장에 나타난다. 그곳에서 꿈 작업은 "고의적이고 위장과 변장의 수단"(p. 141)으로 보이고, 방어 목적에 봉사한다. 이 구절에서, 우리는 꿈 검열관을 금지된 소원에 대한 직접적인 인식으로부터 자신을 보호하기 위해 꿈 경험의 내용과 의미를 적극적으로 변화시키는 꿈꾸는 자신임을 쉽게 인식할 수 있다.

그것의 방어 목적을 강조하는 꿈 작업의 이 초기의 임상 이론은, 주로 전치 과정에 적용되며 아마도 압축에도 적용된다. 그것은 우리가 꿈꾸기의 가장 독특하고 핵심적인 특징으로 간주하는 것, 즉 추상적 사고, 감정, 그리고 주관적 상태를 상징하기 위해 환각적인 생생함이 부여된 구체적인 지각적 이미지의 사용에 대해서는 많은 것을 밝히지 않는다. 꿈의 이런 특징에 대한 프로이트의 설명은 전적으로 초심리학적인 것이었다. 즉, 운동 근육에서 정신 기관의 감각 말단까지 흥분의 "지형적 퇴행"(p. 548)은 "지각 이미지의 환각적 부활"(p. 543)을 초래하는 것으로 생각되었다. 따라서 프로이트의 견해에 따르면, 꿈의 회화적이고 환각적인 특징은 수면 중 정신 에너지가 뒤따르는 방출 경로의 비목적적이고 기계적인 결과였다. 대조적으로, 우리는 꿈에서 구체적인 상징화와 그로 인한 환각적인 생생함이 꿈꾸는 사람에게 중요한 심리적 목적에 도움이 되고, 이 목적에 대한 이해가 꿈의 중요성과 필요성을 밝힐 수 있다고 제안하고 있다.

우리가 꿈에서 구체적인 상징화의 근본적인 목적을 발견할 수 있는 것은, 우리의 상위 동기부여 원리인 경험의 조직화를 유지할 필요가 있기 때문이다. 자기와 타자에 대한 경험의 구성이 구체적인 지각 이미지에서 상징화를 발견하고 그것에 의하여 환각적인 생생함으로 표현될 때, 이런 구성의 타당성과 현실성에 대한 꿈꾸는 사람의 확신감은 강력하게 강화된다. 지각하는 것은 결국 믿는 것이다. 감각적 지각을 통해, 가장 기본적이고 정서적으로 어쩔 수 없는 형태의 아는 것을 잠자는 동안에 되살림으로써, 꿈은 꿈꾸는 사람의 주관적인 삶의 핵심 조직 구조를 확인하고 확고히 한다. 우리가 주장하고 있는 꿈은 *심리구조의 수호자*이며, 구체적인 상징화를 통해 이 중요한 목적을 달성한다.[6]

행동 패턴이 주관성의 구조를 유지하기 위해 기능하는 두 가지 감각과 밀접하게 병행하여, 꿈 상징화가 경험 조직을 유지하는 역할을 한다는 주장은 두 가지 다른 의미에서 두 가지의 광범위한 꿈 부류(물론, 두 종류의 특징을 결합한 많은 꿈들과 함께)에 적용되는 것으로 볼 수 있다. 어떤 꿈에서, 구체적인 상징들은 여러 가지 이유로 요구되는 자기와 타자의 특정 구성이 극화되고 확인되는 특정한 경험 조직을 실현하는 역할을 한다. 이 첫 번째 부류의 꿈들은 확고하게 구조화된 정서적 갈등의 맥락에서 가장 자주 나타난다. 이런 꿈들의 경우, 보통 겉으로 드러나는 이미지들과 잠재된 의미 사이에 큰 격차가 있는데, 왜냐하면 방어와 위장의 목적이 꿈의 구성에서 두드러졌기 때문이다. 그런 꿈에 대한 우리의 접근 방식은, 특히 이것이 나중에 다중 기능의 원리를 포함하도록 업데이트되었기 때문에, 이전에 꿈 작업에 대한 프로이트의 임상 이론이라고 불렀던 것을 통합한다(Waelder, 1936; Arlow & Brenner, 1964). 앞의 섹션에서 논의한 바와 같이, 우리는 또한 꿈 상징이 실현하고 위장한 자기와 타자의 구체적인 구성을 발견하는 추가 수단으로, 꿈 주제와 그것의 연상적 가공에 초점을 맞춤으로써 고전적 접근 방식을 보완한다.

또 다른 부류의 꿈에서, 구체적인 상징들은 경험의 특정 구성을 실현하기보다는 오히려 심리조직 자체를 유지하는 데 도움이 된다. 이 두 번째 부류의 꿈은 발달 장애 및 정지의 맥락에서 가장 자주 발생하고, 그것 때문에 주관적 세계의 구조화는 여전히 불완전하고, 불안정하며, 해체되기 쉽다. 이런 꿈에서는 위장의 목적이 눈에 잘 띄지 않기 때문에, 명시적인 내용과 잠재된 내용 사이의 특징이 훨씬 덜 밀접하다. 대신에, 꿈의 생생한 지각 이미지는 붕괴로 위협받는 주관적 세계의 구조적 완전성과 안정성을 복원하거나 유지하는 데 직접적으로 도움이 된다. 우리는 심리구조 형성에 심각한 결함이 있는 사람들의 경우, 구체화가 망상과 환각의 형태에서뿐만 아니라, 그들이 깨어 있는 삶에서도, 즉 종종 자기 또는 타자에 대한 분열된 감각의 응집력과 연속성을 유지하는 데 요구되는 파괴적이거나 성적인 성격의 구체적인 행동 실연에서도 비슷한 목적을 수행할 수 있다는 것을 살펴보았다.

구체적인 상징이 심리조직 자체를 유지하는 역할을 하는 이 두 번째 부류 꿈의 중요한 하위 그룹은 코헛(1977)에 의해 논의된 "자기-상태 꿈 self-state dreams"이다. 이런 꿈들은 "통제할 수 없는 긴장 증가에 대한 꿈꾸는 사람의 두려움 또는 자기의 해체에 대한 그의 두려움"을 분명한 이미지로 묘사한다(p. 109). 코헛은 꿈속에서 이런 초기의 자기-상태를 최소한으로 위장된 형태로 묘사하는 바로 그 행위가 "이름 없는 무서운 과정을 이름 붙일 수 있는 시각적 이미지로 덮음으로써 심리적 위험에 대처하려는 시도를 구성한다"라고 제안한다(p. 109). 소카리데스(1980)는 꿈꾸는 사람이 깨어 있는 삶에서 행한 것과 유사한 성적 실연을 직접적으로 묘사하는 꿈에 의해 성취된 유사한 목적을 발견했다. 수면 중에 성애적인 활동을 환각적으로 시각화하는 것은, 실연 그 자체와 마찬가지로, 위태로운 자기감을 강화하고 자기 해체의 위험으로부터 보호해준다.

우리 생각에는, 자기-상태 꿈(주관적-세계-상태 꿈이기도 한)의 지각적 이미지의 주요 목적은 이름 없는 심리 과정을 이름을 붙일 수 있게 만드는 것이 아니다. 꿈의 상징들은 자기-위험의 경험을 생생하게 구체화함으로써, 자기감의 상태를 감각적 지각에만 수반될 수 있는 확신감과 현실감이 있는 초점 인식focal awareness으로 가져온다. 꿈 이미지들은, 성적 실연들과 마찬가지로, 자아에 대한 위험을 캡슐화하고 자기-회복에서 구체화하는 노력을 반영한다. 따라서 자기-상태 꿈 역시 경험 조직을 유지하는 데 있어 구체화의 중심 역할에 관한 우리의 일반적인 논제의 한 예를 나타내기도 한다.

임상 사례 예시[7]

꿈에서 구체적인 상징화의 구조-유지 기능에 대한 우리의 개념을 설명하기 위해 우리가 선택한 사례는 자기감이 일련의 개별적이고 준-자율적인quasi-autonomous 성격들로 파편화되어 있는 젊은 여성의 사례이다. 논의된 꿈들은 그녀의 주관적 세계의 조직을 유지하고 자기-경험에서 통일성과 응집력을 달성하기 위한 그녀의 평생에 걸친 투쟁의 다양한 측면들을 반영한다. 이 논의에 특히 적합한 이 사례의 특징은 환자가 자신의 꿈과 거의 유사한 목적을 수행하는 특정한 구체적인 행동 실연에 참여했다는 것이다. 이런 실연의 맥락에서 그녀의 꿈을 보면, 그녀의 꿈 이미지의 조직-유지 기능이 뚜렷하게 드러날 것이다.

환자가 자란 가족 환경은 극심한 신체적, 정서적 학대 중 하나였다. 두 부모 모두 그녀를 자신들의 연장이자 삶의 좌절과 실망에 대한 희생양으로 대했다. 폭력적인 신체 구타는 부모와의 빈번한 상호작용의 형태를 나타냈으며, 어린 시절 내내 그녀는 부모가 자신이 죽기를 바라고 있다고 생각했다. 극심한 개인적 분열감이 환자의 평생을 괴롭혔으며, 심지어 그녀의 최초 기억에도 나타났다. 예를 들어, 그녀는 4학년 때부터 자신의 마음이 어떻게 몸의 움직임을 통제할 수 있는지에 대해 집착

했던 것을 기억해 냈다. 같은 해에 시작된 그녀의 몸 밖의 준-망상적 여행에서도 심신일체 장애가 나타났다. 이 여행은 돌아가신 두 조부모의 자비로운 유령들이 그녀를 방문했을 때 시작되었다. 그 유령들은 그녀에게 몸을 떠나 그녀가 "들판"이라고 불렀던, 인간 사회에서 멀리 떨어진 어딘가의 평화로운 풀과 나무가 있는 곳으로 날아가라고 가르쳐주었다. 그녀는 그곳에 혼자 있었고, 아무도 그녀를 찾을 수 없었기 때문에 안전하다고 느꼈다.

환자의 유체이탈 여행에 내재된 심리적 붕괴는 그녀가 자신의 가족에게서 받았던 폭력적 학대와 거부로 인해 발생한 더 넓은 자기-분열의 맥락 속에 내재되어 있었다. 그녀의 부모가 그녀와의 모든 애정 어린 신체 접촉을 갑자기 중단했던 두 살 반 때부터 시작하여, 그 후 여러 해에 걸친 일련의 중추적인 외상 사건들이 계속되면서, 그녀는 연속적으로 총 6개의 조각으로 나뉘었고, 각각은 별개의 성격으로 구체화되어, 고유한 개별적인 이름과 독특한 개인적인 속성을 가지고 있었다.

환자가 7살이었을 때 신장 종양이 생겨 고통을 겪었다. 그녀의 상태로 인해 발생한 고통에서 벗어나려는 욕구는 그녀의 몸 밖 여행의 기저에 있는 추가적인 동기가 되었다. 그녀의 병이 정확하게 진단되고 마침내 종양이 제거되기까지는 꼬박 1년 이상이 걸렸다. 수술 자체는 그녀의 부모와 의사들에 의해 잔혹하게 무감각하게 처리되었고, 그녀는 그것을 압도적인 트라우마로 경험했다. 이 모든 상황들이 그녀의 불안정한 자아에 미친 영향은 그녀가 수술에서 회복하는 동안 시작되어 그 후 평생 동안 계속 반복되는 일련의 악몽으로 상징되었다. 이런 꿈속에서 그녀는 주변에 불길이 솟아오르는 마을의 작은 기차역에 혼자 서 있었다. 곧 건물 전체가 불길에 휩싸였다. 기차역이 완전히 불타버린 후, 두 개의 안구eyeballs가 연기가 나는 재ashes 속에 조용히 놓여 있다가 떨리며 굴

러다니기 시작했고, 움직임과 시선으로 서로 대화를 나누었다. 작은 조각들로 불타버리는 이 꿈은 안팎에서 그녀를 박해하는 세상이 붕괴되는 충격을 구체적으로 묘사했다.

    고립된 조각들로 불타고 있는 환자의 되풀이되는 꿈은 어떤 심리적 기능 때문일까? 자기-붕괴 경험을 신체의 물리적 소각 이미지로 반복적으로 변형시킴으로써, 그녀는 집중적인 인식에서 자기감의 상태를 유지할 수 있었고, 전적인 자기-해체의 위협에 직면하여 심리적 온전함을 유지하려는 그녀의 노력을 캡슐화했다. 구체적인 해부학적 이미지를 활용함으로써, 그녀는 붕괴하는 자신의 존재에 유형적인 형태를 부여하고, 위태롭고 사라지는 자아의 감각을 물리적 물질의 영속성과 실재성으로 대체하고 있었다. 꿈의 끝에 있는 안구 사이의 상호작용과 의사소통의 이미지는 부서진 파편들을 다시 연결하고 자신의 조각난 자기-경험에 대한 어느 정도의 일관성을 회복하려는 추가적인 보상적 노력을 상징한다. 안구의 구체적인 상징은 그녀의 사회적 환경과 관련된 자신의 주요 방식이 된 것의 본질적인 특징을 표현했다. 그녀는 항상 조심하고, 종종 실체가 없는 관객의 역할을 맡았으며, 그녀가 재건된 자기로 사용하고 조립하여 만들고 싶은 다른 사람들의 바람직한 자질을 찾기 위해 자신의 환경을 끊임없이 탐색했다. 그리하여, 그녀의 자기-회복 노력과 사라지는 자아의 남아있는 것들 모두가 그녀의 깨어있는 삶에서 바라보는 행위로 그리고 반복되는 꿈속에서 눈의 이미지로 구체화되었다.

    환자의 주관적 세계에서 자아를 유지하고 개인적인 통일감을 회복해야 할 필요성에 대한 중심적인 특징 또한 화상을 입는 반복적인 꿈의 시작과 동시에 나타난 일련의 기괴한 실연에 의해서도 나타났다. 이런 실연들에는 가죽 벨트로 심한 채찍질을 하는 자기-처벌, 손목과 팔의 피부 표면을 섬세하게 자르고 구멍 뚫기, 물웅덩이에 반사된 자신의 얼굴 이미지를 지칠 줄 모르게 바라보기, 반투명 유리 조각으로 애무하고 줄긋기, 벽이나 인도sidewalks같은 딱딱한 물리적 표면의 균열과 갈라진 틈을 긁고 문지르기, 그리고 바늘과 실로 자신의 분리된 손가락의 피부를 함께 꿰매기가 포함되었다. 그 실연들의 출현이 반복되는 악몽의 시작과 정확히 일치했기 때문에, 우리는 그 실연들을 꿈 이미지가 형성하는 의미와 동일한 맥락에 내재된 "연상들"로 간주했다.

자기-채찍질 의식ritual은 처음에 환자가 자신의 어린 시절에 받았던 처벌적인 취급에 대한 동일시로 시작되었다. 그녀가 처음에는 이전에 부모의 분노를 불러일으켰을 행동들, 예를 들어, 자신의 필요를 주장하거나, 관심을 구하거나, 또는 불행을 표현하는 행동들에 반응하여 자신을 채찍질하는 경향이 있었다. 이 단계에서 자기-처벌의 기능은 주로 무력감을 극복하고 외부 세계로부터의 공격에 취약하다는 두려운 느낌을 상쇄하는 것이었다. 그 의식은 또한 실제 채찍질의 후속 형태로 소원-성취와 보상적 요소를 포함하게 되었다. 그녀가 처음에는 자신의 등과 엉덩이를 심하게 구타한 후, 사랑하는 부모의 역할을 차용하여 부드러운 목소리로 자신에게 "괜찮아 얘야, 이제 더 이상 고통은 없을 거야"라고 말하곤 했다. 그러면 그녀는 위로받는 아이의 역할을 맡아, 더없이 행복하게 잠들곤 했다. 그러나 힘들게 얻은 이 평화로운 느낌은 그녀가 나중에 잠에서 깨어나 자신이 여전히 완전히 혼자임을 알게 되었을 때 돌연 산산조각이 났다.

채찍질 의식은 그녀가 박해 불안을 극복하고 다른 사람들의 보살핌을 받는 자신의 필요한 이미지를 유지하는 데 도움이 될 뿐만 아니라, 환자의 주관적인 삶에 보다 근본적인 목적을 수행하기 시작했다. 그녀의 심오하고 지속적인 정서적 고립의 결과 중 하나는 비현실적이고, 살아 있지 않으며, 실체가 없는 느낌이었다. 이 느낌은 계속되는 들판을 향한 유체이탈 여행으로 인해 더욱 증폭되었다. 이런 여행의 빈도가 증가함에 따라 그녀의 안전에 새롭고 훨씬 더 위협적인 위험이 제기되었다. 즉, 물리적 현실과의 모든 연결이 끊어지고 그녀의 구체화된 자아가 최종적으로 말살되는 것이다. 그녀가 영구적으로 자신의 신체적 형태를 잃고 어떻게든 흔적도 없이 증발할지도 모른다는 공포로 인해 그녀는 더욱 강화된 채찍질 의식으로 돌아갔다. 그녀의 피부 표면에 분포된 강한 고통 감각은 그녀가 실제적인 물리적 세계에서 계속해서 구체화되고 생존할 수 있다는 확신을 주기 위해 사용되었다.

본질적으로 환자가 손목과 팔의 피부를 의례적으로 자르고 구멍을 뚫는 것으로 유사한 기능이 수행되었다. 이런 행동들은 그녀의 신장 수술과 관련된 외상적으로 충격을 주는 의료 절차의 재단계restaging로 시작된 것처럼 보였다. 수술 자체 외에도, 척수천자spinal tap[8], 수많은 주사, 도뇨관 삽입, 약물 및 수액의 정맥 투여 등의 절차들이 포함되었다. 자신의 피부를 자르고 구멍을 뚫음으로써, 그녀는 수동적으로 견뎌온 트라우마를 적극적으로 되살리고 견딜 수 없는 무력감을 극복하려고 했다. 의례적인 채찍질과 마찬가지로, 자르고 구멍을 뚫는 활동 역시 자신이 실체적substantial이고 실제적real이라는 환자의 확신을 강화하는 기능을 하기 시작했다. 바늘이나 칼로 자신의 몸의 물리적 경계를 침범함으로써, 그녀는 그 경계의 존재 자체를 극화하고 자신의 구체화에 대한 감각을 재정립했다. 게다가, 섬세한 절단으로 발생된 따끔거리는 감각과 핏방울은 그녀에게 계속 살아 있다는 구체적인 감각적 증거를 제공했다.

물과 유리와 관련된 실연들은 더욱 복잡했지만, 불안정한 자기감과 무력한 취약성에 대한 깊은 감정과의 투쟁과도 관련이 있었다. 물 의식water ritual은 그녀가 연못과 빗물 웅덩이에 비친 자신의 모습을 바라볼 때 시작되었다. 그녀는 물의 반사 표면을 어지럽힐 때 자신의 얼굴 이미지가 어떻게 사라졌다가 마법처럼 다시 나타나는지에 매료되었던 것을 회상했다. 이 활동의 한 가지 의미는 다시 수동적으로 경험한 외상들을 극복할 필요성과 관련이 있었다. 즉, 적극적으로 그녀의 이미지가 사라지는 원인이 됨으로써, 그녀는 희생과 학대의 초기 역사 전체에 대한 그녀의 자아감에 미치는 파괴적인 영향을 극복하려고 했다. 또한, 그녀는 반사된 자신의 이미지를 제거함으로써 자신은 사실상 없어지고 아무것도 아닌 것이 되는 것으로 생각했는데, 이는 존재하지 않는 것이 박해하는 세상의 표적이 될 수 없기 때문에 안정감을 주었다. 물은 또한 그녀의 자기감(시각적 반사로 구체화된)이 일시적으로 사라질 수는 있지만, 영구적으로 소멸될 수 없다는 확신을 주는 중간대상으로 기능하는 것처럼 보였다. 이렇게 해서 자기-연속성에 대한 감각은 미약하게 달성되었다. 환자에게 물의 최종적인 의미는 *투명하고 반사적*이라는 역설적인 특성과 관련이 있다. 그녀가 희망적으로 동일시했던 이 두 가지 속성의 결합에는 무언가가 있었고, 이런 동일시는 그녀가 유리 물체와 관련이 있다는 점에서 훨씬 더 뚜렷해졌다.

환자는 청소년기 초기에 작은 유리 물건들을 모으기 시작했다. 크리스탈 프리즘과 구체spheres의 반사와 굴절 특성이 특히 그녀를 매료시켰다. 그런 물건들을 쓰다듬고 바라보는 행위는 물과의 관계를 복제하고 때로는 혼합시키는 의례적인 행동 패턴으로 발전했다. 때때로 그녀는 크리스탈 용기에 물을 채워서 그것이 태양 광선과 상호작용하는 것을 관찰할 수 있는 창문에 두기도 했다. 이 의식은 심리치료 회기 중에 여러 번 시행되었다. 그녀는 빛, 물, 그리고 유리 사이의 상호작용을 연구하면서, "물…유리…물…유리"라고 부드럽게 외쳤다. 그녀의 의식consciousness은 그녀가 사회 환경으로부터의 피난처로 경험하는 것처럼 보이는 이런 집착에 완전히 몰입될 수 있었다. 환자가 유리에 매력을 느끼는 심리적 원천은 그녀 자신의 개인적인 자아감을 유지하는 데 어려움을 겪는 것과 관련이 있었다. 그녀는 다른 사람들의 기대와 인식에 지나치게 취약했고, 자신이 누구로 보이든 그 사람이 되었다고 느끼는 경향이 있었다. 예를 들어, 한 할아버지가 그녀에게 오래전에 죽은 사랑하는 아내를 그녀가 얼마나 많이 생각나게 했는지를 애석한 듯 말했을 때, 환자는 아내의 죽은 영혼이 침입하여 자신의 몸을 지배하는 것을 느꼈다. 그런 에피소드들은 그녀 자신의 정체성을 소유하고 있다는 자신의 감각에 크게 영향을 미쳤고, 그녀는 다른 사람의 지각과 정의를 소멸시키는 가능성으로부터 보호되는 자신의 비밀 영역을 계발함으로써 이에 대응했다. 그녀의 주관적인 삶의 이 숨겨진 영역에 대한 정교화에는 각각 자신의 비밀 이름으로 명명된, 그녀의 대안적인 성격의 발달이 포함되었다. 아무도 그녀의 비밀 이름을 모른다는 사실은 그녀가 다른 사람들이 자신을 경험하는 압도적인 가능성으로부터 안전하다고 느끼게 했다. 그러나 환자의 방어적인 비밀의 결과로, 그녀의 소외감은 더욱 심화되었다. 그녀는 관계에서 자기-상실로부터 자신을 보호하기 위해 고립으로 내몰렸다. 그러나 고립 그 자체는 견딜 수 없는 외로움을 통해 자기-소멸의 위험을 나타냈다. 유리에 대한 그녀의 집착은 다른 사람들로부터 비밀의 세계로 물러나려는 그녀의 욕구와 고립에서 벗어나 사회 환경과의 유대를 다시 확립하려는 욕구 사이의 갈등에서 직접적으로 비롯되었다. 유리는 한편으로는 반투명성과 다른 한편으로는 반사성이라는 두 가지 특성을 구현함으로써 이런 갈등에 대한 희망적인 해결책을 구체화했다. 유리의 반투명성은 외부로부터 들어오는 빛의 통로에 열려 있다는 것을 의미했고, 그것은 환자가 자신의 비밀 세계 안에 고립되고 매몰되는 것에 대한 두려움을 줄이는 역할을 했다. 대조적으로, 유리 물체의 반사성, 그것의 견고성, 그리고 확실한 경계성은 그것이 현실적이고 실체적이라는 것을 의미했고, 이는 그녀가 자신의 사회적 환경에 참여함으로써 야기된 위험으로부터 안정감을 느끼게 했다. 이런 속성들의 융합은 또한 유체이탈 투사에서 그녀가 방문했던 들판에 자신이 짓고 싶은 집에 관한 반복적인 환상에도 나타났다. 그녀는 이 집을 외부에서는 거울이지만 내부에서는 투명하도록, 한 방향 유리의 아름다운 건축물로 상상했다.

고려되어야 할 나머지 실연들은 환자가 단단한 표면의 균열을 긁고 문지르고 자신의 손가락을 실로 꿰매는 것들이었다. 이런 실연들은 분리된 부분들의 집합체가 된 환자의 경험과 관련이 있다. 긁는 패턴과 관련하여, 그녀는 외부 환경의 틈새와 균열이 참을 수 없을 정도로 "가렵고" 그것들을 긁을 수밖에 없었다고 설명했다. 물리적인 물체에서 가려움의 주관적인 감각의 위치는 자신의 파편화에 대한 그녀의 느낌이 물질적 현실의 평면으로 전치된 것을 나타낸다. 그녀는 자신을 작은 구체나 오목한 표면의 정육면체로 채워진 항아리 같은 것과 둥근 체커의 말들checkers로 가득 찬 체커 판checkerboard으로 묘사했다. 비록 구성 요소들이 매우 단단하게 함께 포장되어 있을지라도, 그것들은 여전히 통합되고 원활하게 연속적인 전체를 형성하지는 못할 것이다. 외부 환경의 가려운 균열과 틈은 그녀의 자기-경험을 구성하는 다양한 단편적인 실체들 사이의 주관적인 틈에 해당하고, 긁는 것은 그녀의 괴로운 응집력 부족으로부터 벗어나려는 그녀의 노력을 나타냈다.

바늘과 실로 손가락을 꿰매는 그녀의 패턴의 기능도 매우 유사했다. 이 의식은 그녀의 손을 빛에 대고 자신의 분리된 손가락 사이의 공간을 바라보는 것으로 시작되었다. 그런 다음 그녀는 바늘과 실을 자신의 새끼손가락 피부 바로 아래로 밀어 넣고, 다음 손가락의 피부 아래로, 또 다음 손가락의 피부 아래로, 그리고 나서는 손가락들이 모두 단단하게 서로 연결되어 함께 눌려질 때까지 여러 번 앞뒤로 밀어 넣었다. 손가락을 함께 엮는 행위는 그녀의 물리적 존재의 분리된 부분들이 문자 그대로 결합되어 전체적이고 연속적인 것처럼 나타나도록 하는 행위였으며, 이는 외상적인 초기 이력의 과정 동안 그녀가 분리했던 부분들의 집합에서 내부적으로 통합된 정체성을 형성하려는 그녀의 노력을 구체화한 것이었다.

환자가 몰두한 실연들은 불에 타서 파편이 되는 그녀의 반복적인 꿈과 기능적으로 유사하다. 두 현상이 공통적으로 공유하는 본질적인 특징은 자기-붕괴의 경험을 물질적이고 실체적인 형태로 제공하기 위해 구체화를 보상적으로 사용한다는 점이다. 꿈에서 강조는 자기-해체 경험의 구체적인 상징에 나타나고, 깨진 조각들을 다시 조립하는 추가적인 회복 경향은 안구 사이에서 발달하는 소통의 이미지에 암시된다. 그 실연에서 유사한 상징들과 또한 자신이 분해했던 분리된 파편들을 다시 연결함으로써 자신의 망가짐을 고치려는 환자 욕구의 생생한 표현을 발견할 수 있다.

여기서 논의된 각각의 행동 패턴들은 심리치료 회기 중에 반복적으로 행해졌다. 이런 이상한 행동들 중 일부는 치료자가 목격하기가 매우 어려웠는데, 특히 자신을 때리고, 채찍질하고, 자르는 행위는 더욱 그랬다. 치료 첫 1년 반 동안 그녀는 상담회기에 정기적으로 칼, 바늘, 깨진 유리 조각, 그리고 가죽 벨트를 가져왔고 이런 물건들 중 하나 이상을 자신에게 자주 사용했다. 치료자가 그녀의 물건들을 치워 이런 행동을 방지하려고 시도했을 때, 그녀는 자신의 손과 손톱으로 몸을 긁고, 때리고, 두드렸다. 환자가 자기 학대에 몰두하지 않도록 하는 유일한 방법은 자기-파괴적인 충동이 지나갈 때까지 신체적으로 그녀를 구속하는 것이었다. 이런 신체적인 구속은 심리치료 작업의 초기 단계에서 많은 상담회기의 상당 부분을 차지했으며 치료적 유대를 강화하는 데 결정적으로 중요한 것으로 입증되었다. 환자가 자해하는 것을 방지하기 위해 필요한 구속 외에도, 치료자에게 다가가 자신의 얼굴을 그의 몸에 대고 그를 꽉 붙잡는 경우가 여러 번 있었다. 그런 접근이 처음으로 이루어진 후에 그녀는 그가 자신이 떠올린 비현실적인 유령이나 환각이 아니라는 것을 증명하기 위해 신체적 접촉이 필요했다고 설명했다. 그녀는 자신의 팔이 그의 근육의 단단한 저항에 부딪혔을 때 충격을 받고 놀랐다고 말했는데, 왜냐하면 그가 마치 안개로 이루어진 것처럼 자신의 팔이 그를 통과할 것이라고 예상했기 때문이다. 치료자의 물리적 존재와의 접촉은 그녀가 이전에 의존했던 유령 및 다른 상상의 존재들과 그를 구별하는 데 도움이 되었다. 이 접촉은 또한 그녀 자신의 물리적 구체화의 초기 안정화를 위한 고정점을 제공했다. 안아주기holding와 안기기being held의 의미와 중요성에 대한 논의에서, 환자가 자신의 부모가 자신과의 그런 상호작용을 모두 끝냈던 두 살 반 이후로 다른 인간과의 애정 어린 신체적 접촉을 경험하지 않았다는 것이 드러났다.

환자 치료의 첫 일 년 반은 주로 환자의 소외와 외로움으로부터 어느 정도 위안을 주는 동시에 개인으로서의 개성과 분리감을 강화하는 치료 관계를 구축하는 데 집중되었다. 그녀는 이 기간 동안 자살 절망의 표현과 치료자와의 물리적인 근접만을 원하는 것처럼 보이는 합병 같은 친밀함 사이를 오갔다. 실제적인 신체 접촉은, 치료자의 일관된 수용, 관심, 그리고 이해의 제공에 내포된 상징적 안아주기(Winnicott, 1965)와 함께 환자의 중단된 심리적 발달이 다시 한번 진전될 수 있는 원시적인 연관성의 연결고리를 확립했다. 우리가 설명한 실연들에 부여되어 있는 기능들은 점차 확립되고 있던 공감적 유대로 넘어갔다. 이 과정이 시작될 때 환자가 분석가에게 점점 더 의존하게 된 것은 그녀가 전달하려는 내용을 이해하지 못하거나 적절하게 반응하지 못하는 분석가의 주기적인 실패에 대한 그녀의 반응에서 나타났다. 그런 오해는 하나 이상의 실연들이 다시 부활하는 경향이 있었고, 이는 그 후에 중단된 공감적 유대가 다시 확립될 때까지 계속되었다. 그녀가 자신의 심리조직을 유지하기 위해 점점 더 치료자에게 의존하게 되면서, 이전에 이 목적을 위해 필요했던 의례화된 실연들(및 유체이탈 투사)은 줄어들고 마침내 사라졌다. 불타서 산산조각이 나던 반복적인 악몽도 동시에 끝이 났다.

개인의 주관적 세계의 조직을 유지하는 꿈의 기능은, 악몽이 시작될 당시 환자의 경우처럼, 구조가 무너지는 상황에서만 볼 수 있는 것이 아니다. 꿈은 또한 생성 과정에 있는 새로운 주관성 구조를 공고히 하고 안정화하는 데 중요한 역할을 할 수도 있다. 이제 우리가 논의해 온 환자의 또 다른 꿈, 즉 오랜 심리치료 과정의 중간에 그녀가 꾸었던 꿈에 대해 생각해 보자. 치료에서 이 꿈의 맥락은 자기-통일 문제에 관한 치열한 갈등과 투쟁의 하나였다. 이 시점에서 처음 6개의 자기-파편들 중 2개가 나머지 4개로 동화되었지만, 환자는 두려움과 주저함으로 통합의 다음 단계에 접근하고 있었다. 특히, 하나가 되는 것이 그녀를 외부 세계로부터의 공격이나 견딜 수 없는 외로움에 의해 파괴되기 쉽게 만들 것이라고 두려워했다. 그러나 동시에, 그녀는 계속되는 불화 속에서 보내는 삶의 전망을 혐오하게 되었다.

꿈속에서 그녀는 집 거실로 들어가 네 개의 시멘트 상자가 벽난로 너머 덮개 위에 나란히 놓여 있는 것을 보았다. 상자 안에는 시체가 있는 것 같았다. 그 장면이 그녀를 겁에 질리게 했고, 그녀는 깨어났지만 다시 잠들었으며 꿈은 계속되었다. 이제 네 개의 상자들은 단 하나의 상자로 교체되었고, 네 개의 시체들이 시멘트벽에 등을 대고 중앙 지점을 향해 안쪽을 바라보도록 배치되었다. 그 상자는 관coffin처럼 보였다. 이 꿈을 치료자와 논의하면서, 환자는 자발적으로 4개의 상자를 여전히 통합이 필요한 나머지 4개의 자기-파편과 관련시켜 생각했다. 이 목표를 향한 상당한 진전이 이미 달성되었는데, 주로 치료적 관계의 촉진 매체에서 서로의 구분이 점점 작아지는 네 조각들을 통해 이루어졌다. 그러나 환자는 한편으로 여러 측면을 가진 한 사람으로 자신을 경험하는 것과 다른 한편으로는 서로 닮고 같은 몸을 공유하는 별개의 사람들의 집합체로 경험하는 것 사이에서 왔다 갔다 하고 있었다.

꿈은 네 개의 분리된 상자 이미지를 네 개의 시체가 들어있는 단 하나의 이미지로 교체함으로써 이 망설임의 한 단계를 구체화한다. 환자는 자발적으로 4명에서 1명으로의 변경이 통합된 사람의 발전 구조를 나타내는 마지막 상자의 외부 경계와 함께, 그녀의 성격 통합의 전주곡으로 이해될 수 있다는 해석을 제시했다. 그녀의 임박한 통합과 관련되어 있다고 느끼는 위험은 상자를 관으로 동일시함으로써, 꿈에서도 구체적으로 상징된다. 환자는 하나가 되면 자신의 삶이 끝날 것이라는 깊은 불안을 자주 표현했고, 심지어 죽은 것으로 합쳐지고 있다고 제안한 적도 있었다.

네 구의 시체가 들어 있는 상자의 이미지는 또한 그녀의 치료적 관계 경험의 상징으로도 이해될 수 있다. 이때까지 잘 확립된 공감적 유대는 심리적 온전함을 달성하려는 환자의 노력에서 안아주고, 담아주고, 통합하는 기능을 발휘하고 있었다. 이 일에 대한 그녀의 양가감정은 전이에서 매우 분명하게 나타났는데, 여기서 그녀는 치료자의 통합하는 이해를 받아들이는 것과 그것을 자기-파편들의 생존에 대한 치명적인 위협으로 거부하는 것 사이에서 번갈아가며 나타났다. 이런 변화는 가장 근본적으로 그녀가 다른 인간을 완전하게 신뢰할 수 없다는 환자의 깊은 확신, 즉 그녀의 성격 통합과 매우 유사한 단계에서 점차적으로 극복된 확신에서 발생했다.

네 개의 상자를 하나의 상자로 바꾸는 꿈은 환자의 발달하는 통일성에 구체적인 형태를 제공함으로써 환자의 진화하는 자기-통합을 뒷받침했다. 화상을 입는 이전의 꿈이 그녀가 심리적 해체를 겪을 때 자신의 자기-경험을 유지해야 할 필요를 캡슐화했던 것과 같은 방식으로, 이 두 번째 꿈은 점차 결정화되고 있는 자기-경험의 새롭지만 여전히 불안정한 구조를 유지하고 강화해야 할 자신의 필요를 표현했다. 이 후자의 기능을 공유하는 실연은 상자 꿈을 꾸고 약 9개월 후에 나타났다. 그 사이에 환자는 자신을 통일하는 문제와 계속해서 씨름했고, 남아있는 단편적인 성격들 각각은 하나의 개인으로서 공유된 미래에 공통으로 헌신했다.

"우리는 나입니다!"와 "나는 지금 하나입니다. 우리는 어젯밤에 투표했고, 우리 모두 동의합니다."와 같은 진술의 후속 맥락에서, 환자는 작은 종이 12장을 꺼냄으로써 치료 회기를 시작했다. 6장의 종이에는 6개의 자기-파편 이름이 적혀 있었고, 나머지 6장에는 그녀가 각각의 자기-분열에 책임이 있다고 생각하는 중추적인 트라우마를 가리키는 짧은 문구가 적혀 있었다. 치료자에게 자기-파편들과 적절한 외상들을 일치시킬 수 있다고 생각했는지 물어본 후에, 그녀는 자신의 책상을 치우고 12장의 종이에서 자신의 파괴적인 심리적 역사의 시간적 연속성을 보여주는 서로 가까이 배치된 두 개의 기둥을 조립했다. 이름과 경험을 하나의 질서 있는 구조로 배열하는 행위는 내부적으로 통합되고, 시간적으로 지속적인 자기감을 종합하려는 환자의 점점 더 성공적인 노력을 분명하게 구체화했다. 새롭게 태어난 그녀의 자아에 유형의 형태와 그것의 통일성과 역사적 연속성을 치료자에게 보여줌으로써, 그녀는 지금까지 가능했던 것보다 더 확고하게 자신의 경험 구조를 공고히 했다. 12장의 종이를 포함하는 통합 실연 이후에, 환자는 지속적으로 자신의 주관적 완전성을 느끼게 되었고, 치료 작업의 초점은 그녀의 자기-파편화를 고치는 것 이외의 문제들로 옮겨졌다. 그 환자는 이후 몇 년 동안 계속해서 대학 공부를 마치고, 여러 대학원 학위를 취득하고, 마침내 결혼함으로 그동안 달성되었던 통일성은 완전하게 지속되었다.

결론 Conclusion

경험과 행동 사이의 관계를 중재하는 기본적인 심리적 과정은 구체화, 즉 구체적이고 감각운동적인 기호로 주관성의 구조를 캡슐화하는 것이다. 신경증적 증상과 상징적인 물건의 생성에서 이 과정의 역할을 간략하게 설명한 후, 우리는 인간의 심리적 삶에서 편재하는 두 가지 구체화 경로, 즉 실연과 꿈꾸기에 더욱 광범위하게 초점을 맞췄다. 실연과 꿈은 다양한 개인적인 목적을 구현하는 것으로 보일 수 있지만, 둘 모두의 독특한 특징은 주관적 세계의 조직화를 구체화하고 보존하는 역할을 하는 구체적인 상징화를 사용한다는 것이다. 우리의 임상 사례들은 행동 실연들과 꿈 이미지들의 구조-유지 기능이 기존 구조가 위협받을 때뿐만 아니라 새로운 주관성 구조가 생겨나고 통합이 필요할 때에도 관찰될 수 있음을 보여준다. 우리의 사례들은 또한 실연과 꿈과 같은 구체화의 산물들은 그것들이 발생하고 사라지는 상호주관적 맥락을 떠나서는 정신분석학적으로 완전하게 이해될 수 없다는 것을 보여준다.

주석

1 제임스 서버James Thurber의 소설 "월터 미티의 은밀한 삶The Secret Life of Walter Mitty"에 나오는 주인공 이름에서 유래하였으며, 터무니없는 공상을 하는 사람을 말한다.(번역자 주)

2 Enactment; 여기서는 "실연"으로 번역했지만, 상황에 따라 다르게 현실화된 경험이 반복되거나 재현되는 것을 강조하는 "실행화", 또는 개인의 무의식과 실제 상호작용 사이에서 일어나는 경향을 강조하는 "실현화"로 번역하기도 한다.(번역자 주)

3 이 임상적 사례 예시는 원래 프랑크 라흐만Frank M. Lachamann 박사에 의해 제공되었으며(Stolorow and Lachmann, 1980), 제8장에 자세히 설명되어 있다.

4 오페라나 다른 작품들에서 특정 인물, 물건, 사상과 관련되어 반복되는 곡조, 또는 책이나 미술 작품, 특정 집단 등에서 반복적으로 나타나는 주제, 중심 사상.(번역자 주)

5 다른 이론적 관점에서, 에릭슨(1954)은 꿈의 "표상 스타일"에 주목하면 꿈꾸는 사람이 자신과 자신의 세계를 경험하는 방식을 드러낼 수 있다고 제안했다.

6 러너Lerner(1967)는 꿈이, 운동 감각적 요소들을 통해, 신체 이미지를 강화하는 기능을 한다는 증거를 제시했다. 만약 사실이라면, 이것은 여기서 우리가 제안하고 있는 보다 광범위한 논제의 특별하고 제한된 사례가 될 것이다. 꿈의 문제-해결(Freud, 1900) 기능, 초점적인 갈등-해결 기능(French & Fromm, 1964), 그리고 트라우마-통합 기능(de Monchaux, 1978)의 공식화도 경험 조직을 유지하는 데 있어 꿈 상징화의 역할에 대한 특별한 사례로 볼 수 있다. 포샤지Fosshage(1983)는 별도로 우리와 유사한 공식에 도달했다.

7 지각적인 이미지들이 여러 가지 이유로 요구되는 특정 경험 조직을 실현하는 역할을 하는 첫 번째 유형의 꿈은 분석가들에게 매우 잘 알려져 있기 때문에, 여기서는 예시되지 않을 것이다. 우리는 이미지가 주로 심리적 조직

자체를 유지하는 역할을 하는 두 번째 유형의 꿈만 설명할 것이다.

8   척수천자脊髓穿刺: 분석 또는 마취제 주입을 위해, 척수에 주사침을 찔러서 그 분량만큼의 척수액을 뽑아내는 일.(번역자 주)

제 5 장

맺는 말
Concluding Remarks

우리는 인간의 주관성에 대한 정신분석적 과학을 위한 기본적인 이론적 구성을 공식화하기 위한 시도로 우리의 프로젝트를 시작했다. 우리가 분석의 기본 단위인 개인 경험의 구조에 초점을 맞추어 이 프로젝트를 진행하면서, 거의 예기치 않게 두 가지 근본 개념인 상호주관성과 구체적인 상징화가 정신분석적 현상학의 중심 원칙으로 확고해졌다.

우리는 서로 다르게 조직되고, 상호작용하는 주관적 세계의 시스템인 상호주관적 장의 개념이 정신분석 치료의 변천과 인간의 심리 발달 과정 모두를 조명하는 데 매우 귀중한 개념이라는 것을 발견했다. 이 개념은 친밀한 사랑 관계, 가족 패턴, 그룹 과정, 그리고 심지어 그룹 사이의 관계까지도 포함하여 광범위한 인간 상호작용을 밝히기 위해 쉽게 확장될 수 있다. 따라서 상호주관성의 개념은 인간 사회생활에 대한 정신분석적 이해를 위한 광범위한 기반을 제공하고, 개인의 주관적 세계에 대한 분석과 복잡한 사회 시스템에 대한 연구 사이의 격차를 해소한다. 상호주관적 관점은, 정신분석학적 탐구의 범위를 확장하는 동시에, 사회 시스템 분석 분야도 풍부하게 한다.

구체적이고 감각운동적인 상징에 의한 경험 구조의 캡슐화라는 구체화의 개념은 신경증 증상, 상징적인 물건, 성적 및 기타 실연들, 그리고 꿈을 포함한 다양한 심리적 현상을 조명하는 것으로 나타났다. 이 개념 역시 여러 방향으로 확장될 수 있다. 심리적 장애의 가장 심각한 범위로 확장되어, 망상, 환각, 그리고 기타 기괴한 증상들의 의미와 기능을 밝힌다. 그것은 문화적 경험의 공유 영역으로 확장되어, 예술적 창작물과 이념적 상징의 중요성을 이해할 수 있게 해준다. 구체화 원리 또한 인간 사고의 산물을 구체화하고 실체화하는 편재적인 경향에 대한 설명을 제공하고, 언어적 개념과 추상적인 아이디어를 개인적이고 주관적인 현실 조직에 구체적인 실체를 빌려주는 가공적이고 상징적인 구조로 변형시킨다. 그리고 마지막으로, 인간의 심리적 삶에서 구체적인 상징화의 근본적인 중요성을 인식함으로써, 정신분석학은 인간을 독특하게 인간으로 만드는 것의 핵심에 상징 활동을 두는 현대 철학적 견해(Langer, 1942; Cassirer, 1944)와 조화를 이룬다. 정신분석학은 해석학적 전통, 현상학, 그리고 현대 구조주의의 풍부한 지적 유산을 바탕으로 인간 경험의 과학으로 정의함으로써, 인문과학 중에서 독특하고 중심적인 위치를 발견한다.

제 2 부

제 6 장

황금기의 유산들
Legacies of the Golden Age

공동연구 회고록(A Memoir of a Collaboration)

1972년 가을, 럿거스Rutgers 대학교의 리빙스턴Livingston 대학에서 기적이 일어나기 시작했는데, 그것은 1930년대에 헨리 머레이Henry A. Murray가 하버드 대학 심리 클리닉에서 처음 확립한 심리학의 인격학적 전통의 부활이었다. 이 전통의 본질은 그것의 중심 방법론, 즉 집중적이고 심층적인 사례 연구에서 찾을 수 있다. 인격학personology[1]은 인간의 성격에 관한 의미 있는 질문들이 개별적인 삶과 개인적인 세계의 관점에서 틀이 잡히고 대답되어야 하며, 그것들의 모든 특이성과 복잡성이 이해되어야 한다는 가정에 기초한다. 이것은 성격에 대한 학문적인 심리학의 오랜 관행과는 대조적으로, 다른 개인들의 모집단에 걸쳐 연구되는 이른바 성격 "변수들"에 대한 정량화 조사와 관련이 있다.

20세기 심리학의 위대한 이론가 중 한 명인 실반 톰킨스Silvan Tomkins를 교수진으로 끌어들인 것은, 1969년 럿거스 대학교 시스템의 일부로 설립된 이후에, 리빙스턴 대학의 행운이었다. 하버드에서 머레이와 함께 연구했던 톰킨스는 리빙스턴에 위치할 재개된 인격학 프로그램을 꿈꾸었고, 그의 비전을 공유한 죠지 앳우드George Atwood, 레이 칼슨Rae Carlson, 다니엘 오길비Daniel Ogilvie, 세이모어 로젠버그Seymour

Rosenberg, 그리고 로버트 스톨로로우Robert Stolorow, 5명의 동료와 함께 이 목표를 추구하는 데 동참했다. 1972년부터 1978년까지의 시기는 우리 모두가 지적 교류에 참여하고 대학원과 학부 교육에서 서로를 도우면서 점점 깊어지는 동지애를 경험한 황금기였다. 이 새로운 인격학 그룹의 리더인 톰킨스는, 이 학자들의 모임에서 잠재적인 내재성을 나타내는 한 은유를 제안했는데, 그는 우리가 "임계 질량critical mass"[2] 달성의 문턱에 와 있다고 말했다. 다양한 배경을 가지고 있지만 공통의 가치와 목표를 공유하고 있는 많은 사람들이 서로 상호작용하고 자극하는 지속적인 기간을 가질 때, 표현된 아이디어들이 결합되기 시작하고 그 결과 창조성이 폭발할 수 있다는 것이 그의 생각이었다.

리빙스턴 대학에서 인격학의 황금기는 두 가지 새로운 상황 때문에 1970년대 후반에 갑작스럽게 조기에 끝났다. 첫째, 객관적인 관찰과 양적 데이터에 중점을 둔 매우 전통적이고 더 큰 럿거스 대학 심리학 공동체 측에서 우리 노력에 대하여 끊임없이 적대감의 태도를 가졌다는 것이다. 그리고 두 번째로, 인격학 그룹은 내부에서 오는 긴장 때문에 무너졌는데, 그중 가장 중요한 것은 실반 톰킨스Silvan Tomkins가 종종 중요하게 영감을 받은 아이디어가 다른 사람들에 의해 흥미로운 소논문과 책으로 만들어지기 시작하면서 그가 실망했다는 것이다. 오랜 기간 동안 젊은 학자들을 훌륭하게 지도했지만, 그들이 배운 것을 받아들이고 그들 각자의 길을 갈 때 그들에게 도둑맞고 큰 적개심으로 대드는 느낌을 받는 것은 그의 직업 생활에서 반복되는 주제였다.

럿거스 대학에서 인격학을 재개하려는 꿈에서 슬픈 깨달음을 얻었음에도 불구하고, 우리 둘 사이의 지적인 협력과 개인적인 우정의 토대는 지속적으로 형성되었다. 이 장에서 우리의 목적은 그 황금기에 우리 사이에 일어난 긴밀한 관계의 유산을 탐구하는 것이다. 논의의 초점은 떠오른 일련의 깨달음, 즉 각 사례에서 중요한 저작을 탄생시킨 공유된 영감의 순간에 있을 것이다. 우리는 또한 이런 발전의 맥락이었던 심화되는 개인적 관계에 대해서도 설명한다.

메시아적 프로젝트: 빛과 어둠
Messianic Project: Light and Dark

1972년 가을, 우리 중 한 명(죠지 앳우드G. Atwood)은 "메시아적 구원 환상messianic salvation fantasies"의 생활사적 자료들, 즉 세상을 구원할 운명을 지닌 존재의 정서적으로 강력한 이미지를 연구하는 데 관심을 갖게 되었다. 그런 환상은 초기의 외상적인 상실 경험에 뿌리를 두고 있으며, 상실된 타자를 무기력하게 갈망하는 수동적 상황이 구조하고 구원하는 적극적인 역할로 대체된다는 최초의 생각이 형성되었다(Atwood, 1974, 1978). 그 생각은 상실된 이상화된 타자와의 동일시가 발생하고, 그런 다음 세상의 메시아 역할을 채택함으로써 실연된다는 것이었다.

어느 날 점심 식사를 하면서 이 개념에 대해 논의하던 중, 그 메시아적인 프로젝트에는 어두운 면이 있는데, 거기에는 항상 상실된 타자의 포기하고 실망스러운 측면을 실연하는 경향이 있을 것이라는 제안이 제시되었다(스톨로로우에 의해). 우리는 상실된 인물과의 재회에 대한 갈망이 필연적으로 발생하는 그 인물에 대한 고통과 복수심에 찬 분노에서 분리되는 분열 과정을 상상했다. 그러므로 세상의 구원자들에 대한 완전한 이해는, 발생하는 동일시의 긍정적인 측면과 부정적인 측면 모두를 포함해야 한다고 우리는 생각했다. 우리의 첫 번째 공동 저술 출판물(Stolorow & Atwood, 1973)은 이런 생각들을 글에 담았고, 이후 몇 년 동안의 많은 공동 연구를 통해 패턴을 확립했다.

우리가 깨달은 패턴은 형식에 있어서 변증법적이다. 우리 중 한 사람은 어떤 문제에 대한 관점을 발전시키고 그것을 다른 사람에게 전달한다는 생각을 가지고 있다. 다른 한 사람은 제안된 것을 열정적으로 수용하지만, 대조적이거나 보완적인 관점을 제시하고, 뒤이어 계속되는 논의에서 통합이 발생한다. 따라서 대화의 결과는 우리의 부분적인 이해의 각각을 보다 복잡하고 포괄적인 구조로 결합하고 심화시키는 것들 중 하나이다.

주관성의 문제 The Problem of Subjectivity

1974년 실반 톰킨스Silvan Tomkins의 고무적인 영향 아래, 두 번째 문제가 우리의 관심을 끌기 시작했는데, 그것은 성격 이론의 주관성 문제였다. 톰킨스는 종종 인간의 상태를 이해하려는 이론가의 노력이 개인적 삶의 역사에서 의미심장하게 파생된, 자신의 개인적 존재의 주제를 반영하는 방식에 대해 이야기했다. 우리 중 한 명(죠지 앳우드)은 이와 관련하여 톰킨스의 관찰이 심오하다는 것을 발견하고, 이 문제에 전념하는 전체 연구 프로그램의 가능성을 상상하기 시작했다. 그런 계획을 지원할 수 있는 역사적 자료들을 검토하면서, 그는 우리의 모든 후속적인 사고에 운명적인 영향을 미친 발견을 했는데, 그것은 성격 이론의 주관성 문제를 다루는 최초의 논의 중 하나에 포함된 개인 주관성의 극적인 사례이다. 이것은 융의 「분석심리학에 관한 두 편의 에세이Two Essays on Analytical Psychology」(1943, 1945)에서 찾을 수 있는데, 여기에서 정신병리학과 심리치료에 대한 서로 다른 이해 사이의 뚜렷한 대조와 연관될 수 있는 프로이트와 아들러 사이의 심리학적 차이에 대한 성찰을 제시하였다.

융은 세상에 대한 프로이트의 개인적인 비전에서, 따라서 그의 이론에서도, 가장 큰 의미와 결정적인 힘을 가진 것은 대상의 외부 세계라고 제안했다. 아들러에게 있어서, 그의 주장과 분명한 대조에 따르면, 그것은 일차적으로 중요한 내부 주체, 즉 대상과 독립적으로 자신의 우월성과 안전성을 추구하는 주체이다. 이어서 융은 정신분석학 분야에서 프로이트-아들러의 갈등에 대한 해결책을 계속 제안했는데, 그것은 그들 각각의 외향적 관점과 내향적 관점들이 포괄적인 종합으로 통합되어야 한다는 것이다. 융의 논의에서 놀라운 점은 그것이 자신의 개인적 자아의 분열과 자신의 삶과 일의 주제였던 통합된 전체성에 대한 끊임없이 새로워진 탐구를 정확하게 반영했다는 것이다. 소년 시절 융(1961)은 외적인 1호 인격과 비밀스러운 내면의 2호 인격으로 분열되어, 비밀스러운 내면으로 은둔함으로써 집어삼킴과 전멸로부터 자신을 보호하면서 주변 세계의 타인들과의 연결을 유지하려고 시도한다(Atwood & Stolorow, 1993, 제3장). 그래서 그는 프로이트와 아들러 사이의 분열을 자신의 분열된 자아로 동화시켰고, 우리 분야에서 이 문제에 대한 첫 번째 논의 중 하나의 맥락에서 성격 이론의 주관성에 대한 놀라운 사례를 제공했다는 것이 분명해졌다.

성격 이론의 주관성 사례에 대한 성찰은 다른 사상가들의 삶과 이론 체계에서 유사한 사례들을 연구하는 접근법을 제안했다. 필요한 것은 모두, 한쪽에는 중심적인 이론적 아이디어를, 다른 한쪽에는 비판적인 형성 경험을 병치시키고, 그다음에 그 둘 사이의 연결고리를 심리학적으로 해석하는 작업인 것 같았다. 이런 생각들을 추구하고 그것들을 다른 여러 이론가들(칼 로저스Carl Rogers, 빌헬름 라이히Wilhelm Reich, 고던 올포트Gordon Allport)에게 적용하려는 노력은 처음에는 출판되지 않은 "성격 이론의 주관성에 관하여On the Subjectivity of Personality Theory"라는 논문으로 이어졌다. 톰킨스는 그 작업의 내용에 열광적이었지만, 자신의 생각이 얼마나 깊게 이용되었는지에 대해 화가 나기 시작했다.

이 문제에 민감하지만, 곧 다가올 정서적이고 지적인 재앙을 예상하지 못한, 죠지 앳우드가 톰킨스를 제2저자로 초대했고, 그 논문은 결국 그렇게 출판되었다(Atwood & Tomkins, 1976). 모든 것이 여전히 황금빛이었지만, 먹구름이 형성되고 있었다.

성격 이론의 주관성은 또한 우리 둘 사이의 지속적인 논의의 초점이 되고 있었다. 그 당시에 스톨로로우는 하인즈 코헛Heinz Kohut의 「자기의 분석The Analysis of the Self」(1971)을 읽고 중요하게 영향을 받은 나르시시즘 현상과 자기애적 장애에 대한 연구에 참여했다. 이런 연구들에는 나르시시즘에 대한 이해에서 오토 랑크Otto Rank의 저서에 예상되었던 당시의 다양한 발전 방식들에 대한 탐구가 포함되었다. 우리 두 사람이 이 이론가의 때 이른 통찰에 관해 이야기할 때, 스톨로로우에게 그의 아이디어에 대한 논의가 랑크의 개인적인 삶과 어린 시절을 괴롭혔던 심각한 자기애적 장애 속으로의 심리전기적psychobiographical 여행이 동반된다면 그 연구는 훨씬 더 깊어질 것이라는 생각이 떠올랐다. 동시에 앳우드는 빌헬름 라이히의 저서에 몰두하기 시작했고, 라이히의 어린 시절의 비극적인 상실이 평생 동안에 걸쳐 그의 운명이 메시아적이라는, 즉 치명적으로 반反성적인anti-sexual 악으로부터 생명의 세계를 구하는 망상의 발생에 어떻게 기여했는지 추적했다. 우리 각자는 자신의 프로젝트를 진행하면서, 다른 사람과의 지속적인 논의를 광범위하게 이끌어냈고, 마침내 두 개의 공동 저술 논문이 나왔다(Stolorow & Atwood, 1976; Atwood & Stolorow, 1977a). 우리는 성격 이론의 주관성에 관한 두 개의 세부적인 사례 연구를 마쳤다.

우리가 공유하는 여정의 다음 단계에서 여러 가닥의 사고가 결합되었다. 첫째, 우리는 샌들러Sandler와 로젠블라트Rosenblatt(1962)의 "표상 세계의 개념The Concept of the Representational World"을 읽었는데, 이것은 우리에게 본질적인 정신분석학적 아이디어에 대한 현상학적 재고를 위한 언어를 제공하는 것처럼 보였다. 둘째, 우리는 코헛(1959)의 "성찰, 공감, 그리고 정신분석Introspection, Empathy, and Psychoanalysis"을 접했는데, 이것은 정신분석의 경험적 분야가 오로지 공감과 성찰, 즉 달리 말하면, 정서적 현상학에 열려있는 것만으로 구성되어 있음을 제시한 획기적인 작품이다. 그리고 셋째, G. 클라인(1976)의 「정신분석 이론: 본질적 요소의 탐구Psychoanalytic Theory: An Exploration of Essentials」를 발견했는데, 이것은 경험에 가까운 "임상"과 정신분석이 기초를 두고 있는 객관화된 "초심리학적" 이론을 예리하게 구분하는 작품이다. 이런 작품들에서 영감을 받아, 성격 이론의 미래에 대한 아이디어가 구체화되기 시작했다. 우리 중 한 명(스톨로로우)은 성격 이론의 주관성에 대한 연구가 자체적으로 주관성 이론 자체의 가능성, 즉 초기 이론가들의 다양한 임상적 기여를 통합할 수 있고 새로운 발견에도 열려있는 이해의 거대한 틀을 포함할 수 있다고 제안했다.

이 제안에 대한 논의를 통해 우리는 그런 통합 이론이 취할 수 있는 형태와 그것이 실현될 수 있는 과정에 관한 추가적인 아이디어를 얻었다. 우리는 인간 경험의 보편적인 내용을 정의하고 범위를 정하는 초심리학적 상부구조를 객관화하는 것으로부터 다양한 이론에 내재된 임상적 지식의 풀림disentangling을 묘사했다. 우리는 절대적인 인간 본성과 인간 조건의 본질적인 정의 차원의 개념들이 개인 주관성의 다양한 영역에 대한 구체화된 설명으로 바뀌는 번역과 재해석의 포괄적인 프로젝트를 상상했다. 많은 대화에서, 우리는 또한 이론가들의 초심리학적 공식들과 그들의 개인적 세계 사이의 중요한 연관성도 확인했다. 즉, 각 이론가의 주요한 초심리학적 구성이 핵심적인 위기와 자신의 개인적인 발달 딜레마에 대한 각 이론가의 개인적인 해결책을 반영하고 상징한다는 것을 우리는 깨달았다. 그러므로 각 이론 발달의 생애사적 맥락에 대한 주의 깊은 심리전기적 분석과 함께 초심리학에 대한 비판을 결합하는 것이 자연스러운 것처럼 보였다.

현상학적 번역과 심리전기psychobiography에 대한 우리의 프로젝트는 이 시점에서 칼 융Carl Gustav Jung의 사상과 삶에 대한 포괄적인 탐구로 바뀌었다. 그 연구는 두 부분으로 나뉘었다. 스톨로로우가 쓴 첫 번째 책은, 융의 초심리학을 자기-해체 및 자기-파편화의 경험과 관련된 다양한 주관적 상태의 구체화 및 보편화로 재해석하는 작업을 수행했다. 앳우드가 쓴 두 번째 책은, 융의 어린 시절을 통해 자기-상실에 대한 취약성이라는 주제를 추적했다. 그런 다음, 우리는 함께 작업하여, 심리전기적 분석을 초심리학의 현상학적 번역과 통합하고, 융의 이론을 극단적인 주관적 상태와 그것들의 전형적인 상징화의 설명에 대한 지대한 공헌으로 재구성했다. 그 연구는 우리 논문 "칼 융의 초심리학, 구체화, 그리고 표상 세계Metapsychology, Reification, and the Representational World of C. G. Jung"(Atwood & Stolorow, 1977b)에 게재되었으며, 이는 그런 분석을 통해 달성할 수 있는 것의 모델 역할을 했다.

몇 년 후, 어느 날 저녁 얼음을 넣은 보드카 잔을 마시면서, 우리는 융 논문을 완성하는 과정을 회상하고 있었다. 이 연구의 중심에는 서로 맞물린 두 가지 주제가 나타났는데, 하나는 대인관계에서 삼켜지고 소멸되는 융의 취약성에 관한 것이고, 다른 하나는 그가 비밀 세계로의 자기-절연적인 철수에서 발생하는 살인적인 외로움에 관한 것이다. 앳우드는 외로움이라는 주제를 강조함으로써 공동작업에 가장 크게 기여했던 것을 기억했고, 이에 반하여 스톨로로우는 자기-상실의 위험에 초점을 맞추었다. 스톨로로우는 우리 각자의 강조점을 정반대로 회상했다. 우리의 생각들은 분명히 매우 깊게 얽혀 있었다.

이 초기 연구 세트의 마지막 단계는 지그문트 프로이트의 본질적인 초심리학적 개념의 생애사적 맥락에 대한 탐구를 포함했다. 우리는 본능적인 충동 이론과 소위 심리성적 발달과 관련된 설명의 측면을 초점으로 선택했다. 프로이트가 어떻게 어머니에 대한 자신의 갈등적 감정을 소녀의 심리 묘사로 대체했는지에 대한 톰킨스(1963)의 훌륭한 분석을 바탕으로, 우리는 프로이트의 초기 어린 시절 트라우마와 상실의 맥락에서 욕동 이론의 개인적 기원을 조명하고자 했다. 욕동 이론의 공식화는 개인의 인격 발달을 책임지는 요소들에 대한 일종의 내면화와 프로이트의 어머니와 다른 사람들에 의한 외상적인 실망 경험으로부터의 방어적인 외면을 구체화한다는 것이 우리의 견해였다. 톰킨스의 생각에 크게 의존했기 때문에, 우리는 그가 새로운 논문의 공동 저자가 될 것을 제안했다. 그는 자신이 완전히 동의하지 않는 연구 측면을 언급하면서, 그 기회를 거절했다. 그럼에도 불구하고 그는 우리가 어떻게 자신의 생각을 사용했는지에 대해 괴로워하는 것 같았고, 이전에 그와 나눴던 많은 대화에서 점점 더 멀어지기 시작했다. 황금기는 우리 논문 "프로이트의 심리성적 발달 이론의 방어-보상적 기능A Defensive-Restitutive Function of Freud's Theory of Psychosexual Development"(Stolorow & Atwood, 1978)이 발표되면서 끝나기 시작했다.

그럼에도 불구하고 우리 둘은 공동연구를 계속했고, 네 개의 심리전기적 연구(프로이트, 융, 라이히, 랑크)를 한 권의 책으로 통합하는 작업을 했다. 앳우드는 톰킨스의 생각에 어느 정도 다시 의지하면서, 이 작품의 서론 장을 작성했던 반면, 스톨로로우는 제한적인 초심리학적 구체화를 생략한 "정신분석적 현상학"의 가능성을 제안한 마지막 장을 썼다. 우리는 여기서 그것들의 모든 특이성과 다양성 속에서 개인의 주관적 세계를 다루는 포괄적인 관점을 구상하고 있었다. 책을 마무리하면서, 우리는 책의 내용과 그것의 완성에 쏟아부은 극도의 노력을 제대로 다룰 다채로운 제목을 찾았다. 무미건조하고, 추상적인 특성들은 우리가 작업에서 가졌던 열정적인 신념과 양립할 수 없는 것처럼 보였기 때문에, 우리는 극적인 은유를 찾았다. 이때 스톨로로우는 플라톤의 동굴 비유를 끌어와, 우리 책을 「동굴 속 그림자Shadows in a Cave」라고 부를 것을 제안했다. 앳우드는 우리 연구의 근본적인 가정들이 플라톤적 이상주의와는 거리가 매우 멀기 때문에, 이 아이디어에 반대했다. 제목에 대한 탐색은 스톨로로우가 헨리 머레이(1938)의 「성격 탐구Explorations in Personality」에서 멋진 구절을 우연히 발견했을 때 그 목표에 도달했다.

> 관심의 대상인 사람은 끊임없이 변화하는 구름과 같고, 심리학자들은 그 속에서 얼굴을 보는 사람들과 같다. 한 심리학자는 위쪽 여백을 따라 코와 입술의 윤곽을 지각한 다음, 기적적으로 구름의 다른 부분들이 이것들에 지향적이 되어 미래를 내다보는 슈퍼맨의 윤곽이 나타난다. 또 다른 심리학자는 더 낮은 부분에 매력을 느끼고, 귀, 코, 턱을 보며, 동시에 구름은 뒤를 바라보는 에피메테우스Epimetheus[3]의 모습을 취한다. 따라서 각각의 지각하는 사람에게 구름의 모든 부문들은, 그의 초기 지각 성향에 의해 고정된 다른 기능인 이름 및 가치를 갖는다. 실제로 학파의 설립자가 되기 위해서는 다른 여백을 따라 얼굴을 보기만 하면 된다(p. 19).

1976년에 완성된 우리 책의 제목은 「구름 속의 얼굴들: 성격 이론의 주관성Faces in a Cloud: Subjectivity in Personality Theory」(Stolorow & Atwood, 1979)이 되었다. 저자의 순서는 동전 던지기로 결정되었으며, 제2판(Atwood & Stolorow, 1933)에서는 부제에서 *주관성*이 *상호주관성*으로 바뀌었다.

「구름 속의 얼굴들」의 출판은 럿거스 대학의 인격학 연구 그룹에 대한 톰킨스의 헌신에 치명타를 입혔다. 그는 버림받고 도둑맞은 느낌이 들었고, 극심한 우울증에 빠졌다. 특히 친밀한 유대를 가져왔었던 앳우드를 맹렬히 비난하면서, 톰킨스는 심각한 정서적 트라우마를 주었고, 인격학을 부활시키려는 꿈은 폐허가 되었다. 그런 다음 비록 스톨로우가 럿거스 대학교를 떠나 뉴욕시의 예시바Yeshiva 대학교에서 교수직을 맡았지만, 우리의 깊어지는 우정과 협력은 한 박자도 거르지 않고 진행되었다. 그럼에도 불구하고, 황금기의 붕괴는 관련된 모든 사람들에게 지속적인 고통과 슬픔의 원천이 되었다.

상호주관성과 맥락주의Intersubjectivity and Contextualism

프로이트의 탈 맥락화하는 초심리학적 구체화를 그것들의 형성적인 관계 맥락과 재결합시키면서, 프로이트에 대한 우리의 연구는 무엇이 우리 정신분석적 현상학의 특징이 될 것인지를 지적했다. 즉, 그것은 곧 정서적 체험이 항상 내재되어 있는 상호주관적 시스템의 구성적 역할을 강조하는 현상학적 맥락주의로 진화할 것이다. 비록 상호주관성의 개념이 「구름 속의 얼굴들」 초판에는 소개되지 않았지만, 성격 이론가의 개인적이고 주관적인 세계가 어떻게 다른 사람의 경험에 대한 자신의 이해에 영향을 미치는지를 보여주는 시연에는 분명히 암시되어 있었다. 우리 작업에서 *상호주관적*이라는 용어가 처음 명시적으로 사용된 것은 1976년 럿거스 대학 학생들과 교수진이 가장 좋아하는 집합소인 뉴저지 주 하이랜드 파크Highland Park에 있는 홈스테드 바Homestead Bar에서 맥주와 프랑스식 감자튀김을 먹으며 가졌던 회의의 결과였다. 우리의 정신분석적 현상학의 관점에서 정신분석적 상황과 과정을 다시 생각해보는 논문을 마무리하면서, 우리는 인식되지 않은 정서적 경험의 대응 세계가 분석 과정에 미치는 영향을 다루는 섹션의 부제를 생각해낼 필요가 있었다. 우리의 현상학적 강조점을 포착하기에는 "상호작용적interactional 관점"은 너무 일반적이고 "대인관계적interpersonal 관점"은 너무 행동적인 것처럼 보였다. 우리는 서로 다르게 조직된 두 주관적 세계, 즉 주관적 의미를 지닌 두 세계의 상호작용을 포착할 문구가 필요했다. 갑자기 우리 중 한 명이 시간의 시험을 견뎌온 문구인 "상호주관적 관점"을 생각해냈다. 우리 중 누가 그 문구를 생각해냈는지 기억할 수 없다는 사실은 그 당시 우리의 우정과 협력 과정 모두 깊어졌음을 나타낸다. 루이스 아론Lewis Aron(1996)은 그 회의에서 완성된 논문(Stolorow, Atwood, & Ross, 1978)이 미국의 정신분석학적 담론에 상호주관성 개념을 도입한 것으로 평가했다.

1976년은 「구름 속의 얼굴들」을 완성하고 상호주관적 관점의 아이디어를 생각해낸 해였을 뿐만 아니라, 스톨로로우가 조지 클라인의 정신분석적 임상 이론과 초심리학의 구별을 심리구조의 개념에 적용하는 논문을 작성하는데 영감을 받은 해이기도 했다(Stolorow, 1978a). 구체적으로 말하면, 스톨로로우는 이드, 자아, 초자아와 같은 구체화된 초심리학적 구조는 정신분석학적 담론에서 삭제되고, 정서적 경험이 특징적인 주제와 패턴에 따라 조직되는 불변의 원리, 의미, 또는 도식으로 구성되는 심리구조의 개념으로 대체되어야 한다고 제안했다. 그런 조직 원리는 발달 시스템 안에서 반복되는 상호작용 형태에서 유래하며, 인격 발달의 기본 구성 요소를 구성한다. 그것들은 억압된다는 의미가 아니라, 선 성찰적이라는 점에서 무의식적이다. 즉, 그것들은 보통 성찰적인 자기-인식의 영역에 들어가지 않는다. 앳우드는 일찍이 홈스테드 바에서 있었던 운명적인 대화에서, 우리의 정신분석적 현상학(Atwood & Stolorow, 1984)의 초석이 된 *선先성찰적 무의식*(Atwood & Stolorow, 1980)의 아이디어를 만지작거렸다는 것을 기억한다. 이런 상호주관적으로 도출된, 선 성찰적인 조직 원리는 정신분석 상황에서 다음에 나오는 스톨로로우와 프랑크 라흐만Frank Lachmann의 논문(Stolorow & Lachmann, 1984/85)에서 우리가 무의식적 조직 활동으로 개념화하는 전이의 형태로 나타난다. 환자와 분석가의 무의식적 조직 활동의 상호작용에 의해 형성된 그 시스템은 우리가 *상호주관적 시스템*에 의해 의미하는 바를 보여주는 대표적인 예이다. 우리가 보기에, 정신분석은 이러한 선 성찰적 조직 활동을 인식하게 하는 대화 방법이 되었다.

우리의 맥락주의적 관점은, 1980년에 스톨로로우와 버나드 브랜드샤프트Bernard Brandchaft의 소위 경계선 현상에 대한 조사 보고에서 나타난 통찰의 결과로 상당히 심화되고 확장되었다. 그들이 매우 취약하고 원시적으로 조직된 환자를 오토 컨버그(1975)가 제시한 이론적 아이디어와 기술적 권고 사항에 따라 치료할 때, 그 환자는 컨버그가 경계선 성격 조직에 기인한 모든 특성들을 빠르게 보여줄 것이고, 컨버그의 책 페이지가 임상의의 바로 눈앞에서 살아날 것임을 발견했다. 반면에, 그런 환자가 하인즈 코헛Heinz Kohut(1971)이 제시한 이론과 기술적 입장에 따라 치료받으면, 그 환자는 곧 코헛이 자기애적 성격장애에 기인한 특징들을 보일 것이고, 코헛의 책들이 살아날 것이다. 그들은 자신들이 조사한 결과(Brandchaft & Stolorow, 1984)에서 비롯된 장에서, 경계선 상태가 환자의 심리구조와 치료자가 이를 이해하고 반응하는 방식에 의해 공동 구성된 상호주관적 장field에서 형성된다고 주장했다. 그리하여 절친한 친구가 된 브랜드샤프트와 우리가 상호주관적 관점을 발달과 병인, 전이와 저항, 정서적 갈등 형성, 꿈, 실연, 신경증적 증상들, 그리고 정신증적 상태 등을 포함한 다양한 임상 현상으로 확장한 일련의 공동연구(Stolorow, Brandchaft, & Atwood, 1987 참조)가 시작되었다

(정신증적 상태의 현상학에 대한 설명은 Stolorow, Atwood, & Orange, 2002, 제8장 참조). 각각의 사례에서, 전통적으로 정신분석학적 연구의 초점이었던 현상들은 고립된 심리내적 메커니즘의 산물이 아니라, 상호작용하는 경험 세계의 상호작용의 접점에서 형성되는 것으로 이해되었다. 우리는 상호주관적 맥락이 모든 형태의 정신병리학에서 구성적인 역할을 하며, 임상 현상들은 그것들이 결정화되는 상호주관적 장을 떠나서는 정신분석적으로 이해될 수 없다고 주장했다. 정신분석 치료에서, 관찰자의 영향은 관찰 대상자에게 내재된 것으로 파악되었다. 우리의 정신분석적 현상학은 거침없이 우리를 철저한 맥락주의로 이끌었다.

정동의 우선성 The Primacy of Affect

우리의 정신분석적 맥락주의는 스톨로로우가 우리의 진화하는 상호주관적 관점을 코헛의 자기 심리학 틀과 통합하려고 시도하며 고인이 된 자신의 부인 다프네 소카리데스Daphne Socarides와 함께 썼던 논문(Socarides & Stolorow, 1984/85)의 결과로 훨씬 더 급진적으로 변화되었다. 코헛(1971)의 자기대상 개념을 확장하고 정교화하면서, 그들은 자기대상 기능이 근본적으로 정동을 자기-경험 조직에 통합하는 것과 관련이 있으며, 자기대상 유대관계의 필요성은 생활 주기의 모든 단계에서 정동 상태에 대한 조율된 반응의 필요성과 가장 중심적으로 관련되어 있다고 제안했다. 그들은, 그렇게 제안하면서, 정서적 경험을 그것이 느껴지는 조율과 잘못된 조율의 상호주관적 맥락과 분리될 수 없는 것으로 파악했다. 그들은 또한 정동성affectivity의 동기부여 우선성을 파악했고, 이것이 결정적이라는 것을 증명했다. 정신분석적 사고가 욕동의 동기부여 우선성에서 정동성의 동기부여 우선성으로 이동함에 따라 정신분석이 현상학적 맥락주의와 역동적인 상호주관적 시스템에 중심적으로 맞춰진 초점 방향으로 움직이는 것이 우리 관점의 중심 원리가 되었다. 데카르트의 고립된 정신isolated mind의 내면 깊은 곳에서 시작되는 욕동과 달리, 정동성, 즉 주관적인 정서 경험은 태어날 때부터 지속적인 관계 시스템 내에서 구성되는 것이다. 따라서 그것의 동기부여 중심에 정동을 위치시키는 것은 자동적으로 인간 심리적 삶의 거의 모든 측면에 대한 급진적인 맥락화를 수반한다.[4] 정동성의 동기부여 우선성을 이해하면, 우리는 심리적 갈등, 트라우마, 방어 및 저항, 그리고 역동적인 무의식 자체를 포함하여, 전통적으로 정신분석 이론의 중심이었던 광범위한 심리적 현상들을 맥락화할 수 있다.

상호주관적 관점에서 볼 때, 심리적 갈등은 아이의 중심적인 정동 상태가 양육자로부터 대규모 또는 일관된 잘못된 조율을 유발하기 때문에 통합될 수 없을 때 발생한다(Stolorow 외, 1987, 6장). 그런 통합되지 않은 정동 상태는 평생에 걸쳐 정서적 갈등과 트라우마 상태에 대한 취약성의 원천이 된다. 왜냐하면 해당 정동 상태가 그 사람의 확립된 심리 조직과 꼭 필요한 유대관계 유지 모두에 대한 위협으로 경험되기 때문이다. 따라서 정동에 대한 방어가 필요하게 된다. 여기서 발달 트라우마는 프로이트(1926)가 그랬던 것처럼, 제대로 갖춰지지 않은 데카르트식 담는 자container의 본능적인 범람이 아니라, 참을 수 없는 정동의 경험으로 간주된다. 더욱이, 정동 상태의 참을 수 없음은 유해한 사건에 의해 유발되는 고통스러운 감정의 양이나 강도에 기초하여, 단독으로, 또는 심지어 우선적으로 설명될 수 없다. 외상적인 정동 상태는 그것이 느껴지는 관계 시스템의 관점에서만 파악될 수 있다(Stolorow & Atwood, 1992, 제4장). 발달 트라우마는 고통스러운 정동에 대한 잘못된 조율이 그 중심 특징인 형성적인 상호주관적 맥락 안에서 발생하고, 이는 아이의 정동-통합 능력의 상실과, 그에 따라 참을 수 없고, 압도당하며, 지리

멸렬한 상태로 이어진다. 고통스럽거나 무서운 정동은 아이가 자신의 관용과 통합을 돕는 데 필요한 조율이 심각하게 결여되었을 때 트라우마가 된다.

관계적으로 생각되는 발달 트라우마의 한 가지 결과는 정동 상태가 지속적이고 파괴적인 의미를 갖는다는 것이다. 반복되는 잘못된 조율 경험으로부터, 아이는 채워지지 않은 발달적 갈망과 반응적인 고통스러운 감정 상태가 혐오스러운 결함 또는 타고난 내적인 악의 표현이라는 무의식적 확신을 얻는다. 방어적인 자기-이상self-ideal이 종종 확립되는데, 이는 양육자에게 달갑지 않거나 해를 끼치는 것으로 지각된 불쾌한 정동 상태를 정화한 자기 이미지를 나타낸다. 이렇게 정동적으로 정화된 이상에 부응하는 것은 다른 사람들과의 조화로운 유대관계를 유지하고 자존감을 지탱하는 데 핵심적인 요구 사항이 된다. 그 후, 금지된 정동의 출현은 요구된 이상 구현의 실패, 밑에 깔려있는 본질적인 결함이나 악함의 노출로 경험되고, 고립감, 수치심, 그리고 자기 혐오감을 동반한다. 정신분석 상황에서, 그런 정동의 무의식적 의미에 따른 해석에 도움이 되는 분석가의 자질이나 활동은 새로운 감정 상태가 혐오, 경멸, 무관심, 경각심, 적대감, 취소, 착취 등을 겪게 되거나, 또는 분석가에게 피해를 주고 치료적 유대를 파괴할 것이라는 전이에서의 환자 기대를 확증해 준다. 분석가가 무의식적으로 확인한 재외상화retraumatization에 대한 그런 기대는 정동의 경험과 표현에 대한 강력한 저항의 원천이다.

발달 트라우마의 두 번째 결과는 *정서적 경험*의 지평을 심각하게 위축시키고 좁히는 것으로(우리의 다른 소중한 친구이자 협력자인 도나 오렌지Donna Orange에게 빚진 문구; Stolorow 외, 2002, 제3장 참조), 이는 특히 상호주관적 맥락에서 수용할 수 없고, 용납할 수 없거나, 너무 위험하다고 느끼는 것을 배제하기 위해서이다. 경험의 지평에 대한 우리의 생각은 상이한 형태의 무의식의 상호주관적 기원을 묘사하려는 우리의 시도로부터 20년이 넘는 기간에 걸쳐 발전해 왔다(예를 들어, Stolorow & Atwood, 1992, 제2장 참조). 진화하는 우리 이론은 아이의 정서적 경험이 초기 주위 환경의 검증된 조율을 통해 점진적으로 표현된다는 가정에 기반을 두고 있다. 밀접하게 상호 연관되어 있지만 개념적으로 구별되는 두 가지 형태의 무의식은 대규모의 잘못된 조율 상황에서 발발하는 것으로 묘사되었다. 아이의 정서적 경험이 지속적으로 반응 받지 못하거나 적극적으로 거부될 때, 아이는 자신의 정동적 삶의 측면들이 양육자에게 견딜 수 없다고 지각한다. 그리고 나서 아이의 정서 세계의 이런 영역들은 필요한 유대관계를 보호하기 위해 희생되어야 한다. 여기서 억압은 일종의 부정적인 조직 원리로 파악되었고, 항상 진행 중인 상호주관적 맥락에 내재되어서, 정동 경험의 어떤 구성이 완전한 존재로 허용되지 않아야 하는지를 결정한다. 또한, 우리는 아이의 정서적 경험의 다른 특징들이 억압되었기 때문이 아니라, 상호주관적 맥락을 검증하지 않으면 결코 묘사될 수 없기 때문에, 무의식적으로 남아 있을 수 있다고 주장했다. 두 가지 형태의 무의식 모두에서, 경험의 지평은 아이의 다른 영역의 정동성에 대한 주변 환경의 상이한 반응의 중간 형태를 취하는 것으로 그려졌다.

 유아기의 언어 이전 기간 동안, 아이의 정동 경험 표현은 양육자와의 감각운동적인 대화로 전달되는 조율을 통해 이루어진다. 아이의 상징 능력이 성숙해짐에 따라, 상징(예를 들어, 말)은 발달 시스템 내에서 아이의 정서적 경험이 검증되는 수단으로서 감각운동 조율과 함께 점차 중요한 위치를 차지하게 된다. 따라서 우리는 의식이 점차 상징으로 표현되는 경험 영역에서, 무의식은 상징화되지 않은 것과 함께 존재하게 된다고 주장했다. 정동 경험을 상징적으로(예를 들어, 언어적으로) 표현하는 행위가 필수적인 유대관계를 위협하는 것으로 지각되면, 억압은 이제 그 경험을 상징으로 암호화하는 과정의 존속을 방지함으로써 달성될 수 있다. 억압은 이름을 알 수 없는 것에 계속 영향을 미친다.

정동성에 초점을 맞추는 것은 의식과 무의식 사이의 바로 그 경계를 맥락화한다. 고립된 데카르트의 담아주는 자container 내의 고정된 심리내적 구조로 간주되는 프로이트의 억압 장벽과 달리, 정서적 경험의 제한적인 지평은 진행 중인 역동적인 상호주관적 시스템의 창발적인 emergent 속성으로 개념화되었다. 살아있는 시스템의 연결고리 안에서 형성되고 진화하는 경험의 지평은 개인의 고유한 상호주관적 역사와 자신의 현재 생활을 구성하는 상호주관적 장 안에서 느끼는 것이 허용되거나 허용되지 않는 것 모두의 유동적이고 끊임없이 변화하는 산물로 파악되었다.

정동의 우선성에 대한 초점은 적절한 정신분석 태도가 일종의 정서적 *거처dwelling*로 특징지어질 수 있으며, 이는 특히 정서적 트라우마에 대한 치료적 접근 방식에서 사실이라는 스톨로로우의 최근 주장(Stolorow, 2013)으로 끝이 났다. 우리는 시간이 모든 상처를 치유할 것이라는 잘못된 확신을 주거나, 놓고 계속 나아가라는 공허한 진부함을 제공함으로써 다른 사람들의 트라우마 경험을 외면해서는 안 된다. 우리는 다른 사람의 트라우마를 입은 상태가 우리에게 우리 자신의 정서적 취약성에 마주하게 할 때, 그런 안심과 진부함을 제의하고, 그래서 회피적으로 외면한다. 우리가 트라우마를 입은 사람에 대한 정서적 이해의 맥락이 되려면, 우리는 흔들리지 않고 그 사람의 견딜 수 없고 반복되는 정서적 고통과 함께할 수 있도록 우리 자신의 취약성을 용인해야 한다. 우리가 다른 사람들의 참을 수 없는 고통과 함께할 때, 그들의 정서 세계는 트라우마를 입은 상태가 점차 견딜 수 있는 고통스러운 감정으로 변형될 수 있는 이해와 돌봄의 참여를 불러일으키는 일종의 신성함으로 빛날 수 있다. 기꺼이 받아들이는 관계가 있는 가정(home)을 찾는 정서적 고통과 취약성은 구성적으로 자신을 존재로 경험하는 사람으로 통합될 수 있다.

정신증적 상태: 생성적인 삼자 대화
Psychotic States: a Generative Trialogue

1984년 가을, 우리 둘은 캘리포니아 주 산타 바바라 외곽 산에 있는 그의 목장에서 버나드 브랜드샤프트와 합류했다. 멀리 태평양의 아름다운 풍경과 함께, 우리는 2박 3일 동안 정신분석에 관한 모든 것들을 이야기하며 보냈다. 이런 대화를 위해 미리 정해진 의제는 없었지만, 대화가 진행되면서 소위 정신증적 상태에 대한 이해와 치료라는 예기치 않은 주제가 등장하기 시작했다. 우리는 브랜드샤프트와 앳우드가 그들의 가장 어려운 심리치료 사례에 대한 자세한 임상 이야기를 서로 나누는 것으로 시작했고, 처음에 스톨로로우는 그 이야기들이 전개될 때 잠깐 들었다. 그러나 얼마 지나지 않아, 그 토론은 우리 각자가 다른 사람들에게 이전에는 전혀 제시되지 않았던 임상 자료를 조명하는 아이디어와 관점을 제공하는 삼자 대화가 되었다. 상호작용이 계속되면서, 우리는 환자의 망상과 환각에 대한 새로운 이해가 나타나고 있었고, 정신증 자체에 대한 현상학적 재再개념화의 핵심을 발견했다는 것을 알았다.

그 변화의 주요 특징은 객관적 현실과 환자의 접촉 적절성에 대한 진단 평가의 중단이었다. 현실의 외부 기준을 참고하여 평가를 수행하는 것에서 벗어나, 우리는 환자들이 어떤 상태를 나타내든지, 환자들의 세계를 그들만의 방식으로 자유롭게 연구할 수 있었다. 스톨로로우는 키에르케고르Kierkegaard의 어법을 활용하여, 우리의 환자가 느끼고 믿는 것의 객관적인 사실성에 대한 전통적인 관심이 *주관적 진실*에 초점을 맞추는 것으로 대체될 수 있다고 제안했다. 그런 관점에서, 망상과 환각은 경험 세계의 핵심 측면을 구체화하는 상징이 되고, 그 타당성은 공격을 받거나 붕괴되고 있는 것으로 여겨진다. 정신증은 외부 세계로부터의 도피로 간주되는 대신에(Freud, 1924b), 소멸의 위험으로 위협받는 개인적 현실을 보존하거나 복원하려는 노력으로 이해된다.

그 후 몇 주 동안 우리는 이 수정된 관점의 임상적 의미를 작성하기 위해 열심히 노력했고, "정신증 상태에서 주관적 진실의 상징Symbols of Subjective Truth in Psychotic States"(Stolorow, Atwood, & Brandchaft, 1988)이라는 장문의 논문을 완성했다. 스톨로로우가 이론 부분을 썼고, 앳우드와 브랜드샤프트는 상세한 임상 실례들을 제공했다. 이 논문은 나중에 「정신분석 치료: 상호주관적 접근Psychoanalytic Treatment: An Intersubjective Approach」(Stolorow 외, 1987)에 등장하는 정신증 상태에 관한 장의 기초가 되었다.

브랜드샤프트 목장에서의 공유된 깨달음은 그 직후 몇 년 동안 두 가지 결과를 더 가져왔다. 이중 첫 번째는 브랜드샤프트(1993)의 훌륭한 논문 "영혼을 그 세포에서 자유롭게 하기 위하여To free the Spirit From Its Cell"에 등장했고, 그의 저서 「해방의 정신분석을 향하여Toward an Emancipatory Psychoanalysis」(Brandchaft, Doctors, & Sorter, 2010)의 한 장이 되었다. 양극성 장애bipolar disorder의 조증 단계는 병리학적 조절 패턴에 내재된 양육자에 대한 전멸적인annihilating 유대관계로부터 일시적인 해방을 나타낸다고 주장되었다. 조증의 에피소드가 사라지면서 뒤따르는 우울증은, 결국 그 유대관계의 복위reinstatement로 이해될 수 있다. 우리는 브랜드샤프트의 아이디어가 위니캇(1935)과 프롬-라이히만 Fromm-Reichmann(1954)의 저서 이후 등장한 조울증 상태에 대한 단 하나의 가장 중요한 통찰이라고 생각한다.

두 번째 결과는 정신증 상태에 대한 앳우드의 오랜 관심과 정신증 환자에 대한 심리치료의 어려움에서 나타났다. 앳우드는 개인의 주관적 세계에 대한 경험적 타당성의 해체가 극단적으로 개인적 소멸감을 초래한다는 것을 깨달았다. 그 당시 스톨로로우와 우리의 다른 주요 협력자였던 도나 오렌지와 긴밀히 협력하면서, 앳우드는 다른 공동 저서인 「상호주관적으로 작업하기Working Intersubjectively」(Orange, Atwood, & Stolorow, 1997)의 한 장으로 등장한 "비존재의 맥락: 개인 소멸 경험의 다양성Contexts of Nonbeing: Varieties of the Experience of Personal Annihilation"이라는 논문에서 이 대재앙의 다양한 차원들을 자세히 설명했다. 그러고 나서 이 작업은 스톨로로우와 도나 오렌지와의 긴밀한 협의로 다시 작성된 더 길고 더 포괄적인 논문인 "손상된 세계/정신증적 상태Shattered Worlds/Psychotic States"(Atwood, Orange, & Stolorow, 2002)로 이어졌다. 앳우드는 이 논문에 대해 "1갤런 반의 피"의 비용이 들었다고 자주 말해왔다. 양극성에 대한 브랜드샤프트 아이디어의 정교함과 실례들이 포함된 이 논문은 우리 책 「경험의 세계: 정신분석학에서 철학적 및 임상적 차원의 상호 결합Worlds of Experience: Interweaving Philosophical and Clinical Dimensions in Psychoanalysis」(Stolorow 외, 2002)의 한 장으로 포함되어 있다. 브랜드샤프트 목장의 생성적 삼자 대화의 마지막 전개는 앳우드의 단독 저서인 「광기의 심연The Abyss of Madness」(Atwood, 2011)에 등장했는데, 이 작품은 심리적 장애의 가장 먼 범위에 대한 연구이다.

트라우마와 인간 존재Trauma and Human Existence

1991년 2월 23일 아침, 잠에서 깨어난 스톨로로우는, 전이성 암 진단을 받은 지 4주 만에 침대 건너편에 죽은 채 누워 있는 그의 젊은 아내 다프네Daphne(데데Dede)를 발견했다. 그는 여덟 살 때 사랑하는 어머니의 죽음으로 자신의 세계가 산산조각 난 앳우드만이 그의 정서적 황폐함을 진정으로 이해할 수 있다고 느꼈다. 이제 우리는 가까운 협력자이자 소중한 친구일 뿐만 아니라, 어둠 속의 형제가 되었다.

1991년 8월, 스톨로로우와 그의 두 자녀들은 메인 주에 있는 앳우드의 별장에서 몇 주를 보냈다. 압도적인 상실감에 뒤이어, 아름다운 레인즐리Rangeley 호수가 내려다보이는 현관에서 보드카를 홀짝이며, 우리는 다음 책인 「존재의 맥락: 심리적 삶의 상호주관적 토대Contexts of Being: The Intersubjective Foundations of Psychological Life」(Stolorow & Atwood, 1992)의 개요를 잡았다. 서문에서 말했듯이, "우리는 더 가까이 다가가 상실과 슬픔의 잿더미에서 지속적인 무언가를 창조하기 위해 노력하기로 결정했다"(서문). 이 책에서 우리는 무의식의 개념, 정신과 신체의 관계, 트라우마의 개념, 그리고 환상의 이해를 포함하여, 정신분석학적 이론의 기본적인 기둥들을 현상학적으로 재고하고 맥락화하는 데까지 우리의 상호주관적 관점을 확장했다.

레인즐리에서의 우리 대화에서 최소한 두 가지 영감을 주는 아이디어가 나왔는데, 그것은 대화가 진행되는 트라우마의 맥락과 관련된 아이디어였다. 앳우드는 그 책의 서론으로, 데카르트의 고립된 정신 이론에 대한 해체적 비판을 제안했는데, 그는 이 이론이 유한한 인간 존재에 내재된 취약성을 회피하는 데 도움이 되는 서구 문화의 신화가 되었다고 생각했다. 스톨로로우는 고립된-정신의 사고는 특히 자신이 *참을 수 없는 존재의 내재성embeddedness of being*이라고 불렀던 것으로부터의 도피라고 제안했는데, 그 당시 그 자신이 그것을 고통스럽게 경험하고 있었다. 두 번째 아이디어는 이미 논의된 정서적 트라우마의 맥락-내재성과 관련이 있었고, 결과적으로 트라우마에 관한 장은 데데가 감정과 자기대상 기능에 대하여 스톨로로우와 함께한 논문에 썼던 문장을 확장했다(Socarides & Stolorow, 1984/85).

데데가 죽은 지 약 20개월 후, 새로 출판된 「존재의 맥락Contexts of Being」의 초기 복사본이 1992년 스톨로로우가 토론자였던 회의의 진열대로 "따끈따끈하게" 보내졌다. 그는 한 권을 집어 들고 신이 나서 그것을 보고 매우 기뻐할 데데를 둘러보았다. 물론 그녀는 어디에도 없었다. 그녀에게 우리의 책을 보여주기 위해 돌아다니다가 그녀가 사라진 것을 발견하자 그는 즉시 그녀의 죽음을 발견하고 자신의 세계가 산산이 부서졌던 그 파괴적인 순간으로 다시 돌아갔다(그는 나중에 해리 포터에게서 용어를 빌려와 *트라우마로 가는 항구 열쇠*라 불렀다; Stolorow, 2007). 6년 후 아내 줄리아 슈워츠Julia Schwartz의 격려로 쓴 논문(Stolorow, 1999)에서, 그는 그 회의에서 자신의 전문 분야의 의미가 무너지고 친구들과 동료들 사이에서 자신이 마치 외계인처럼 느껴졌던 재再외상을 입은 상태를 설명했다. 더욱이 그는 자신의 끔찍한 소외감과 소원함이 그가 *일상생활의 절대론absolutisms of everyday life*이라 불렀던 것, 즉 세상을 안정적이고 예측 가능하며 안전한 것으로 경험하게 해주는 환상적 믿음이 산산이 부서진 결과라고 개념화했다. 트라우마의 본질은 파국적인 순수함의 상실로 파악되었다.

일단 우리가 정신분석학을 현상학적 탐구의 한 형태로 다시 생각하게 되자, 정신분석학과 대륙현상학Continental phenomenology 상호 간의 풍요로운 접점에 초점을 맞추는 것은 피할 수 없게 되었고, 수십 년에 걸쳐 우리는 현상학적 철학을 열렬하게 연구해 왔다. 앞 단락에 설명된 소논문을 쓴지 2년 후인, 2000년에 스톨로로우는 리더 없는 철학적 연구 그룹을 결성했고 하이데거(1927)의 「존재와 시간Being and Time」을 자세히 읽는 데 1년을 바쳤다. 스톨로로우는 「존재와 시간」에서 하이데거가 불안Angst에 대한 실존주의적 분석을 다룬 구절들을 읽다가 하마터면 의자에서 떨어질 뻔했다고 회상한다. 하이데거의 불안에 대한 현상학적 설명과 존재론적 설명은 모두 그가 2년 전에 정서적 트라우마의 현상학과 의미에 대해 썼던 것과 놀랄 만큼 유사했다. 따라서 하이데거의 실존 철학은, 특히 불안에 대한 그의 실존주의적 분석은 스톨로로우가 트라우마의 실존적 의미를 파악할 수 있게 했다. 트라우마는 우리 존재의 유한성, 우연성, 내재성, 그리고 그것의 특정한 소멸의 무한성을 회피하고 은폐하는 일상생활의 환상을 깨뜨린다. 그런 깨뜨림은 지금까지 감춰졌던 것을 폭로하고, 그 때문에, 하이데거에 따르면, *진정한 죽음에-이르는-존재Being-toward-death*가 드러남으로써, 트라우마를 입은 사람을 하이데거가 진정한 죽음에-이르는-존재라고 부르는 형태와 불안, 즉 의미의 상실(무의미함), 기묘함(고향 상실과 소원함) 속으로 빠뜨린다.

불안, 세계-붕괴, 기묘함, 그리고 죽음에-이르는-존재로 던져짐에 대한 하이데거의 현상학적 분석은 스톨로로우에게 정서적 트라우마의 실존적 중요성을 파악하기 위한 특별한 철학적 도구를 제공했다. 그가 2003년에 철학 박사과정을 시작하고 하이데거와 우리가 *데카르트 이후의 정신분석학*이라고 부르는 것에 관한 논문과 두 권의 책(Stolorow 2007, 2011b)을 쓰도록 동기를 부여한 것은 바로 이 후자의 발견이었다.

상호주관적 관점은 스스로를 돌아보게 한다
The Intersubjective Perspective Turns Back Upon Itself

1992년 봄 어느 날 오후, 앳우드는 상호주관적 접근법의 발전을 주제로 한 정신분석학 회의에서 미래의 학자가 발표하는 모습을 상상하는 몽상을 꾸었다. 살면서 아마도 50년 후에, 그는 우리의 생각을 되돌아보고 우리의 가장 중심적인 생각이 되었던 것에 대한 해석을 제시하고 있었다. 앳우드는 거의 환각적인 명쾌함을 가진, 상상 속 신사의 결론적인 발언을 듣고 있는 자신을 발견했다.

> *"신사 숙녀 여러분, 여러분이 아시다시피, 로버트 스톨로로우Robert Stolorow 와 죠지 앳우드George Atwood의 중심 개념, 즉 다르게 조직되고, 상호작용하는 세계 경험의 시스템으로 이해되는 상호주관적 장의 개념은 그들의 이론이 탄생하게 된 협력 과정을 완벽하게 구체화하고 반영하는 상징으로 간주될 수 있습니다."*

앳우드는 이 아이디어에 너무 흥분해서 즉시 스톨로로우의 음성 메일에 이를 설명하는 메시지를 남겼다. 이상하게도 스톨로로우는 몇 주 동안 그 메시지에 응답하지 않았고, 결국 앳우드는 그 해석이 실제적인 가치가 없고 의미가 거의 없다고 생각하기 시작했다. 두 달 후, 우리 둘은 뉴멕시코 산타페의 한 거리를 걷고 있었는데, 그곳에서 우리는 창의성과 광기에 관한 회의에서 발표를 하고 있었다. 앳우드는 미래에 대한 자신의 비전을 다시 설명했고, 왜 응답이 없었는지 물었다. 그때 스톨로로우는 "당신도 알다시피, 상호주관성 이론은 결코 한 개인의 창작물이 될 수 없었습니다. 그 내용상으로, 그것은 협력을 통해서 생겨나야만 했습니다."라고 말했다. 우리는 처음으로 상호주관적 관점 자체의 중요한 주관성 측면을 보고 있었다. 또한 우리는 정신분석적 성격 이론에서 외로운 영웅의 시대가 끝나고 있는 것은 아닌지, 그리고 우리 분야의 모든 중요한 미래 발전들도 본질적으로 협력적일 것인지에 대해 궁금해했다.

우리가 비록 「구름 속의 얼굴들Faces in a Cloud」(Atwood & Stolorow, 1993)의 제2판과 또한 「경험의 세계Worlds of Experience」(Stolorow 외, 2002)에서도 끊임없이 진행되는 우리들의 대화 속에서 상호주관적 관점의 내재성을 다루었지만, 우리 각자의 개인적 세계 사이의 상호작용에 대한 더 자세한 설명은 더 많은 깨달음을 기다려야 했다. 이런 발전의 배경에는 데카르트 이후 정신분석학의 비전을 형성하는 데 우리가 의존해온 네 명의 위대한 철학자, 즉 쇠렌 키에르케고르Søren Kierkegaard, 프리드리히 니체Friedrich Nietzsche, 마르틴 하이데거Martin Heidegger, 루트비히 비트겐슈타인Ludwig Wittgenstein의 삶과 사상에 대한 연구가 포함되어 있다. 우리 자신의 철학적 헌신과 우리의 개인적 삶의 주제들과 그것들의 관계에 대한 더 깊은 이해를 향한 길을 찾고, 도나 오렌지와 다시 긴밀히 협력하면서, 우리는 이런 사상가들의 개인적 주관성에 대한 탐구가 가치가 있을 수 있다고 생각했다. 만약 우리가 데카르트의 유산에서 벗어나려는 사람들의 삶에서 본질적인 진리를 이해할 수 있다면, 우리는 아마도 우리 자신의 진리를 보다 분명하게 볼 수 있을 것이다. 거의 10년 동안 우리는 그런 프로젝트의 가능성에 대해 논의했고, 마침내 우리 논문 "데카르트 이후 철학의 광기와 천재: 먼 거울The Madness and Genius of Post-Cartesian Philosophy: A Distant Mirror"(Atwood, Stolorow, & Orange, 2011)에 모두 모았다.

철학자들에 대한 우리의 연구 결과는 다음과 같다. 즉, 그들 각자는 자신의 개인 세계에서 극심한 트라우마를 겪었으며, 결국 심오한 내적 갈등과의 평생 투쟁으로 끝났다. 그들의 사고는 훌륭하고 혁신적일 뿐만 아니라, 각각의 경우에 파편화의 위험을 나타내는 지속적인 정서적 긴장을 극복하거나 받아들이는 법을 배우는 노력을 구체화했다. 우리는 그들의 삶의 역사를 지배하는 비극적이고, 붕괴시키고, 심지어 파괴적인 환경에서 비롯된 그들 작품의 천재성에서 광기를 발견했다. 그들은 항상 양가적이고 공평하지 않은 성공과 싸웠던 개인적인 악마들과, 자신을 하나로 모으고 정서적으로 생존하려는 자신들의 노력을 극적으로 반영하고 상징하는 것으로 유명한 지적 여정들이 있었다.

데카르트 이후의 철학자들에 대한 이해가 제시한 거울을 들여다보면서, 우리는 우리 자신의 악마들, 개인적인 맥락과 우리 현상학적 맥락주의의 기원에 대한 질문을 하게 되었다. 아마도 놀랄 것도 없이 우리는 충격적인 상실, 압제적인 무효화, 개인적 파편화의 경험을 포함하여, 우리 각자의 삶에서 트라우마의 힘을 보다 분명하게 보았다. 우리는 또한 상호주관성 이론이 가장 어려웠던 사건과 상황에 대한 일종의 대답을 구성하는 모든 방식을 인식하기 시작했다. 우리가 리빙스턴 대학의 황금기 초기부터 여정을 거쳐 온 우리의 성배Holy Grail인 그 이론은, 우리를 우리 자신과 서로에게서 멀어지게 하고, 우리가 누구인지 누구이어야 하는지에 대한 압도적이고 권위적인 정의에 우리를 대면시키고, 경험하는 사람으로서의 우리 주관성 자체의 생존을 위협하는 악마의 세력에 대한 승리를 추구한다. 우리 각자의 트라우마 역사에 대한 가장 중요한 세부사항은 이 책의 제7장의 기초가 된, 우리의 논문 "현상학적 맥락주의의 악마: 대화The Demons of Phenomenological Contextualism: A Conversation"(Atwood & Stolorow, 2012)에서 검토되고 논의되었다.

후기 Afterword

우리의 공동연구 이야기는 지적 협력과 긴밀한 정서적 연결 중 하나이다. 우리는 수년에 걸쳐 다양한 이론적, 임상적 아이디어를 개발하면서 서로를 지탱해왔을 뿐만 아니라, 때로는 우리의 삶과 경력을 지속하는 데조차 우리의 능력에 도전이 되었던 개인적 위기를 통해 서로를 보아왔다. 스톨로로우가 한때 우리는 실제로 한 사람이라고 주장할 정도로 우리는 매우 가까웠다. 이 터무니없는 말을 듣고, 앳우드의 아내 엘리자베스 앳우드Elizabeth Atwood는 웃으며, "글쎄요, 죠지 앳우드와 스톨로로우를 데려다가 합치면, 온전한 한 사람을 얻을 수도 있다는 것은 사실입니다!"라고 말했다.

리빙스턴 대학에서의 우리 초기 황금기는 충격적인 실망으로 끝났지만, 아주 오래전에 탄생한 우리 사이의 창조적 협력 관계는 그 후 수십 년에 걸쳐 살아남아 잘 지내왔다. 1973년 어느 날 저녁, 심리학과 대학원생 중 한 명이 주최한 파티에서, 스톨로로우는 앳우드를 향해 "우리는 항상 함께 일할 것입니다"라고 약속했다. 앳우드는 그 말이 아주 좋은 말이라고 생각했던 것을 회상하지만, 무슨 일이 생길지 누가 알 수 있을까? 그 약속은 계속해서 이루어지고 있다.

주석

1 헨리 머레이Henry Murray 등이 발전시킨 성격 심리학 이론.(번역자 주)
2 핵폭발을 일으키는 데 필요한 최소한도의 핵분열 물질의 질량. 비유적으로 바람직한 결과를 얻기 위한 충분한 양量을 의미한다.(번역자 주)
3 에피메테우스Epimetheus: 그리스 신화에 나오는 거인족인 타이탄Titans의 일원으로, 프로메테우스Prometheus의 동생이자 판도라Pandora의 남편.(번역자 주)
4 톰킨스Tomkins(1963)는 감정상태의 동기부여적 중요성을 인식했지만, 그것의 맥락-내재성과 그에 따른 심오한 의미를 강조하지는 않았다.

제 7 장

현상학적 맥락주의의 악마들
The Demons of Phenomenological Contextualism

대화(A Conversation)

약 40년 동안에 걸친, 우리의 연구는 데카르트 이후의 정신분석학적 관점으로 가는 도중에 다양한 형태의 데카르트적이고, 고립된-정신 사고에서 정신분석 이론과 실제를 해방시키는 데 중심적으로 헌신해왔다. 우리는 데카르트 이후의 정신분석적인 틀의 본질을 *현상학적 맥락주의 phenomenological contextualism*라고 생각한다. 그것은 정서적 경험의 조직이나 세계를 조사하고 조명한다는 점에서 현상학적이다. 그런 정서적 경험 조직이 발달적으로나 정신분석 상황에서도, 구성적 관계 또는 상호주관적 맥락에서 형태를 취한다고 주장한다는 점에서 맥락적이다.

왜 현상학적 맥락주의인가? 우리가 보기에「구름 속의 얼굴들Faces in a Cloud」(Stoloros & Atwood, 1979; Atwood & Stolorow, 1993)에서 성격 이론의 주관적 기원에 대한 우리의 독창적인 연구는 우리를 정신분석을 현상학적으로 다시 생각하는 평생의 길, 즉 "정신분석적 현상학 psychoanalytic phenomenology"에 대한 우리의 초기 제안으로 인도했다. 현상학적 탐구에 대한 우리의 흔들리지 않는 헌신은 결국 우리를 모든 정서적 경험의 맥락-내재성, 즉 우리의 맥락주의로 이끌었다. 현상학에서 현상학적 맥락주의로 가는 우리의 길은 후설의 여전히 데카르트적인 현상학에서 하이데거의 현상학적 맥락주의로의 움직임을 반영한다는 생각이 든다(Stolorow, 2011b).

우리는 항상 정신분석학의 기초가 되거나 다른 방식으로 관련된 이론과 철학을 그것을 만든 사람의 생애사적 맥락에서 이해하려고 노력해왔다는 점에서, 맥락주의적 관점은 처음부터 실제로 우리의 사고에 내재되어 있었다. 우리가 살펴본 많은 중요한 사상가들 중에는 프로이트, 융, 라이히, 랑크, 키에르케고르, 니체, 비트겐슈타인, 사르트르, 그리고 하이데거가 있다. 우리 분야에 기여한 이들의 아이디어에 대한 삶의 맥락을 탐구함으로써, 우리는 그들의 창조적인 비전과 관련된 범위의 특수화와 이것으로부터 그들의 이해의 지평 너머에 있는 더 넓은 영역에 대한 통찰력을 추구했다.

우리가 연구한 모든 이론가/철학자들은 극심한 트라우마를 겪었고, 그 결과 그들의 개인적인 세계에서 평생의 분열을 겪었다. 그들의 사고는 심오할 뿐만 아니라, 각각의 경우에 해결할 수 없는 모순과 그들을 갈라놓으려는 위협적인 긴장을 받아들이려는 노력을 구체화했다. 우리는 그들의 작품들에서 천재성과 광기 모두를 발견했는데(Atwood 외, 2011), 이는 종종 그들의 형성기의 비극적이고 붕괴적인 상황에서 발생했다. 그들이 싸웠던 악마들이 있었고, 그것들이 알려진 지적 여정이 통일과 정서적 생존에 도달하기 위한 그들의 개인적인 투쟁을 상징한다.

그러므로 현상학적 맥락주의의 악마는 무엇인가? 라는 의문이 제기된다. 아마도 그것 역시 의미심장한 트라우마, 파편화, 그리고 다른 형태의 멸절 위협과 관련이 있을 것이다. 극심한 트라우마는 일반적으로 인간 경험에서 이분법적 구조(Stolorow, 2011b, 제5장, p. 53의 *동떨어진 세계*라는 문구에서 포착됨), 즉 이후에 주관적 삶의 흐름을 조직하는 이분법적 패턴을 발생시킨다. 그런 구조의 한쪽 측면은 충격적인 과거의 고통으로부터 구원을 약속하며 매혹적일 것이다. 반면 다른 쪽은 일종의 저주, 영원한 어둠의 경험을 구현할 것이다. 현상학적 맥락주의는 어떤 어둠을 쫓아내려 하고, 동시에 어떤 유토피아적인 구원을 제공하는 것처럼 보이는가? 가장 중요한 것은, 그런 숨겨진 패턴을 조명하는 것이 아직 탐구되지 않은 인간 주관성의 영역을 여는 데 기여할 수 있는 것은 무엇인가? 이다.

우리는 서로의 일련의 대화를 통해 위와 관련된 우리 자신의 생각에 대한 더 깊은 이해를 찾기로 결정했다. 다음은 그 대화의 기록이다.

악마들Demons

앳우드 : 자, 이제 거울을 들여다보고 무엇이 반사되는지 볼 때가 되었습니다. 이렇게 오랜 세월이 흐른 후에, 마침내 우리는 그런 일을 할 준비가 되었나요? 우리는 우리 자신의 트라우마에 이름을 붙이고 그것들이 어떻게 서로 상호작용했는지, 그리고 지난 40년 동안에 걸쳐 우리의 훌륭한 협력 작업에 어떻게 구체화되었는지 분명히 설명할 수 있을까요? 우리가 현상학적 맥락주의라고 부르게 된 것에 대한 해석을 우리 자신의 개인적 세계와 역사의 맥락에서 찾아봅시다. 우리 자신의 악마들 얼굴을 응시합시다. 나는 우리 사고의 진화를 간략하게 검토하고 논의하고 그것의 전개를 주제로 하는 이분법적 구조를 식별함으로써 이 프로젝트를 시작할 것을 제안합니다. 그런 다음 우리는 우리의 삶에서 이런 패턴들의 역사적 원천을 고찰할 수 있습니다.

스톨로로우 : 그런 조직은 이론가나 철학자의 작품에서 주제 구조에 대한 설명으로 시작하여, 관련된 삶의 역사에 대한 탐구로 이어지는

많은 우리의 독창적인 심리전기적 연구의 패턴을 따를 것입니다. 우리의 관점은 프로이트, 융, 라이히, 그리고 랑크의 이론 체계의 개인적이고 주관적 기원에 대한 연구에서 나타나기 시작했습니다(Stolorow & Atwood, 1979). 이론가와 이론 사이의 거리를 좁히는 것이 당시 우리 작업의 한 측면이었고, 두 번째는 주관성 자체의 통일 이론을 만들려는 우리의 생각이었는데, 이는 그 안에서 서로 다른 접근 방식이 공통의 개념 언어로 번역되고 통합될 수 있는 틀이었습니다.

앳우드 : 우리는 이미 우리 생각의 기반이 되는 이분법적 구조를 보고 있습니다. 즉, 이론가와 이론은 각 경우의 사고thinking가 사상가 개인으로서의 표현으로 해석되면서 하나로 합쳐졌습니다. 그리고 둘째, 정신분석학 이론가들이 전통적으로 연구한 현상들과 그들의 "이론 자체" 모두를 설명하는 "통일적인 틀"에 대한 꿈은 또한 이론과 이론가, 사상과 사상가를 통합합니다. 단절과 파편화 대vs 연결과 통합: 우리는 이미 우리 투쟁의 본질을 언뜻 보고 있으며 우리 적들의 얼굴을 보기 시작하고 있나요?

스톨로로우 : 네, 그런 것 같습니다. 나는 또한 "주관성 자체"라는 문구 속에 숨어 있는, 즉 객관성과 주관성 사이, 또는 물질과 비물질 사이의 또 다른 가능한 이분법을 봅니다. 내 생각에는, 이 모든 것들이 초기의 엄청난 상실을 암시하는 것 같습니다.

앳우드 : 상실이라는 주제는 잠시 보류하세요, 친구. 우리는 거기에 도달할 것입니다. 지금은 우리 관점의 진전에 대한 설명과 그 주제 구조를 조명하는 작업을 계속합시다. 일단 조직화 주제를 파악하고 나면, 우리는 역사적으로 우리에게 일어난 일을 전달할 수 있습니다. 내 생각은 우리가 내부 패턴을 상당히 추상적인 방식으로

배치한 다음, 우리가 애초에 그런 패턴들을 결정화하는 데 관여했다고 이해하는 우리 삶의 구체적인 독특성에 대해 깊숙하게 파고드는 것입니다.

첫 번째 책의 마지막 부분에서 우리는 프로이트 초심리학의 구체화를 정제한 심층심리학인, "정신분석적 현상학"이라고 부르는 일련의 제안을 개략적으로 설명했습니다. 개인의 경험 세계를 중심 구성물로 삼아, 우리는 비인격적인 심리 기관이나 동기를 부여하는 원동력을 가정하지 않았습니다. 대신에, 우리는 이 세계를 자신의 고유한 삶의 역사를 구성하는 개인의 중요한 형성 경험으로부터 유기적으로 진화하는 것으로 보았습니다.

여기서 "비인격적인 원동력"에 종속되지 않는 "고유한 삶의 역사"에 대한 이야기는 다시 한번 독특하고 개인적인 것 대vs 비인격적이고 보편적인 것의 주제를 제시합니다. 독특하게 개인적인 것을 강조하는 곳이면 어디에서나, 집단적이고 외부적인 힘에 의한 자아 정의의 지배에 대한 반란을 볼 수 있습니다. 즉, 다시 이분법적으로, 그의 어두운 존재는 자율성과 타당성을 위한 격렬한 투쟁을 암시합니다.

스톨로로우 : "지배에 대한 반란"이라는 당신의 문구는 우리 공동 연구의 중심이었던 다른 생각들을 떠올리게 합니다. 우리는 하나의 고립된 정신인 분석가가 또 다른 고립된 정신인 환자를 객관적으로 관찰한다고 주장하는 전통적인 정신분석학에 속하는 객관주의적 인식론에 반기를 들었습니다. 이와는 대조적으로, 우리의 현상학적 맥락주의는 분석적 이해가 항상 탐구자의 조직 원리에 의해 형성된다고 주장하는 관점주의적 인식론을 수용합니다. 따라서 객관적이거나 중립적인 분석가도 없고, 완벽한 지각

(Nietzsche, 1892)도 없으며, 어느 누구 또는 어떤 것에 대한 신의 안목(Putnam, 1990)도 없습니다.

여기서 우리가 식별하는 이분법은 인식론적 권위주의와 인식론적 평등주의 사이에 있으며, 분석적 대화에서 두 참가자가 가진 이해가 똑같이 관점적이라는 우리의 주장은 인식론적 횡포에 대한 반란이라는 주제를 시사합니다.

앳우드 : 우리의 오랜 역사에서 또 다른 중요한 실마리는 정신분석적 사고에 대한 데카르트의 고립된 정신 이론의 구속력에서 벗어나려는 우리의 노력에 관한 것입니다. 우리가 다양한 책들과 소논문들에서 씨름해 온 악마가 하나 있다면, 그것은 바로 거의 확실하게 이 악마입니다. 우리는 이 이론에 적극적으로 알레르기 반응을 보여 왔으며, 경험 세계를 외부 영역과 내부 영역 둘로 나누고, 신체로부터 정신을, 정동으로부터 인지를 분리하고, 정신을 준-객관적인 실체, 즉 존재론적으로 분리된 외부 세계를 바라보는 탈맥락화된 "생각하는 것"으로 보는 것에 반대하여 계속해서 부르짖고 있습니다.

"분기점", "나누기", "분리" 등의 모든 단어들은 따로 분열된 원래의 통일성을 가리키고 있습니다. 그것은 마치 데카르트적 사고방식이 계속 널리 퍼져 우리를 전체성의 상실과 영원한 소외 및 파편화에 빠뜨리는 것과 같습니다. 현상학과 상호주관성의 아름다운 땅에 들어섬으로써 제공되는 이분법의 다른 측면은, 개인을 자신의 세계의 맥락으로 복원하고 잃어버린 정서적 완전성을 개선할 수 있게 해줍니다. 악마는 우리가 "생각하는 것들"이 될 때, 우리를 우리들의 세상과 우리 자신에서, 심지어 우리의 주관성에서도 제거합니다. 천사는 우리의 잃어버린 통일성을 되돌려주고, 우리의 신성한 지위를 다른 사람들과의 환원할 수 없는 정서적 연결과 주관적인 삶을 보여주는 우리의 환원할 수 없는 특성으로 정의된 경험하는 사람으로 존중합니다.

스톨로로우 : 내가 강조하고 싶은 마지막이자 중추적인 주제는 정동성의 중심성과 정서적 경험이 검증되고, 머무르고, 통합될 수 있는 인간 이해 맥락의 결정적인 중요성에 대한 우리의 강조입니다. 우리는 정동을 개인 세계의 동기부여 중심에 위치시키는 이 초점의 변화가 사실상 인간 심리적 삶의 모든 측면에 대한 급진적인 맥락화를 수반한다고 주장했습니다. 예를 들어, 고통스럽거나 무서운 정동은 아이가 관용, 억제, 통합을 돕는 데 필요한 조율이 전혀 없을 때 트라우마가 될 수 있습니다. 또 다른 예를 들자면, 진정한 방식으로 사는 것은 정서적 고통 속에 머무를 수 있는 능력을 전제로 하며, 이 능력은, 결국, 그런 고통이 수용될 수 있는 관계적인 가정home을 찾는 것을 요구합니다(Stolorow, 1911b).

종합해보면, 이런 생각들은 정서적 트라우마의 맥락에서 구성된 본질적인 이분법, 즉 정서적 소멸 대vs 살아 있음, 정서적 무감각 대vs 활력을 가리킵니다. 소멸적인 고립의 맥락에서 느껴진 정서적 경험, 특히 고통스러운 경험은 견딜 수 없게 되어, 무감각하게 하는 해리적인dissociative 방어가 필요하게 됩니다. 이와는 대조적으로, 그런 감정이 인간의 반응과 이해라는 천사를 만날 때, 그것들은 정서적 생동감과 진정성의 깊고 근본적인 원천이 될 수 있습니다.

개인적인 원인들Personal Sources

앳우드 : 위에서 전개된 분석은 우리 삶인 도전적인 사건들과 현상학적 맥락주의의 개인적 배경 깊숙이 자리 잡고 있는 상황들 모두에서

충격적인 경험들을 가리킵니다. 우리의 트라우마는 분명히 중요한 측면에서 서로 달랐습니다. 그럼에도 불구하고 우리 둘은 우리의 개인적인 관계와 지난 40년 동안 우리가 공동으로 연구해온 아이디어에서 그것들의 영향을 크게 변화시키고 완화시키는 경로를 찾았습니다.

나의 십대 시절과 아주 젊은 성인 시절을 괴롭혔던 두 가지 환상에 대해 이야기함으로써 내 배경에 대한 이야기를 시작하겠습니다. 나는 이들 중 첫 번째를 "오랜 개척자의 신화"라고 부릅니다. 나는 내 인생의 전 과정 동안 혼자일 운명이라는 것이 나의 가장 깊은 확신이었습니다. 친구도 없고, 가족도 없고, 낭만적인 관계도 없고, 누구와도 함께 하는 활동도 없습니다. 그냥 고립이죠. 나는 몬타나Montana 산맥의 양치기나, 아시아의 어딘가 깊은 곳의 탐험가가 될 생각을 했습니다. 아마도 남극 대륙이나 북극 근처에 나를 위한 장소가 있을 것입니다. 나는 사하라 사막을 횡단할 수도 있고, 또는 먼 바다를 가로지르는 외로운 수영에 몸을 던질 수도 있었습니다. 나는 어떻게든 캐나다에서 작은 오두막집을 구입해서, 누구와도 교류하지 않고, 은둔자로 살아가는 모습을 상상했습니다. 언젠가 나무에 올라갔다가 일 년 동안 내려오지 않은 남자에 대한 이야기를 읽은 적이 있는데, 나는 나 자신이 그 사람이라고 생각했습니다.

그 환상은 외부 측면에서는 특별히 눈에 띄지 않았습니다. 만약 누군가가 학교에 다니고, 몇몇 친구들과 어울리고, 결국 대학에 가고, 심지어 임상 심리학 박사 학위까지 취득하는 이 기간 동안의 내 삶을 들여다봤다면, 그들은 우울했을 것입니다. 그러나 다른 차원에서 보면, 나는 고립될 운명인 한 개인이었습니다. 내 삶이 고독한 개척자의 삶으로 전혀 밝혀지지 않았다는 것은 참으로 놀라운 일입니다. 나는 아내와 아름다운 가족, 믿을 수 없을 정도로 가까운 친구들과 사랑하는 학생들, 그리고 40년에 걸친 풍부하고 창조적인 공동 연구의 지적인 부분과 함께 나의 말년에 있습니다.

두 번째 환상은 객관적인 현실에서 자유로워지고 싶은 갈망과 관련이 있습니다. 나는 인류의 진화가 언젠가는, 아마도 수백만 년 후에, 의식이 물리적 구현체embodiment에서 벗어나, 더 이상 우주의 물리적 법칙에 얽매이지 않는 순수하고 떠다니는 영적 또는 주관적 에너지로의 전환으로 귀결될 것이라고 상상했습니다. 나는 이 발전에 필요한 엄청난 시간을 뛰어넘어, 그것을 즉시 달성하는 꿈을 꾸었습니다. 즉, 그것은 생물학적 존재로부터, 모든 의존성과 취약성으로부터, 시간과 공간의 제한된 조건으로부터의 완전한 해방입니다.

스톨로로우 : 이 이야기들은 분명히 당신이 여덟 살 소년이었을 때, 당신 어머니의 죽음 흔적에 관한 것입니다, 조지. 그것들은 당신이 다른 누구보다도 사랑했던 한 사람과의 영원한 이별을 직접적으로 표현한 것입니다. 먼 나라로 떠나는 외로운 여행자는 자라면서 의미 있는 삶의 길을 찾는 것이 고독의 슬픈 여정이 된 아이입니다. 떠다니는 순수한 에너지가 되려는 꿈은 어머니가 사라졌던 그 물리적 세계로부터 당신을 해방시켰습니다. 시간과 공간을 초월한 영역에 들어가는 것은 상실이 일어나지도 않고 일어날 수도 없는 존재의 영역으로 당신을 데려간다는 생각이 듭니다. 여기서 우리는 주관적 대vs 객관적, 주관적 진실(키에르케고르) 대vs 객관적 진실에 관계된 이분법의 개인적인 출처를 가질 수 있으며, 후자는 고통스럽게 죽음과 슬픔과 관련되어 있습니다.

고독한 개척자에 대한 당신의 신화와 그것이 전하는 고립은 나의 가장 초기 기억, 어쩌면 피할 수 없는 외로움에 대한 나의 아주 비슷한 경험을 은유적으로 나타내는 은폐기억screen memory을 떠올리게 합니다. "나는 내 침대 위에 누워 있는데, 시트가 너무 꽉 끼워져서 움직일 수가 없고, 내 코가 딱딱한 매트리스에 닿아 불편할 정도로 뭉개졌습니다. 내가 괴로움에 부르짖지만, 아무도 오지 않았습니다."

그러나 나는 어머니를 정서적으로 접근할 수 없고 반응이 없는 무표정한 주기적 우울증에 만성적으로 시달리지만, 매우 사랑이 많은 여성으로 기억합니다. 이런 우울증이 나에게 미치는 외상적인 영향은 내 기억 속의 고독과 움직이지 않는 매트리스, 인간관계가 없는 메마르고 갇힌 세계에 대한 묘사로 포착됩니다. 그로부터 약 40년이 지난 뒤, 고인이 된 나의 아내 데데(그녀의 놀라운 정서적 반응은 완고한 어머니의 매트리스와 완전히 정반대인 천사)와의 관계 초기에 나는 어머니의 주기적인 무표정함이 내 자기-경험에 미치는 극도로 부정적이며 부식적인corrosive 영향을 상징하는 꿈을 꾸었습니다. 즉, "나는 역겨운 곰팡이로 뒤덮인 벽에 붙어 있는 아기입니다."

같은 기간 동안 나는 깊은 발전적 갈망의 성취를 상징하는 또 다른 꿈을 꾸었습니다. "나는 축구 경기의 마지막 몇 초 동안 플레이하는 와이드 리시버wide receiver입니다. 버저가 울리자, 엔드 존end zone에서 '헤일-메리hail-Mary' 패스를 받아 우리 팀이 이깁니다. 관중석을 올려다보니 메리라는 이름의 어머니가 활짝 웃는 얼굴로 아래를 내려다보고 있는 모습이 보였습니다." 내가 *정서적 거처*를 적절한 정신분석적 태도로 공식화한 것은 당연합니다 (제6장)!

앳우드 : 스톨로로우, 두명의 어머니, 그러니까 한 분은 아들의 훌륭한 업적에 큰 자부심을 갖고 미소 짓고 사랑이 많은 부모이고, 다른 한 분은 붕괴시키는 정서적 악영향으로 지치도록 아이를 내버려두는 단단하고 빈 벽입니다. 이 벽은 또한 아이가 자신의 정서와 자신이 역겨워졌다고 느끼게 하는데, 아마도 곰팡이 감염이 진행됨에 따라 점점 더 핵심으로 나아갈 것입니다. 이것은 의심의 여지가 없는 이분법이지만, 당신 어머니의 만성적인 이중성에 대한 정서적 기억이기도 합니다. 대상관계 이론가들은 견딜 수 없는 갈등과 양가감정을 막기 위해, 이런 대조적인 이미지들을 방어적인 분할 과정의 결과로 해석하는 경향이 있을 수 있다는 생각이 듭니다. 나는 그것을 그렇게 보지 않습니다. 나에게 이분법적 구조는 당신의 어머니가 극적으로 대조되는 두 존재 상태 사이를 계속 오가는 트라우마를 반영하는 거울입니다.

스톨로로우 : 당신의 해석은 정확합니다. 내가 분석가를 찾고 있을 때 당신은 어디에 있었나요?

앳우드 : 그건 오래전 일입니다. 그 당시 나는 내 자신의 역사에 대한 무의식적 재연reenactments에 휩싸여 있었고, 나 자신과 다른 사람들을 비참하게 만들었습니다. 나를 도와줄 분석가가 필요할 때 당신은 어디에 계셨나요?

앞서 당신은 나의 십대 때의 환상 중 하나에서 떠다니는 의식이 되고, 육체에서 분리되고, 더 이상 어머니가 없는 세상에서 해방되는 것에 대한 이분법을 보았다고 말했습니다. 매트리스에 대한 당신의 이야기가 당신이 벗어나고자 했던 정서적 고립의 고통스러운 세계, 조잡한 육체성과 객관화의 세계도 묘사할 수 있습니까? 아마도 우리는 우리 사이의 합류와 공명의 영역을 이 반대에서 바라보고 있으며, 주관적인 영역에 대한 우리의 공통된 열정에 기여하고 있습니다.

　잠시 내 어머니에 대한 기억으로 돌아가 봅시다. 당신의 어머니와 마찬가지로, 그녀 역시 두 가지 대조되는 상태를 보여주었습니다. 즉, 하나는 내 인생의 첫 8년 동안 존재하고 살아 있는 존재의 상태이고, 하나는 악성 뇌종양으로 돌아가셔서 부재하고 사망한 상태였습니다. 평생 동안, 그녀는 나와 내 세 형제자매를 사랑하고 깊이 헌신했습니다. 그녀는 우리 가족생활의 정서적 중심이었으며, 자녀들뿐만 아니라 금속 공학자로서 초기 경력을 쌓았던 나의 아버지에게도 자신을 바쳤습니다. 그녀가 갑자기 죽자 세상은 마치 어둠에 휩싸인 것 같았습니다. 삶은 계속되었고, 해와 달은 계속해서 하늘에 나타났고, 몇 년이 지났지만, 우리 가족의 뛰는 심장은 죽음의 침묵 속에 빠져있었습니다. 나의 어린 시절은 이전과 이후, 삶과 죽음, 어머니가 있고 없고의 두 부분으로 나뉩니다. 이것은 또한 내 모든 경험에서 하나의 주제가 된 이분법을 만들고, 어머니의 두 가지 상태에 대한 당신의 투쟁과 유사합니다. 나는 지금까지 우리 사이의 이런 연관성을 생각하지 않았습니다.

스톨로로우 : 우리의 어린 시절 경험에는 당신이 *인식론적 트라우마*라고 부르는, 대규모의 무효화에 대한 또 다른 유사점이 있을 수 있다고 생각합니다. 이 문제에 대한 당신의 생각을 말해주세요.

앳우드 : 그런 트라우마는 그 사람을 무지unknowing의 어둠 속으로 몰아넣습니다. 여기 내 이야기가 있습니다. 십대 후반에, 나는 우울하고 소외되었지만, 무엇이 나를 괴롭히는지 전혀 알지 못했습니다. 누군가 나에게 그 당시 기분이 어떠냐고 묻는다면 특별히 현실적

으로 보이는 것조차 없었기 때문에 아무 문제도 없었다고 대답했을지도 모릅니다. 나는 내가 살고 있는 세계는 독립된 현실이 결여되어 있고, 그래서 실제로 내가 누구인지, 또는 내가 어디에 있는지 전혀 알 수 없다는 생각을 가지고 있었습니다. 나는 어느 정신 병원 뒷병동에 갇혀 진행 중인 나의 대학 생활을 환각하는 긴장성 정신분열증 환자였을 수도 있습니다. 아니면 어떤 미지의 힘이나 신의 원리가 일종의 세계-이야기를 만들어내고 있을 가능성이 있는 것처럼 보였고, 나는 나 자신의 독립적인 현실이 없는 이 우주 소설 속의 단순한 인물일 뿐이었습니다. 모든 것이 일종의 환상이라는 이런 감각은 당시 내가 힌두교와 불교에 매료된 것과 관련이 있었는데, 이는 우리가 감지하는 세계가 마야Maya 또는 상사라Sangsara, 환상, 즉 우리 자신을 해방시킬 필요가 있는 어떤 것이라는 생각에 근거하고 있습니다.

세상을 비현실적으로 만드는 일이 일어났지만, 그 당시 나는 나의 현실감 상실 경험과 어머니 죽음 사이의 연관성을 전혀 인식하지 못했습니다. 내가 학교에 다니던 9학년 어느 날, 어머니는 갑자기 극심한 두통을 느끼며 쓰러져 위독한 상태에 이르렀습니다. 내가 집에 왔을 때, 그녀는 집에 없었습니다. 이웃 사람들은 그녀가 두통 때문에 병원에 입원했지만, 곧 집에 올 것이므로 걱정하지 말라고 말했습니다. 나는 내가 들은 것을 의심할 이유가 없었습니다. 며칠이 지나도 어머니는 돌아오지 않았습니다. 나는 모든 것이 잘 될 것이라고 확신했습니다. 어머니는 내일이나 다음 주에 몸이 좋아지면 다시 오실 것이고, 그것은 또 옆집 이웃들이 약속했었습니다. 놀랍게도, 아버지는 나나 내 형제자매들의 얼굴을 마주 볼 수 없었고 이 짧은 시간 동안 자리를 비우셨습니다. 마침내, 어느 날 학교에서, 다른 아이가 나에게 다가와서 어머니가 돌아가셨다는 사실에 대해 나를 놀리기 시작했습니다. 나는 이런 가학적인 말을 한 것에 대해 그를 비난했습니다. 나는 그녀가 비록 몸이 좋지 않더라도 살아 있고, 집에 돌아올 것이라고 확신했습니다. 결국 나는 그렇게 들었고, 어쨌든 엄마들은 죽지 않습니다. 엄마들은 항상 그 자리에 있을 것이며 결코 거짓말을 하지 않을 것이라고 약속합니다.

그날 밤 나는 우리 가족의 목사님으로부터 진실을 들었습니다. 다음과 같이 밝혀졌습니다. 목사님이 나에게 어머니를 언제 다시 만날 수 있을 것 같은지 물었습니다. 나는 "모르겠습니다. 아마도 다음 주쯤이 될 것입니다."라고 대답했습니다. 그는 내가 그녀를 다시 볼 것이지만, 시간이 더 걸리고 기다려야 할 것이라고 말했습니다. 나는 한 달 이상 걸릴지 물었습니다. 목사님은 아니다, 아직 더 기다려야 한다고 말했습니다. 그래서 나는 한 달 이상 걸릴지 물었습니다. 목사님은 "너는 천국에서 다시 어머니와 함께 있을 거야. 어머니는 죽었지만, 영원한 생명 속에서 너와 어머니는 재회할 거야."라고 대답했습니다. 끔찍한 진실이 밀려오자 이 시점에서 내 어린 마음이 터져버렸습니다.

트라우마는 두 가지였습니다. 한편으로 나는 내 인생에서 가장 가까운 사람을 잃었고, 계속해서 그녀의 존재 없이 지내는 것은 생각할 수 없었습니다. 다른 한편으로 나는 그녀가 병이 낫고 돌아올 것이라고 믿었고 믿게 되었는데, 이 믿음은 나에게 기초가 되었습니다. 그러나 이 믿음은 산산조각이 났고, 내가 알고 있다고 생각했던 모든 것이 이제 박살이 났습니다. 그것은 상실의 트라우마였고, 지극히 중요한 인식론적 트라우마였습니다. 목사님조차 나의 엄청난 상실의 현실과 영속성을 부인하고, 그것을 내가 죽은 후 영원한 재회에 대한 환상적인 약속으로 대체하려고 시도했습니다. 나는 그가 하는 약속을 믿지 않았고, 어쨌든 기다리기엔 시간이 너무 길었습니다.

내가 누워 자고 있을 때 반복적인 꿈이 나타났습니다. 나는 어머니가 우리 집으로 달려와서 모든 사람에게 그것이 모두 오해였거나, 사람을 잘못 보았거나 그런 것이었다고 즐겁게 외치는 꿈을 수십 번 꾸었습니다. 그 꿈들은 엄청난 안도감을 주었고, 그녀를 다시 살아나게 하고, 내가 온 마음으로 진실이라고 믿었던 것을 재확인시켜 주었습니다. 하지만, 깨어나자마자 나의 믿음과 나의 어머니는 다시 한번 상실되었습니다. 나는 목사님과의 장면과 반복되는 꿈을 떠올리면, 60여 년이 지난 지금도 눈물이 납니다. 이상하게도, 아니 어쩌면 그렇게 이상하지 않을지도 모르지만, 나는 내 인생의 마지막을 바라보며 목사님의 약속을 다시 생각하고 있는 나 자신을 발견하게 됩니다. 결국 나는 어머니를 다시 만나볼 수 있을까요?

어머니가 돌아가신 후 몇 주 동안, 나도 어머니의 영혼과 약간의 연락을 취하려고 노력했고, 점차 어머니가 육체적으로 사라졌다는 것을 받아들였지만 눈에는 보이지 않고 희미하지만 어떻게든지 여전히 존재하고 있다는 믿음에 매달렸습니다. 나는 어머니에게 거기 있다는 신호를 보내달라고 요청했습니다. 그러나 아무 일도 일어나지 않았습니다. 그러고 나서 나는 일종의 영적인 실험을 시작했는데, 작고 거의 무게가 없는 목화솜 조각을 거꾸로 뒤집은 어머니의 바느질 골무 하나의 표면에 조심스럽게 올려놓고, 바람이 목화솜 조각을 방해하지 않도록 진열대 위에 투명 유리를 얹어 놓았습니다. 그런 다음 나는 어머니의 영혼이 솜조각을 아주 조금이라도 움직여서 나에게 신호를 보내기를 기다렸습니다. 목화솜은 죽음처럼 움직이지 않고 가만히 있었습니다. 실험이 성공했더라면, 나는 어머니의 존재가 여전히 실제라고 알았을 것이고 적어도 내가 믿었던 모든 것들의 잔재물이 재확인되었을 것입니다. 그 대신, 트라우마는 계속되고 깊어질 뿐이었습니다.

비극이 있은 지 몇 달도 지나지 않아, 나는 해리dissociation가 시작되었고, 어머니의 죽음과 삶에 대한 생각을 멈추고, 대신 학업과 친구들의 세계에 내 자신을 던졌습니다. 나는 열 살 때 나의 수업 중 하나를 위해 자서전을 썼습니다. 나는 아직도 이 작은 글을 가지고 있습니다. 그것은 나의 어린 시절 초기에 있었던 일련의 사건들과 어린 시절 중간에 있었던 또 다른 일련의 사건들을 이야기했지만, 내 역사의 이 부분이 마치 삭제된 것처럼 거의 어머니의 죽음에 대해서는 아무런 언급도 없었습니다. 나는 무슨일이 일어났는지에 대해 있는 그대로의 물리적 사실을 인식하고 있었지만, 그것에 대한 어떤 생각도 하지 않았습니다. 결국 어머니의 삶과 죽음에 대한 나의 기억은 거의 모두 내 기억에서 사라졌습니다.

모든 것이 결국 비현실적으로 보이기 시작한 이유는 내가 실제라고 생각했던 모든 것들이 어머니의 죽음이라는 비극으로 지워졌기 때문입니다. 우선, 어머니가 죽을 수 있다는 것은 상상도 할 수 없었고, 그래서 그것이 내가 믿었던 것에 대한 첫 번째 타격이 될 것입니다. 그리고 두 번째로, 나는 어머니가 입원한 후 불안한 날들 동안 그녀가 돌아올 것이라고 안심시키는 말을 믿었습니다. 그래서 실제적인 모든 것이 이중으로 파괴되었으며, 이는 내 세계의 기초와 내 자신의 지각을 신뢰하는 나의 능력에 대한 공격을 구성했습니다. 돌이켜보면, 이것이 어머니의 죽음이 분리되어야 했던 일차적인 이유인 것 같습니다. 이 적응으로 해결된 것은 단지 슬픔과 그녀를 그리워하는 참을 수 없는 고통만이 아니었습니다. 현실 자체가 잔인한 타격으로부터 보호되었고, 나는 비교적 온전하게 소년 시절을 이어갈 수 있었습니다. 즉, 모든 것이 점점 더 환상적으로 보이기 시작하면서, 세상의 현실성에 대한 의문이 제기되기 시작한 십대 후반까지는 온전한 상태였습니다.

    어렸을 때, 나는 상실과 무효화의 경험을 공유할 기회를 결코 만나지 못했습니다. 나의 아버지, 형제, 자매, 나 자신 등, 나의 가족 모두가 정서적으로 무너지고 자기 자신에게 닫힌 것 같았습니다. 그래서 나는 해리의 도움으로 영향을 받지 않는 사람이 되었습니다. 내가 성인 시절 동안에 이런 상황은 완전히 바뀌었습니다. 수차례 사랑의 관계 경험을 통해 정신을 차릴 수 있었습니다. 그런데, 나의 어린 시절 비극의 전체 범위를 되찾은 한 가지 효과는 느꼈던 세계의 현실이 회복되고 동양 종교에 대한 나의 심취가 줄었다는 것입니다.

스톨로로우 : 형제여, 어린 시절의 이중 트라우마에 대한 당신의 이야기는 정말 가슴 아픕니다. 인식론적 트라우마에 대한 나의 어린 시절 경험, 또는 내가 선호하는 대로 "인식론적 횡포"에 비하면 거의 사소한 것처럼 보입니다(나는 당신이 내가 그것을 피하게 내버려 두지 않을 것이라는 것을 압니다). 나의 아버지는 자존감이 포위 공격을 받을 때, 종종 무섭게 겁을 주고 격렬하게 고함을 지르는 다양한 형태의 방어적인 과대자신감으로 되돌아갔던 자기애적으로 불안정한 사람이었습니다. 나에게 지속적인 무효화의

원천이었던 그의 과대자신감이 취한 한 가지 형태는 일종의 인식론적 오만이었습니다. 그의 관점은 항상 옳았고, 그의 말은 언제나 마지막이었으며, 그 자신의 관점 외에는 어떤 관점도 정확할 여지가 없었습니다. 내가 수년 전에 당신에게 써 보낸 오행 희시(戱詩, limerick)는 전통적인 정신분석학 입장의 특징인 객관주의적 추정으로 보았던 것을 담아서 아버지에 대해 쉽게 쓸 수 있었습니다.

> 아는 체하는 사람Besserwisser에게 부치는 시
>
> 아주 공정한 젊은 분석가가 있었는데,
> 명확하고 뚜렷한 아이디어를 가진 사람은 거의 없습니다.
> 객관주의적 열정 속에서,
> 그는 완충 지대cordon sanitaire에 싸여 있는,
> 진짜 현실을 알고 있습니다.

다행스럽게도, 아버지는 비록 내 관점이 자신의 관점과 상충될 때 내 관점의 타당성을 결코 인정하지 않으셨을지라도, 그는 항상 내가 아버지와 논쟁하도록 허용하셨고, 때로는 매우 격렬하게 논쟁을 벌이기도 했습니다. 그의 인식론적 폭정은 그렇게 절대적이지 않았기 때문에, 나는 수용해야 한다는 요구에 압도되지 않았습니다. 그 대신, 나는, 당신도 알다시피 꽤 좋은 논쟁자가 되었습니다. 그리고 그 이후로 나는 여전히 인식론적 오만을 아주 싫어합니다.

앳우드: 나는 당신이 인식론적 횡포에 대항하는 투쟁으로 빼앗긴 당신의 어린 시절 영혼 대부분을 가지고 있는 실제적이고 잠재적인 파괴적 효과를 최소화해야 한다고 생각하지 않습니다. 나는 당신

자신의 지각과 느낌을 가질 권리, 궁극적으로 자율적이고 실제적인 사람으로 존재할 권리를 지키기 위해, 당신의 특별한 논증 기술 개발을 영웅적인 전투로 여깁니다. 그런 부모의 횡포가 자신을 정의하고 자신의 진정한 운명을 추구하는 자녀의 능력을 짓밟는 데 성공하는 가족구도에 대해 나는 너무나 잘 알고 있습니다. 그런 상황들은 종종 완전한 재앙, 즉 아들들과 딸들에 대한 정신증, 또는 심지어 개인적 소멸에 대한 굴복에 대항하는 마지막 역설적 방어로서의 자살로 끝나곤 합니다. 당신은 분석적이고 논리적으로 생각하는 당당한 능력의 발달을 통해, 꿋꿋하게 견딜 수 있었는데, 이것은 당신의 아버지가 항상 마지막 말을 하겠다고 고집했음에도 불구하고 가능했습니다. 한번은 정신분석학 회의에서 당신을 공개 토론에 참여시키려고 시도하는 실수를 저지른 누군가와 이야기한 것을 기억합니다. 그는 당신이 설득력 있는 주장과 난공불락의 논리로 그 논쟁에서 의견을 말했을 때, 그 경험이 M1 에이브럼스 탱크M1 Abrams Tank에 의해 덮쳐지는 경험 중 하나였다고 말했습니다. 내 말은 그 탱크가 당신의 생명을 구했을지도 모른다는 것입니다.

    그렇더라도, 당신의 어린 시절은 나의 어린 시절처럼 엄청난 상실 경험을 수반하지 않았던 것이 사실입니다. 인생은 나중까지 그것을 보류했지만, 마침내 당신의 사랑하는 아내 데데Dede의 죽음이라는 경험이 닥쳤을 때, 그럼에도 불구하고 그 충격은 엄청나게 충격적이었습니다. 나는 또한 당신이 이 상실에서 겪은 트라우마가 지난 20년에 걸친 현상학적 맥락주의의 지속적인 발전에 심오한 영향을 미쳤다는 것을 알고 있습니다. 이 모든 것에 대해 나에게 말해주세요.

스톨로로우 : 정말로 엄청난 효과가 있습니다! 나의 정서 세계를 산산조각내고 나를 어린 시절의 딱딱한 매트리스-세계로 다시 던져 넣은 그 엄청난 상실의 여파로, 나는 정서적 트라우마의 현상학을 조명하는 데 전념하기 시작했는데, 그 노력에는 내 자신의 경험을 연구하고 성찰하는 것이 중심적인 역할을 했습니다. 데데가 죽은 다음 여름에 메인Maine주 레인즐리에 있는 당신의 여름 별장에서 우리가 함께 개괄한 책인,「존재의 맥락Contexts of Being」(Stolorow & Atwood, 1992)의 트라우마에 관한 장에서, 나는 정서적 트라우마의 맥락-내재성을 강조했고, 극심한 정서적 고통이 그것을 붙잡고, 그 안에 거주하고, 통합할 수 있는 관계적인 가정이나 인간 이해의 맥락을 찾을 수 없을 때 형성된다고 주장했습니다. 이 주장은 데데 자신이 우리의 초기 공동 논문인 "정동과 자기대상Affects and Selfobjects"(Socarides & Stolorow, 1984/85)에서 썼던 문장을 확장하고 다듬은 것이었습니다. 즉, "(고통스러운) 감정 경험이 혼란스러운(즉, 외상적인) 자기-상태를 만드는 경향은 감정 상태의 상호 공유 및 수용이 부족한 결함이 있는 (감정)조율에서 비롯되는 것으로 보입니다"(p. 110). 내가 나의 압도적인 슬픔을 함께 나누고, 견디고 싶었던 사람은 물론 세상을 떠난 바로 그 사람이었고, 그녀의 유산을 이어가고 확장하는 것은 그녀를 나를 위한 선물로 만드는 방법이었습니다. 데데의 죽음 직후에, 내 친구들과 가족들 중에서 내가 정서적으로 황폐해졌을 때 함께 지낼 수 있었던 유일한 사람이 바로 당신이었던 것을 기억합니다. 당신은, 흉내 낼 수 없는 방식으로 "당신은 파괴된 인간입니다. 당신은 아무 데도 가지 않는 기차를 타고 있습니다."라고 말했습니다. 나는 당신 자신의 충격적인 상실 경험에 머무름

으로써 당신이 나의 상실 경험을 이해하는 가정이 될 수 있었다고 생각합니다.

정서적 트라우마의 두 가지 추가적인 구성적 특징, 즉 그것의 실존적 중요성과 일시성의 경험에 미치는 그것의 파괴적인 영향(Stolorow, 2007)에 대한 개념화는 내가 1992년 회의에서 느꼈던 극단적인 고립감과 소외감을 이해하려는 노력의 결과로 발전했습니다. 그때 나는 20개월 전 어느 날 아침에 잠에서 깨어나 전이성 암 진단을 받은 지 4주 만에, 우리 침대에 죽은 채 누워 있는 데데를 발견했던 트라우마를 다시 체험했습니다.

앳우드: 오랜 친구여. 내 생각에는 우리 사이에 또 다른 유사점이 보이는 것 같습니다. 혼란스럽고 외상적인 자기-상태를 야기하는 감정 조율 부재의 역할에 관한 데데의 작은 인용문의 생각과 표현법조차도 트라우마에 대한 당신의 저술에서 계속되고 끝없이 정교화 되었습니다. 따라서 그녀의 중단된 삶은 그 자체로 상징적으로 계속되고, 그녀의 죽음에 대한 충격적인 진실이 또한 당신을 계속해서 허약하게 만들지라도, 그녀의 존재에 대한 느낌은 유지됩니다. 나의 어머니가 돌아가신 여파로 나도 비슷한 일을 했습니다. 내가 그 불행한 소식을 듣고 3일 만에, 마침내 아버지가 우리 가족에게 돌아왔을 때, 아버지는 호흡기 감염으로 집에서 침대에 누워 있는 나를 발견했습니다. 나는 그가 내 방으로 걸어 들어와 내 앞에 서서, 아무 말도 하지 않고 눈물을 흘리던 것을 기억합니다. 나는 손을 뻗어 아버지를 손으로 감싸며, "괜찮아요. 아빠, 우리는 괜찮을 거예요."라고 말했습니다. 나는 이미 어머니 성격의 특징 중 하나였던 보살피고 위로하는 역할을 받아들이기 시작했고, 이로써 어머니가 사라진 세계에서 어머니의 존재를 계속 이어갔습니다.

마지막 언급에서 당신은 데데가 죽은 후에 내가 어떻게 당신에게 "당신은 아무 데도 가지 않는 기차를 타고 있습니다" 또는 "당신은 파괴된 인간입니다"와 같은 말을 했는지를 언급했습니다. 그런 말들은 안심시키는 것과는 반대인 것처럼 들릴 수도 있고, 오래전에 아버지가 거기 서서 울고 있을 때 내가 아버지에게 전했던 위로의 메시지와는 분명히 대조됩니다. 하지만, 사실 나는 단지 당신이 느끼고 있다고 내가 알고 있는 것을 표현한 것뿐이었습니다. 당신의 고통은 절대적인 종류이어서 그런 말들만이 연결할 수 있었습니다. 내가 아는 "스톨로로우, 괜찮을 거야. 이 어려운 시기를 이겨내면 돼"라는 평범한 격려의 말들은 당신과 당신의 기분을 나아지게 하려는 사람들 사이에 벽을 만들고, 다시 한번 매트리스-세계를 부활시킨다는 것을 나는 알고 있었습니다.

우리의 우정과 우리의 긴 공동연구 여정의 기초가 되는 서로 얽힌 주제에 대한 마지막 생각입니다. 나는 당신이 삶의 주제인, 당신 자신의 변하지 않는 중심적인 조직 원리가 "아무도 내 말을 듣지 않는구나!"라는 진술에 담겨 있다고 말하는 것을 셀 수 없이 들었습니다. 나는 이 공식이 원래 한 회의에서 정신분석학에 대한 당신의 견해를 오해하고 잘못 표현했다고 주장하는 누군가 앞에서 농담으로 나온 것임을 알고 있습니다. 그러나 당신은 그 후 몇 년 동안 자신에 대한 설명을 너무 많이 반복했기 때문에 나는 그것이 본질적인 주관적 진실을 담고 있다고 믿기 시작했습니다. 당신의 어린 시절의 두 가지 도전과 관련하여 그 의미에 대한 해석을 해보겠습니다. "아무도 내 말을 듣지 않는다"라는 가장 먼저 매트리스에 짓눌려 울부짖는 소리가 들리지 않고 고립된 채 방치된 아이의 곤경을 떠올리게 합니다. 둘째로, 이 진술은 또한 자신에게 말하는 것을 듣기를 거부하는 잠재적으로 말살하는 아버지와 싸우며, 세상에 대한 자신의 발전적인 비전의 존재와 정당성을 확립하기 위해 오랫동안 인식론적 투쟁을 벌이고 있는 한 소년의 상황에도 적용됩니다. 우리의 개인적인 삶의 주제들을 종합해 볼 때, 우리의 우정과 지적 동반자 관계에 대한 적절한 설명은 "외로운 개척자는 아무도 듣지 않을 사람을 만난다."입니다. 나는 당신에게서 듣고 이해할 수 있는 사람을 발견했습니다. 인생은 우리에게 거의 대처하기 불가능한 두 가지 것을 안겨주었지만, 나는 우리가 대체로 꽤 잘 해냈다고 말하고 싶습니다.

여기에 우리의 관계와 관련되고, 우리 아이디어의 내용과 관련된 또 다른 생각이 있습니다. 1992년에 산타페에서의 산책을 기억합니까? 내가 몇 주 전에 나에게 떠오른 몽상에 대해 내가 이야기했었죠. 아마 지금으로부터 50년 후에, 한 젊은이가 우리의 연구와 다양한 우리 아이디어의 심리적 의미에 대한 연설을 마무리하는 몽상 말입니다. 나는 마치 무덤 너머에서 온 것처럼, 그의 말을 귀담아 들었습니다. 그는 이렇게 결론을 내렸습니다.

> "그리고 여러분이 보시다시피, 신사 숙녀 여러분, 로버트 스톨로로우와 죠지 앳우드의 이론적 공헌의 중심 개념인 상호주관적 장의 개념은 다르게 조직되고 상호작용하는 주관적 세계의 시스템으로 이해되며 그들의 아이디어가 생겨난 상호작용을 직접 상징합니다. 다시 말해서, 그들의 이론은 그들의 공동 연구를 반영하는 거울입니다."

스톨로로우 : 나는 당신의 백일몽에 대한 나의 대답을 기억합니다. "상호주관성 이론은 협력 작업이 아니고서는 결코 나올 수 없었을 것

입니다." 그리고 나서 우리는 정신분석적 성격 이론에서 외로운 영웅시대가 아마도 끝났을 가능성과 모든 중요한 미래의 발전이 본질적으로 협력적일 운명일지도 모른다는 가능성에 대해 이야기했습니다. 물론 그런 견해는 우리 두 사람을 다른 종류의 영웅인, 영웅적으로 공유된 노력이 우리 연구 분야 전체 발전의 선두를 구성하는 인물로 염치없이 몰아갑니다.

앳우드: 내 생각에는 우리가 「구름 속의 얼굴들Faces in a Cloud」(Atwood & Stolorow, 1993) 제2판의 마지막 장에서 제안한 것처럼, 물리학을 이용하고 구체화 및 보편화에 적합한 장field의 이미지에서 벗어났다고 생각합니다. 결합과 분리의 상태를 오가며, 희미하게 빛나는 상호주관적 장을 거의 시각화할 수 있으며, 그것의 구성요소들이 서로 복잡하고 미묘하게 얽혀 있으면서도, 시종 변화하는 무지개 색상을 표시합니다. 실제적이고 실체적으로 되어가는 과정에서, 그런 이미지는 우리의 상호작용을 보여주는 그림이었으며, 지적인 로맨스와 지속적인 개인적 우정의 성지였습니다. 이제 우리는 단지 무언가 의미를 가진 것과 관련된 요소들의 배열을 나타내는, 보다 추상적인 아이디어인, "맥락"에 대해 이야기할 뿐입니다.

스톨로로우: 네, 역설적이게도, 구성적인 인간의 맥락에서 인간 경험의 심오한 내재성을 충분히 평가하는 관점을 탐구하면서 생성된 상호주관적 장의 개념은 맥락이라는 바로 그 개념을 구체화하고 절대화하며 따라서 그 자체가 탈맥락화의 행위입니다. 우리가 제안한 것이 상호주관적 장에 대한 아이디어의 구체적인 개인적 의미인지 검토한 다음, 물론 협력적으로 그 제안을 여기 우리의 대화에서 논의되어온 이분법/악마와 관련시켜 봅시다.

시사점들Implications

우리는 앞에서 모든 개인적 경험이 환원 불가능한 관계적 맥락에 내재되어 있다는 개념을 구체화하면서, 상호주관적 장field의 이미지가 제공하는 두 가지 중요한 목적을 제안했다(Atwood & Stolorow, 1993). 첫째, 그런 아이디어는 관련성 자체를 보편화하고 영원성을 부여하며, 정서적으로 중요한 연결을 방해하고 파괴적인 유기감과 고립감을 초래한 우리 삶의 사건들이 미치는 충격적인 영향을 무효로 만든다. 둘째, 상호 작용하고, 서로 다르게 조직된 주관적 세계의 시스템으로서의 상호주관적 장에 대한 구체적인 비전은 인식론적 횡포의 소멸이 중립화되고 개별 세계의 독특한 구조가 존중되고 보존되는 관련성의 방식에 대한 희망을 우리 이론의 핵심에 간직하고 있다. 모든 인간 경험의 본질적인 내용을 정의하는 초심리학적 이론에 대한 우리의 오랜 저항은 이 후자의 목적을 표현한다.

그러나 역설적이게도, 우리 삶의 경험과 현상학적 맥락주의는 모두 우리를 이론적인 아이디어가 아니라 실존적 사실, 즉 인간의 유한성, 죽음, 상실, 그리고 모든 인간이 받아들여야 하는 피할 수 없는 가능성으로서의 다른 형태의 한계성에 대한 경험인 절대적이고 보편적인 것으로 이끌어 왔다. 그러나 우리는 그런 인간 유한성의 발현이 어느 정도까지 지속적으로 견딜 수 없게 되고 트라우마가 되는지는 그것이 수용되고, 머물고, 지탱되고, 자신의 정서 세계 구조로 통합될 수 있는 인간 이해의 맥락을 찾지 못하는 정도에 달려 있다고 주장해 왔다.

현상학적 맥락주의에 포함된 이분법적 대립binary oppositions을 탐구하는 대화는 전체와 분열, 정서적 연결과 파괴적 상실, 인식론적 평등주의와 무효화 횡포, 그리고 객관적인 물리적 현실과 대비한 주관적인 영역 사이의 대조를 가져왔다. 우리 사고의 유토피아적 세계는 우리를 우리 자신과 서로에게서 멀어지게 하고, 우리 경험의 내용이 무엇이어야 하는지에 대한 압도적이고 권위적인 정의를 우리에게 제시하고, 물리적으로 객관적인 환경의 저항할 수 없는 힘으로 우리의 주관성 자체를 파괴하는 악마의 세력에 대한 승리를 추구하는 것처럼 보인다.

그런 사고가 현상학적 맥락주의의 미래 발전에 어떤 시사점들을 가지고 있는가? 그런 성찰이 아직 탐구되지 않은 인간 경험의 영역을 조명할 수 있는가? 우리의 대답은 우리 각자의 트라우마 역사에서 발생하는 이분법적 구분에 사로잡히지 않는 이해의 틀을 상상하려는 노력에서 비롯된다. 우리는 보편적인 내용을 규정하고, 따라서 연구되고 이해될 수 있는 것의 범위를 제한하는 이미지의 구체화에서 벗어날 뿐만 아니라, 궁극적인 데카르트적 이분법, 즉 정신적인 것과 육체적인 것, 내적인 것과 외적인 것, 정신과 신체, 주관적인 것과 객관적인 것 사이의 이분법도 극복하는 맥락 자체에 대한 아이디어의 급진화 가능성을 마음속에 그린다. 물리적 현실은 그 자체가 인간 경험 맥락의 일부이며, 포괄하는 맥락주의는 그 범위 안에서 물리적 세계를 포함한다. 여기서, 아마도 우리는 현상학적 통합을 위한 우리의 개인적이고 지적인 탐구의 가능한 정점에 도달하게 될 것이다.

제 8 장

철학과 정신분석학의 비극적 요소와 형이상학
The Tragic and the Metaphysical in Philosophy and Psychoanalysis

현상학은 형이상학자들이 스스로를 치유할 수 있게 해준다.
―리 브레이버(2012)

인간 존재에 대한 현대적 분석은 우리 모두를, 연약감으로, 어두운 본능의 힘으로, 신비와 환상으로 인한 고통으로, 그리고 공동생활의 최고의 창조물이 생겨나는 곳에서도 살아있는 모든 것이 보여주는 유한함으로 가득 채운다.
―빌헬름 딜타이(1910, p. 172)

철학적 사고는 본질적으로 형이상학적 구조를 가지고 있는데, 이것은 생각하는 사람의 필멸성에 대한 생각인 동시에 생각되는 것의 불멸성에 대한 생각이라는 것을 의미한다.
―프랑수아즈 다스투르(1994)

고대 존재론이 "사물 개념Thing-concepts"과 함께 작동하며 "의식을 구체화"할 위험이 있다는 것은 오랫동안 알려져 왔다. … 이 구체화는 왜 항상 지배권을 행사하기 위해 계속 돌아오는가?
―마르틴 하이데거(1927, p. 487)

한 존재(개체)로서의 생성 회복은 … 권력에 대한 최고의 의지이다.
―마르틴 하이데거(1954, p. 202)

인간 유한성의 비극과 형이상학적 환상의 편재성 사이의 관계를 체계적으로 조사한 최초의 서양 철학자는 빌헬름 딜타이Wilhelm Dilthey(1910)이었다. 드 멀de Mul(2004)이 우아하게 재구성한 것처럼, 딜타이의 삶의 작업은 칸트의 선험priori, 즉 세상이 우리에게 이해될 수 있게 되는 시대를 초월한 형태의 지각과 인식의 범주를 역사적으로 우연적이며 살아있는 역사적 과정에 걸쳐 구성되는 "인생 범주들"로 대체하려는 노력으로 볼 수 있다. 딜타이의 역사의식에는 "보편적 타당성에 대한 철학적 욕망(형이상학적 충동)과 그 욕망을 충족시키려는 모든 시도의 근본적인 유한성 실현 사이의 비극적 모순"을 만들어낸다는 점에서 비극적 차원이 있다(de Mul, 2004, p.154). 이런 비극적 모순에 대한 딜타이의 인식은 그로 하여금 형이상학의 해석학적 현상학을 정교화하도록 이끌었다.

형이상학의 발전에 대한 딜타이의 역사적 재구성은 그것의 "안락사"만큼 손실이 없는 것을 목표로 한다. 그는 형이상학적 욕망이 인간 본성에 내재되어 있다고 주장하지만, 그가 정체를 드러내고자 하는 것은 이 편재적인 욕망이 만들어내는 환상이다. 딜타이에 따르면, 형이상학적 환상은 역사적으로 우발적인 명료성의 연계들, 즉 그가 궁극적으로 부르는 *세계관*을 시대를 초월한 현실 형태로 변형시킨다. 딜타이는, 하이데거(1927)를 예상하면서, 모든 세계관이 생명의 유한성이라는 비극적 실현에 관한 분위기에 기초하고 있다고 주장한다. 세계관의 형이상학화metaphysicalization는 인간 모든 것의 견딜 수 없는 연약함과 덧없음을 영속적이고 영원하고 변함없는 현실, 영원한 진리의 환상적인 세계로 변형시킨다.[1]

딜타이에 이어, 후기 하이데거는 형이상학의 역사성에 대해 강력하게 설명한다. 톰슨Thomson(2005)이 능숙하게 약술했듯이, 하이데거는 후기 철학에서 서구 철학의 위대한 형이상학 체계를 존재*Sein*의 역사적 전개에서 시대의 객관화로, 우리를 위한 존재자로서 존재자의 명료성의 객관화로 조명하려고 한다. 이 비전에서 플라톤, 아리스토텔레스, 아우구스티누스, 데카르트가 제시한 토대주의적 시스템은 존재자들이 그들의 특정한 역사적 명료성 시대에, 각각 영원한 비물질적 개념, 일차적 및 이차적 물질, 신God에 대한 견해, 그리고 주체-객체 분기(分岐, bifurcation)의 발로로 나타난 방식을 구체화한다. 그리고 하이데거(1954)에 따르면, 니체의 형이상학적 동일자 영원회귀 설은 우리의 기술 시대에 존재자가 전체적으로 지구 정복을 위한 탐구에서 계산되고, 저장되고, 최적화되는 무의미한 자원으로 이해될 수 있는 방식을 포착한다. 형이상학적 충동은 후기 하이데거에 의해 현실 경험(존재자들이 우리에게 이해될 수 있는 방법)을 진짜 현실에 대한 구체화된 비전으로 변형시키려는 끊임없는 경향으로 파악된다.[2] 그는 모든 형이상학적인 존재자들이 말소될 존재의 역사에서, 자신을 형이상학 이후 "두 번째 시작"의 창시자로 묘사하고, 존재 자체Seyn를 모든 명료성의 무한하고 알 수 없는 원천으로 공식화한다(Thomson, 2011). 그러나 무궁무진한 원천에 대한 그의 생각에서, 우리는 하이데거 자신이 근본적인 유한성에 직면하여 저항할 수 없을 것 같이 보이는 형이상학적 충동에 굴복하고 있는 것을 보지 않는가(Stolorow, 2011b, 9장)? 딜타이가 주장하는 피할 수 없는 굴복은 인간 본성에 내재되어 있다. 우리(Atwood & Stolorow, 1993)는 정신분석학의 다양한 초심리학적 시스템의 창조에서 작용하는 유사한 구체화 및 절대화 경향을 조명했다.

정신분석적 자기 심리학의 "자기"를 해체하려는 우리의 초기 노력에서 도입된 몇 가지 개념들을 더 자세히 설명하면서(Stolorow & Atwood, 2012), 여기서 우리는 이 형이상학적 충동의 광범위한 역사적 맥락이 아니라, 오히려 철학적이든 정신분석학적이든 사상가 자신들의 경험 세계에서 그 근원을 찾는다.

프리드리히 니체와 영원회귀
Friedrich Nietzsche and Eternal Recurrence

형이상학적 환상이 인간 존재의 비극적 유한성과 무상함을 어떻게 시간을 초월한 진리와 현실의 형태로 변형시키는지에 대한 첫 번째 예로서, 우리는 프리드리히 니체의 철학과 삶을 살펴보자. 니체는 특히 흥미로운 예이다. 왜냐하면 그는 자신의 철학 대부분을 서양의 형이상학을 극복하려는 노력으로 보기 때문인데, 그는 그 서양의 형이상학을 세상을 영원한 이데아idea나 신의 생각의 실현으로 이해한 플라톤주의의 변형으로 본다. 니체의 자기-해석과는 반대로, 하이데거(1954)는 니체를 우리 기술 시대의 탁월한 형이상학자로 간주한다.[3] 하이데거의 해석에 따르면, 니체는 그의 "근본적인 형이상학적 입장"(p. 5)이 플라톤과 기독교의 입장을 대체하는 마지막 서양 형이상학자이다. 하이데거가 주장하는 이 입장은, 니체의 유명한 동일자 영원회귀 설, 즉 "무조건적이고 무한히 반복되는 만물의 순환"에 담겨 있다(Nietzsche, 1908; Heidegger, 1954, p. 5). 이 학설은 현대 기술 세계에서 "존재(존재자들) 전체"(p. 5)를 어떻게 파악해야 하는지에 대한 주장이다.

「즐거운 과학The Gay Science」(Nietzsche, 1882)에서 니체는 자신의 영원회귀 설에 대해 처음으로 다음과 같이 적었다.

가장 큰 부담.
어느 날 낮이나 밤에 한 악마가 가장 외로운 고독 속에 있는 당신에게 몰래 다가와서, 당신에게 "너는 지금 살고 있고 과거에도 살았던 것처럼 몇 번이고 수없이 더 이 삶을 살아야 할 것이다. 그리고 그것에 새로운 것은 아무 것도 없을 것이지만, 모든 고통과 모든 즐거움, 모든 생각과 한숨, 그리고 당신의 삶에서 말할 수 없이 사소하거나 훌륭한 모든 것들이 모두 같은 순서와 질서로 당신에게 돌아와야 할 것이다. 계속해서 뒤집히는 영원한 존재의 모래시계, 그리고 그것을 가진 당신은 먼지 티끌!"이라고 말한다면 무슨 일이 일어날까. … 만약 그런 생각이 당신 안에 자리 잡게 된다면, 그것은 당신을 변화시킬 것이고, 어쩌면 그것이 당신을 엉망으로 만들 것이다.(Heidegger, 1954, pp. 19-20에서 인용)

하이데거는 영원회귀에 대한 이 무섭고 부담스러운 생각이 "이전의 모든 짐들이 인간을 버리고 연기 속으로 사라졌고 … (그래서) 모든 것들이 그 무게를 잃었기 때문에"(p. 23), 달리 말하면 어떤 존재적 로고스 ontic logos도 없는 환멸의 기술 세계가 규범적 의미를 상실했기 때문에 등장했는가? 라고 수사적으로 묻는다. 기술 세계에서, 우리만이 "가장 외로운 고독" 속에서 존재가 갖게 될 규범적 무게를 결정한다.

영원회귀 사상의 시적 언어는 신성한 목표 또는 목적도, 예정된 질서나 의미도 없이, 끝없이 반복되는 우리 존재의 무의미함과 근거 없음, 즉 "너는 … 먼지 티끌!"임을 아름답게 포착하는 것 같다. 즉, "신은 죽었다." "세계의 집합적 성격은 … 영원한 혼돈이다"(Nietzsche, 1882; Heidegger, 1954, pp. 66 및 91에서 인용). 영원회귀 사상과 함께 비극은 시작되는데, 여기서 비극은 무서운 것, 즉 "절대 '아니요'"(p. 30)에 대한 확인으로 이해된다. "비극적인 앎은 '삶 자체', 즉 존재가 전체적으로 '고통', '파괴' 그리고 모든 괴로움을 조건으로 한다는 것을 깨닫는다"(p. 61).

하이데거의 니체에게 있어서, 동일자 영원회귀 사상은 "위험들의 위험"(p. 157), 즉 기술 세계에서 그것의 기독교 변종을 포함한 플라톤주의의 쇠퇴로 인해 발생한 허무주의 경향에 대한 반대 운동이다. 그것은 "무게가 없어지고 새로운 무게 중심을 찾게 되는 새로운 시대의 분수령"이다(p. 159). 하이데거의 설명에서, 니체는 유럽의 허무주의, 즉 무중력, 무의미, 무가치의 경험에 완전히 몰입하여 그것을 따져 묻고, 결국 영원회귀 사상으로 그것을 극복했다. 영원회귀 사상은 결정을 내리고,

존재에 대한 입장을 취하고, 가치 창조의 책임을 맡도록 "우리를 소환한다"(p. 174).

니체의 형이상학은 존재들이 "하나의 생성Becoming의 거대한 연결고리 안에 짜여 있는 것으로 표현되는" 관계적 존재론이다(Heidegger, 1954, p. 84). 우리가 서있는 세계는 "영구적인 생성"(p. 89), 끊임없는 변화, 그리고 혼돈 중 하나이다. 존재의 전체성을 혼돈으로 표현하는 이 표현은 플라톤주의, 세계에 대한 결정적인 환멸, 영원하고 영구적이고 변하지 않는 것의 말살을 달성하고 뒤집는 것으로 추정된다. 그러나 동일자 영원회귀 사상, 즉 "영구적인 생성"(p. 109) 사상이 바로 이 성취를 취소하지 않는가? 신의 관점으로 보이는 것처럼, "동일자 영원회귀 사상은 세계가 본질적으로 어떻게 존재하는지를 결정함으로써 고정된다"(p. 129). 영원회귀는 "영원한 흐름을 동결하고"(p. 145) "영원한 변천에서의 구원"(p. 146)을 가져온다. "존재는 생성에 주입되고"(p. 147), 영구성은 비영구성으로 주입된다. 영원회귀 이론은 생성, 유동, 그리고 혼돈을 "영원의 상징"(p. 201)으로 각인시킨다. 니체에게 그런 각인 또는 "(한) 존재로서의 생성의 재창조는 … 권력에 대한 최고 의지이다"(p. 202). 그것은 "존재 속으로의 생성의 영속화"이다(Heidegger, 1961, p. 156).

무엇이 사상가가 생성의 영속화, 변화의 영원화를, 그의 근본적인 형이상학적 입장으로 채택하도록 하는가? 그런 이론은 유한성을 포용하는 것과 포용된 바로 그 유한성으로부터의 도피를 결합하는 것처럼 보일 것이다. 하이데거(1954)는, 자기 앞의 니체와 마찬가지로, "사상에 있어서 사상가의 본질적인 관여"(p. 98)를 강조하고 있으므로, 몇 가지 단서들을 찾기 위해 니체의 생애사와 개인적인 정서 세계를 아주 간략하게 살펴보자.

아놀드와 앳우드(2005)는 니체의 정서적 삶과 철학적 작품 전반에 걸쳐 순환되다가 마침내 그의 광기로 끝나는 얽힌 주제들에 대한 심리전기적 설명을 정교하게 만들었다. 그들의 설명에 따르면, 그의 발달에서 분수령이 된 사건은, 니체가 네 살이었을 때, 존경받는 개신교 성직자였던 그의 사랑하는 아버지의 죽음이었다. 그의 아버지의 죽음은 젊은 니체의 정서 세계를 산산조각 낸 트라우마였고, 철학자 니체에 따르면, 신의 죽음이 유럽을 허무주의와 근거 없음의 위험한 상태에 빠뜨린 것과 마찬가지로, 그를 나중의 정신증을 예시하는 심리적 혼란과 분열의 상태에 빠뜨렸다. 소년 시절, 니체는 잃어버린 아버지가 되려고 노력했고, 설교적인, 심지어 차라투스트라적인 태도를 취함으로써 정서적 황폐함을 극복하려고 노력했다. 그의 정서 세계가 죽은 아버지의 이미지에 보상적으로 둘러싸이게 된, 이 반대 운동은 그가 아버지의 장례식 직후에 꾸었던 꿈에 생생하게 담겨있는데, 젊은 시절의 자서전에 기록되어 있다(Nietzsche, 1858).

> 나는 장례식 때와 똑같은 오르간 소리를 듣는 꿈을 꾸었다. 그 이유를 찾고 있던 중에 갑자기 무덤이 열리고 수의를 입은 아버지가 무덤 밖으로 나온다. 그는 서둘러 교회 안으로 들어갔다가 잠시 후 어린 아이(분명히 어린 니체)를 품에 안고 돌아온다. 무덤이 열리고, 그가 들어가고, 덮개가 다시 입구로 내려간다(p. 12).

아놀드와 앳우드(2005)는 니체의 꿈의 세계를 "존재의 블랙홀을 둘러싼 곡선 공간"으로 묘사한다(p. 245). 자신의 아버지가 되려는 니체의 회복 노력은 평생 동안 계속되었고, 항상 그가 극복하려고 했던 무 nothingness로 되돌아갔다. 자신의 후기 자서전 「보라, 이 사람이로다 Ecce Homo」에서, 니체(1908)는 다음과 같이 적었다.

나의 아버지는 36세에 돌아가셨다. 그의 삶이 하향세로 접어든 같은 해에, 나 역시 하향세로 접어들었다. 서른여섯 살에, 나는 활력이 최저점에 도달했다. 나는 여전히 살아있었지만, … 그림자처럼 살았다(p. 122).

나는 단지 다시 한번 나의 아버지일 뿐이고, 이를테면 너무 일찍 죽은 후에도 계속되는 아버지의 삶일 뿐이다(p. 228).

그의 아버지의 너무 이른 죽음은 어린 니체에게 인간 존재의 유한성, 죽음과 외상적인 상실에 대한 무한한 확실성을 조기에 직면시켰다. 니체의 반대 운동은 죽은 아버지를 자신의 자아 속에 영속화하는 것이었지만, 비극적으로 그렇게 함으로써 그는 반복적이고 끝없이 자신의 심리적 소멸로 되돌아갔다. 그의 동일자 영원회귀 이론과 주제적으로 유사하며, 그가 유럽의 허무주의를 극복하고자 했던 반대 운동은 인상적이다. 무상함의 영속화, 유한성의 무한화, 혼돈의 순환적 질서화, 영원히 계속되는 종말은 영원한 순환 이론이 아마도 인류의 추상적 사고 능력만큼 오래된 인간의 유한성에 대한 숨은-플라톤적 회피를 시적으로 말하지 않는가? 니체의 근본적인 형이상학적 입장은 우리에게 인간의 유한성과 형이상학적 환상을 통해 그것을 극복하려는 끝없는 인간 투쟁의 현상학에 대한 설득력 있는 은유적 창을 제공한다. 우리가 앞에서 언급했듯이, 하이데거조차도 끝내 형이상학적 충동의 유혹에 저항할 수 없었다.

정신분석 이론의 비극적 요소와 형이상학적 요소
The Tragic and the Metaphysical in Psychoanalytic Theory

죠지 클라인(1976)은 프로이트의 정신분석 이론이 실제로 두 개의 서로 다른 담론 세계에서 파생된 두 가지 이론, 즉 초심리학과 임상 이론을 통합한다고 주장한다. 초심리학은 경험의 물질적 기질을 다루며 비인격적인 구조, 힘, 그리고 에너지라는 자연과학의 틀에서 다루어지고 있다. 이에 반해, 임상 이론은 개인의 고유한 삶의 역사의 관점에서 보인 개인 경험의 의도성과 무의식적 의미를 다룬다. 임상 정신분석은 "왜"라는 질문을 던지고 개인적인 이유, 목적, 그리고 개인적인 의미 측면에서 답을 찾는다. 초심리학은 "어떻게"라는 질문을 던지고 비인격적인 메커니즘과 원인의 비경험적인 영역의 관점에서 답을 찾는다. 클라인은 후자만을 정신분석 이론의 정당한 내용으로 유지하면서, 초심리학적 개념과 임상적 개념들을 풀어내려고 노력했다. 클라인에게, 본질적인 정신분석 계획은 부인된 의도성을 읽고 개인의 경험에서 무의식적 의미를 찾아내는 일을 포함하며, 이는 초심리학적 오염물을 제거한 임상 이론의 개념이 독특하게 적합한 작업이다. 정신분석을 위한 급진적인 "이론 절제술 theorectomy"에 대한 클라인의 제안은, 정신분석을 현상학적 탐구의 한 형태로 재고하고자 했던 우리 자신을 포함하여, 머튼 길Merton Gill, 로이 셰이퍼Roy Schafer와 같은 현대 사상가들에게 큰 영향을 미쳤다.

　클라인의 구분을 확장하여, 우리는 정신분석학적 임상 이론을 정서적 현상학으로, 정신분석적 초심리학을 형이상학의 한 형태로 특징지을 수 있는데, 이는 그것이 궁극적인 현실성과 보편적인 진리를 가정한다는 점이다.[4] 우리는 이 구분이 모든 주요 정신분석 이론의 특징이라고 생각한다. 즉, 그것들은 정서적 현상학과 형이상학이 혼합된 이론이다. 정서적 현상학은 정서적 체험이 유한하고, 일시적이며, 맥락-의존적이며, 끊임없이 변화하고 쇠퇴한다는 점에서 비극적 요소를 구현한다. 초심리학은 형이상학적 환상을 통해 비극적 요소를 회피한다. 현상학/초심리학은 보호하는 환상이 제거된 유한한 인간 존재가 본질적으로 트라우마를 일으키는 한, 트라우마에 내몰린 이분법이다(Stolorow, 2011b).

지그문트 프로이트와 본능적 욕동
Sigmund Freud and the Instinctual Drives

1970년대 중반에 수행되어 「구름 속의 얼굴들Faces in a Cloud」(Atwood & Stolorow, 1993)에 통합된 프로이트에 대한 최초의 심리전기적 연구에서, 우리는 그의 초심리학의 기원을 그가 초기에 어머니와의 관계에서 분노로 가득 찬 정서적 트라우마와 실망 경험의 결과로 이상화된 어머니 이미지를 복원하고 보존한 방어적 작업으로 추적했다. 우리는 다음과 같이 적었다.

> 우리는 어머니에 대한 초기 이상화 이미지를 복원하고 보존하려는 프로이트의 소원이 붉은 실처럼 그의 삶에 흐르고 있었다는 것을, … 특히 … 자신의 어머니에 대한 이상화 비전을 깊은 무의식적 양가감정 갈등의 침입으로부터 보호하기 위해 프로이트가 사용한 방어 작업은 그의 심리성적 발달 및 그 중심적인 초심리학적 구체화 이론에 운명적으로 흔적을 남겼는데, 여기에서 악의 근원은 내면화되었고, 적대감은 아버지에게로 전치되었으며, 분리된 나쁜 모성 이미지는 주로 소녀의 심리학으로 밀려났다.(Atwood & Stolorow, 1993, p. 59)는 것을 입증하려고 시도했다.

우리는 여기서 이 이야기를 반복하지 않을 것이다. 대신에, 우리의 목표는 본능적 욕동에 대한 프로이트의 초심리학적 이론이 실제로 그가 유한성과 실존적 취약성의 경험을 회피하려고 했던 형이상학적 환상의 한 형태임을 보여주는 것이다.

본능적 욕동에 대한 프로이트의 초심학적 이론이 형이상학의 한 형태라는 것은 그의 이론을 고대 그리스 철학자 엠페도클레스 Empedocles(기원전 495년 출생)의 형이상학적 사고와 연결시킨 그의 일부 발언에 명시적으로 반영되어 있다(Freud, 1937). 즉,

특히, 우리의 관심을 끌만한 엠페도클레스의 이론은, 만약에 우리 이론이 생물학적 타당성을 주장하는 데 만족하는 반면 그리스 철학자의 이론은 우주적 환상이라는 차이가 없다면, 본능에 대한 정신분석학 이론에 매우 근접하여 우리는 두 이론이 동일하다고 주장하고 싶은 유혹을 받아야 한다. 동시에, 엠페도클레스가 우주에 개별 유기체와 동일한 생명계를 부여한다는 사실은 그 중요성의 이런 차이를 상당 부분 앗아간다.

(Freud, 1937, pp. 245-246)

본능적 욕동에 대한 프로이트의 생각과 거의 동일한 엠페도클레스의 이론은 무엇이었는가? 그것은 우주가 두 개의 거대하고 적대적인 힘 사이의 갈등에 의해 지배된다는 생각이었다. 하나는 성장과 통합으로 이어지고 다른 하나는 쇠퇴와 분열로 이어졌다.

그 철학자는 두 가지의 원리가 우주의 삶과 마음의 삶에서 일어나는 사건들을 지배했으며, 그 두 원리들은 영원히 서로와 전쟁 중이라고 가르쳤다. 그는 그것들을 *필레아philia*(사랑)와 *네이코스neikos*(다툼)라고 불렀다. 그가 가장 밑에 있는 '본능처럼 작용하는 자연적인 힘'으로 생각한 이 두 가지 힘 중에서, 하나는 네 가지 요소들의 원시 입자들을 하나의 단일체로 응집시키려고 노력하는 반면, 다른 하나는 반대로 그런 모든 융합을 취소하고 요소들의 원시 입자들을 서로 분리하려고 한다(1937, p. 246).

엠페도클레스의 두 가지 기본 원리는, 이름과 기능 모두에서, 우리의 두 가지 원초적 본능인 *에로스Eros*와 *파괴성destructiveness*과 동일한데, 첫 번째는 존재하는 것을 더 큰 단일체로 결합하려고 노력하는 반면, 두 번째는 그런 결합을 해체하고 그들이 일으킨 구조들을 파괴하려고 노력한다(1937, p. 246).

그래서 프로이트는 초기 그리스 철학에서 「쾌락 원칙을 넘어서 Beyond the pleasure principle」(1920)부터 「끝이 있는 분석과 끝이 없는 분석Analysis terminable and interminable」(1937)에 이르기까지 인간 본성에 대한 그의 생각을 지배했던 이중-본능 이론과 모든 중요한 면에서 동일한 개념을 발견했다. 그가 인간의 사건들의 과정을 보편적으로 결정하는 두 가지의 원초적 욕동인 에로스와 타나토스의 존재를 가정하는 것에서, 우리는 어떤 목적과 어떤 의미를 알아차릴 수 있는가?

우리는 이 목적을 우리의 공유된 존재의 세계에서 내면의 영역, 즉 욕동 에너지가 인간 사건들의 과정을 뒷받침하고 결정하는 심리내적 영역까지 삶의 가장 결정적인 문제들을 바꾸어 놓음으로써 성취되는 우리가 "참을 수 없는 존재의 내재성"(Stolorow & Atwood, 1992, p. 22)이라고 부르는 것으로부터 인간을 해방시키려는 시도 중 하나로 상상한다. 주관적인 삶의 변화가 그런 내부 역동에 의해 지시되는 한, 개인의 운명은 다른 사람들과의 관계 세계, 즉 사랑과 미움, 즐거운 연합과 파괴적인 상실, 사랑하는 사람에 대한 믿음과 배신 및 버림으로 신뢰의 유대가 깨졌을 때 오는 쓰라린 고통의 세계를 벗어난다.

이와 관련하여 프로이트가 자신의 인생에서 가장 사랑했던 사람 중 하나인 빌헬름 플리스Wilhelm Fliess와의 관계에서 놀라운 실망 경험에 대한 자신의 취약점과 고통스러운 반응을 변형시키는 방법의 구체적인 사례에 초점을 맞춤으로써 프로이트 사상의 개인적인 맥락에 대한 통찰을 모색해 보자. 플리스는 프로이트의 가장 창조적인 시기였던 1890년대 후반까지 영감을 주는 사람이자 사랑하는 친구로서, 프로이트가 자기-분석과 정신분석 시스템 전체의 기본적인 아이디어를 연구하는 동안 없어서는 안 될 지원과 격려를 제공했다. 그러나 플리스가 프로이트의 환자 중 한 명(엠마 에크스타인Emma Ekstein)에게 쓸데없이 작은 수

술을 시행하여 환자의 생명을 거의 끝낼 뻔했을 때, 서로의 이상화를 유지하는 열정적인 행복은 충격적으로 깨졌다(Schur, 1972; Atwood & Stolorow, 1993, 제2장). 프로이트는 처음에 친구의 과실을 부인하고 이전의 절대적인 신뢰와 믿음을 지키기 위해 힘차게 노력함으로써 비극에 가까운 반응을 보였다. 그러나 곧 고통은 참을 수 없게 되었고, 그는 플리스와의 모든 접촉을 끝냈으며, 보고에 따르면(Jones, 1953) 수년 동안 누구에게도 이 문제에 대해 말하는 것을 거부했다. 그의 침묵은 이별과 그에 수반되는 고통에 대한 정서적 거리두기와 관련이 있는 것으로 보인다. 프로이트가 자신의 정서적 반응을 다루는 방식은 흥미롭게도 어니스트 존스Ernest Jones와 산도르 페렌치Sandor Ferenczi에게 보낸 편지에서 플리스와의 이전 관계에 대한 간략한 언급에 반영되어 있다.

그 문제의 근저에는 다루기 힘든 일부 동성애 감정이 있습니다.

(Jones, 1953, p. 317에서 인용)

동성애적 투자의 일부가 철회되어 내 자아의 확대를 위해 활용되었습니다. 나는 편집증 환자가 실패하는 곳에서 성공했습니다.

(Brabant, Falzeder, & Giampieri-Deutsch, 1993, p. 221)

프로이트가 자신의 옛 친구에 대한 깊은 사랑을 객관화한 것은 존스에게 보낸 편지에서 "다루기 힘든 *일부* 동성애 감정"에 대해 말한 것과, 페렌치에게 보낸 편지에 "내 자아의 확장을 위해 사용된 동성애적 투자의 *일부*"에 대한 언급에 의해 드러난다. 프로이트의 초심리학에서, "부분들"로 나뉠 수 있고, 사물이나 사물의 이미지에 "투자되어서", 사물에서 자아로 재배치됨으로써 "활용될" 수 있는 존재는 물론 인간 본성의 타고난 욕동에서 나온 심리성적 에너지 흐름인 *리비도libido*이다.

친구에 대한 프로이트의 이전의 절대적인 신뢰와 믿음으로 볼 때, 프로이트 자신의 정서적 판단을 심각하게 의문시하는 비극적인 실망인, 플리스와의 재앙에 직면한 프로이트의 비통함은 어떻게 되었는가? 우리는 그가 그 딜레마를 내면화하여, 그것을 자신의 동성애적 리비도와의 투쟁으로 넘김으로써 마음속 깊은 상처를 외면했다고 믿는다. 부서진 사랑을 자신의 자아, 즉 내면적인 또는 개인적인 "나(I)"의 감각에 "재-투자"하는 것을 상상함으로써 견딜 수 없는 상실감을 극복하려는 노력은 흥미롭게도 프로이트 초심리학의 내면화 과제를 전체적으로 반영한다.

프로이트 이론에서 내면화 충동의 궁극적인 승리는 의심할 여지없이 죽음본능 아이디어에 있는데, 죽음본능에서는 죽음에 대한 감각이 모든 불안과 함께 우리의 가장 본질적인 본성의 욕동으로 변형되었다. 즉, 모든 생명의 목표는 죽음이다"(Freud, 1920, p. 38). 프로이트의 초심리학은, 그렇지 않으면 우리를 참을 수 없는 취약성의 희생자로 남겨두는 인간의 정서적 경험의 차원을 내면화하고 객관화하며 보편화한다. 이로써 그의 이론화는 인간 유한성의 고통으로부터의 탈출을 추구하며 형이상학의 한 형태이다.

하인즈 코헛과 자기 Heinz Kohut and the Self

이제 하인즈 코헛Heinz Kohut(1977)의 정신분석적 자기 심리학에 나타나는 비극적인 요소와 형이상학적인 요소의 변증법을 살펴보자. 임상적 정신분석에 대한 코헛의 엄청난 공헌은 정서적 현상학의 한 차원인 자아감의 체험과 관련이 있다. 자기 심리학의 이론적 언어인 명사 "자기"는 자아의 체험을 구체화하고 그것을 사물과 같은 속성을 지닌 형이상학적 실체로 변형시킨다. "자기"는 긴장 호tension arc로 결합된 두 개의 극을 가지고 있다. 그것은 응집적이거나 파편화될 수 있다. 그것은 약화될 수 있지만, 정신분석에서는 복원될 수 있다. 때로는 그것이 자기대상(더 많은 실체들)을 찾을 때나, 파편화되었을 때, 어떻게든지 응집력을 회복하기 위한 행동을 수행하는 것처럼, 인간 행위자의 특성을 갖기도 한다(Atwood & Stolorow, 1993, p. 186).

이 구체화하는 이론적 언어에 무엇이 문제이며, 그것이 임상적으로 중요한 이유는 무엇인가? 그의 모든 저작들 중에서 아마도 우리가 가장 좋아하는 공감과 정신분석 이론에 관한 초기의 획기적인 논문에서, 코헛(1959)은 정신분석적 조사의 영역을, 비록 그가 이런 세계를 사용하지는 않았지만, 공감과 성찰에 접근할 수 있는 *정서적 현상학emotional phenomenology*으로 정의했다. 1976년에 우리가 처음 골격적으로 개괄했던 "정신분석적 현상학"(Stolorow & Atwood, 1979; Stolorow 외, 2002)의 경우와 마찬가지로, 코헛의 초기 현상학적 강조는 그를 맥락주의의 한 형태로 이끌었다. 우리에게 코헛(1971, 1977)의 정신분석적 임상 이론에 대한 지속적이고 가장 중요한 공헌은 자아의 체험이 발달적으로 그리고 정신분석적 치료 모두에서 항상 정서적 상호 관련성의 맥락에서 구성된다는 인식이었다. 그는 자아의 체험 또는 자아의 붕괴 체험이 속속들이 맥락에 내재되어 있음을 깨달았다.

"자기"에 대한 이론적 논의는 코헛이 힘들게 얻은 임상적 맥락화에 어떤 영향을 미치는가? 사실상 그것들을 원상태로 되돌린다! 사물과 같은 속성을 지닌 형이상학적 실체로서의 "하나의 자기A self"는 존재론적으로(즉, 그것의 존재 또는 명료성에서) 탈맥락화되어 있는데, 마치 "생각하는 것"인 데카르트적 마음이 존재론적으로 그 세계로부터 고립되어 있는 것과 같다. 어떤 것은 그것이 당신에게 있든 우리 중 한 사람에게 있든 똑같은 것으로 남아있다. 자아의 체험을 실체, 즉 "내재적인 핵 프로그램"(Kohut, 1984, p. 42) 또는 "기본 설계"(p. 160)를 갖춘 "자기"로 구체화하고 변형시킴으로써, 그것의 절묘한 맥락-민감성과 맥락-의존성에 대한 그런 체험을 폭로한다. 그것이 바로 코헛이 명료하게 표현한 큰 공헌인 맥락-내재성이다!

그런 실체화하고 탈맥락화하는 객관화가 제공하는 심리적 목적은 무엇인가? 프로이트의 초심리학적 구체화처럼, 그것들은 형이상학적 환상을 통해 정서적 세계를 파괴하는 상실을 경험한 사람이라면 누구나 친숙한 비극적 요소의 차원(Stolorow, 2007), 즉 우리가 앞에서 참을 수 없는 존재의 내재성으로 설명한 인간 존재의 비극적 차원을 피하는 데 도움이 되지 않을까?[5] 자아 체험의 객관화는, 그렇지 않으면 불연속성, 불확실성, 그리고 파편화에 시달리는 개인적 정체감을 안정적이고 견고하게 만드는 역할을 한다. 대조적으로, 현상학적-맥락주의의 관점은 인간 존재의 참을 수 없는 취약성과 맥락-의존성을 수용한다.

코헛(1977)은 자신의 자기 심리학의 렌즈를 통해 본 인간을 "자신의 핵자기 패턴을 표현하려고 시도하지만 실패가 자신의 성공을 무색하게 하는 비극적인 인간"으로 묘사했다(p. 133). 코헛의 비극적 인간 개념은 어떤 핵 야망과 이상의 형성 이전에, 즉 플라톤주의의 쇠퇴와 "신의 죽음" 이후 그렇게 쉽게 회피되지 않는 비극인, 인간의 유한성 자체와 쇠퇴, 죽음, 상실의 불가피성의 비극 같은 인간 존재의 중심에 자리 잡은 비극을 놓치고 있다는 것이 우리의 견해이다. 코헛에게, "자기"의 두 극, 즉 과대화grandiose와 이상화idealizing는 유한함과 실존적인 취약함으로부터 후퇴하는 경로라기보다는, 선천적인 정신의 발달 구조였다.

결론Conclusion

딜타이가 주장한 것처럼, 인간의 유한성으로부터의 탈출을 추구하는 형이상학적 충동 그 자체가 보편적이라면, 정신분석학 이론의 미래를 위한 시사점은 무엇인가? 정서적 현상학의 영역에만 독점적으로 존재하는 진정한 초심리학/형이상학이 없는 이해의 틀이 있을 수 있을까? 그 문제에 대한 우리의 초기 생각에서(Stolorow & Atwood, 1979, 제6장), 우리는 이 질문에 대해 긍정적인 대답을 내놓았으며, 인간의 주관성에 대한 연구에 전적으로 전념하고, 그것이 시작된 이래로 정신분석학을 괴롭혀온 경험과 거리가 먼 구체화와 보편화를 생략하는 정신분석적 현상학에 대한 일련의 제안을 제시했다.

그러나 우리의 아이디어들이 수십 년에 걸쳐 발전해 오면서(Atwood & Stolorow, 1984, 1993; Stolorow & Atwood, 1992; Orange 외, 1997; Stolorow 외, 1987, 2002), 우리 역시 형이상학적 충동에서 벗어나지 못했음이 분명해졌다. 수년 동안 우리 이론화의 중심이었던 상호주관적 장의 개념 자체가 객관화되고 보편화되는 경향을 보여준다. 따라서 제7장에서 본 바와 같이, 우리가 함께 연구하는 개인적이고 협력적인 맥락에서 이 아이디어의 내재성을 충분히 생각하고(Atwood & Stolorow, 2012), 그렇게 함으로써 인간 경험의 아직 탐험되지 않은 영역을 이해하려는 노력에 대하여 잠재적으로 제한하는 영향을 초월하려고 노력했다. 우리 존재의 비극적 유한성에 대한 반응으로 발생한, 형이상학은 영구적으로 초월될 수 없으며, 따라서 완전히 초심리학에서 자유로운 정신분석학 이론은 결코 존재하지 않을 것이다. 그러나 이것이 우리 학문 분야에 제기하는 딜레마에 대한 대답은 맥락 자체에 대한 아이디어를 포함하여, 우리의 모든 이론적 아이디어의 구성적 맥락을 성찰하는 공동의 약속에 있다.

주석

1 형이상학적 환상의 가장 초기의 두 가지 사례는 우주와 인간의 영혼 모두를 정리한 변함 없고, 영원하며, 비물질적인 생각(아우구스티누스Augustine의 철학에서 신의 생각이 된)의 영역에 대한 플라톤Plato의 비전과 "지금"의 무한한 연속으로서의 시간에 대한 아리스토텔레스Aristotle의 개념인데, 두 개념은 모두 우리 현세적 존재의 비극적 유한성을 다룬다.

2 초기 어린 시절 현실 감각의 일차적인 통합과 그렇지 않으면 해체의 위협을 받는 경험 구조의 실체화hypostatization 사이에 뚜렷한 구분이 만들어질 수 있다. 전자에서는 세계가 지속적으로 실질적이고 영구적이라는 중요한 주관적 감각의 진보적인 성취를 보게 되는데, 이는 심리 발달의 초석이다. 정신증적 망상(Atwood, 2011)에 의해, 광신적이고 독단적인 종교적 믿음에 대한 소논문에 의해, 그리고 형이상학적 철학의 확실성에 의해 예시된 후자에서는, 충격적으로 산산이 부서진 경험 조직들이 보편적인 타당성을 지닌 절대적인 진리로 변형된다. 인류 역사의 특징적이었던 개탄스럽고, 끝없이 반복되는 잔혹행위와 반-잔혹행위의 순환은 집단적 트라우마의 결과로 뒤따르는 "부활적 이데올로기" 형태의 형이상학적 환상으로의 전환에서 크게 비롯된다는 것이 우리의 견해이다(Stolorow, 2011a).

3 이 장 전체에서, 우리는 니체의 철학에 대한 하이데거의 해석을 크게 활용한다. 우리가 제시하는 니체는 주로 하이데거의 니체이다.

4 정신분석학 이론의 주관적 기원에 관한 초기 연구(Atwood & Stolorow, 1993)에서, 우리는 "초심리학은 절대적인 것과 보편적인 것에 집중한다는 점에서 형이상학과 유사하다"라고 언급했다(p. 4). 프로이트, 융, 라이히, 그리고 링크의 초심리학적 체계에 대한 심리전기적 연구로부터, 우리는, 각각의 경우에, 초심리학적 구체화를 통해 "자신의 딜레마와 핵 위기에 대한 각 이론가의 해결책이 그에게는 현실에 대한 논쟁의 여지가 없는 비전이었던 정적인static 지적 시스템 속에 얼어붙게 되었다"라는 결론을 내렸다(p. 175). 우리는 이제 이런 초기의 이해에 그런 초심리학적 시스템이 인간 유한성의 비극을 회피하려는 형이상학적 환상의 형태라는 주장을 덧붙이고 있다.

5   코헛 자신은 그의 성장 과정에서 적어도 두 번의 세계를 뒤흔드는 단절을 경험했다. 하나는 제1차 세계대전과 그의 아버지의 입대, 그리고 하인즈의 유아기 동안 전쟁 포로가 되면서 그의 가족생활에 미친 영향과, 다른 하나는 그가 비엔나에서 의대생이었을 때 나치에 의해 자신의 세계가 파괴된 데에서 비롯되었다(Strozier, 2001).

제 9 장

결론
Conclusions

포스트 데카르트적 관점인 우리의 현상학적 맥락주의phenomenological contextualism는 내부와 외부, 정신과 물질, 주관적과 객관적이라는 이분법을 초월하고자 한다. 그럼에도 불구하고, 우리는 데카르트적 사고의 어떤 잔재들이 우리의 가장 최근 공식화에 여전히 남아있는지 궁금하기 시작했다. 연구의 초점이 되는 특정 현상과 그 자체에 속한다고 말하는 맥락 사이의 구분은 아마도 우리의 사고 안에 이원론을 유지하고 있는 것 같다. 우리는 맥락을 본질적으로 "구성적"이라고 기술하며, 그것들을 거의 우리 눈에 들어오는 특정 경험과 행동들에서 의미를 발생시키는 요소들의 장fields으로 묘사한다. 하지만 인간이 경험하는 것 중에서 항상 이미 그 맥락에 속하지 않는 것이 있을까? 이분법 대신 통일성을 설명하고, 인간 존재의 유기적 전체성을 정의하는 새로운 언어가 필요할 수 있는가? 이 전체론적 언어는 어떤 것이며, 정신분석학 이론과 실제의 발전을 위한 시사점은 무엇인가?

정신분석학은 이미 우리가 말하고 있는 변화를 겪기 시작했다. 분석가들이 역사적으로 의존해 왔던 친숙한 랜드마크들이 새롭고 낯선 나라가 우리 앞에 열리면서 사라지기 시작한지 오래되었다. 예를 들어, 객관적인 외부 현실에서 분리될 수 있는 "심리적 장치", "심리적 결정론", "내부 정신역동학"과 같은 전통적인 초심리학적 개념들은 물러나고 있으며, 그 안에 담긴 심리학적 지식은 상실되기보다는 해석학적, 현상학적 용어들로 번역되고 재해석되고 있다. 지속적으로 자율적인 존재를 가진 어떤 종류의 실체로 이해되는, 마음 자체의 바로 그 개념은 사라지고 있고 *경험 세계*의 개념으로 대체되고 있으며, 다양한 맥락에 의해 참여되고 유지되고 있다. 개성, 개인적 자율성, 그리고 자기-불변성에 대한 경험은 새로운 정신분석학에서도 사라지지 않는다. 그러나 그것들은 더 이상 별도로 존재하는 "생각하는 것"의 속성으로 바꾸는 데카르트적 구체화 과정을 거치지 않는다.

    30여 년 전에 쓰인 이 책의 초판에서, 우리는 철학자의 과제와 정신분석가의 과제를 뚜렷하게 구분했다. 수십 년이 지나면서, 특히 철학적 현상학의 문헌에 대한 우리의 깊은 몰입과 함께, 그것들 각각의 탐구 분야를 구분하는 경계선이 흐려지기 시작했다. 철학적 가정들assumptions은 그 이론과 실제의 모든 수준에서 정신분석학의 일부를 구성하며, 그것들은 정신분석학의 필수적인 형성적 맥락 중 하나이다. 또한 전통적으로 분리된 이런 학문 분야들 사이의 긴밀한 연관성을 강조하는 것은 철학의 정신분석과 정신분석의 철학과의 잠재적 상호관계에 대한 우리의 관심을 키우고 있다. 정신분석학 이론과 마찬가지로, 철학적 전제는 철학자의 개인 세계 및 삶의 역사에 기초한 존재 방식으로 볼 수 있다. 그런 개인적인 연관성에 대한 설명은, 우리의 관점에서, 정신분석학이 기반을 둔 가장 깊은 가정들을 재구성하고 확장하는 데 중요하게 기여할 수 있다. 심지어 정신분석학은 그 자체로 철학의 한 형태로 가장 잘 간주될 수 있다는 생각까지 들었다.

우리의 학문 분야는 항상 밀접하게 연관된 두 가지 목표, 즉 상처받은 영혼의 치유와 인간 본성 및 인간 존재의 탐구를 추구해 왔다. 개인의 경험 세계를 이해하는 우리의 방식에 변화가 발생하면서, 임상 실습 분야에서도 이에 상응하는 변화가 필연적으로 뒤따른다. 예를 들어, 정신병리학은 더 이상 고립된 개인 안에 위치된 것으로 생각되는, 일련의 별개의 정신 질환으로 축소될 수 없다. 대신에, 진단하는 일은 복잡한 상호주관적 시스템에서 반복되는 장애 또는 불균형 패턴을 식별하는 것으로 바뀐다. 이전에 구체화된 정신의학적 분류의 증상으로 간주되었던 경험과 행동의 특징들은 환자를 관찰 임상의의 참가자를 포함한 다른 사람들과 연결하는 다면적인 관계적 분야와 분리할 수 없는 것으로 이해된다. 그러면, 치료 행위는 주관적 세계의 변화와 재편성으로 재再개념화될 것이며, 이 변화는 필연적으로 분석가의 개인적 현실의 중요한 변화도 포함한다. 우리가 상상하고 있는 새롭고 더욱 통합된 관점의 또 다른 결과는 정신분석 치료가 성공적으로 적용될 수 있는 임상 영역의 확장과 관련이 있다. 전통적인 분류 시스템에서 소위 정신증이라고 불리는, 가장 심각한 장애는 상호주관적인 대참사, 즉 일반적으로 관계적 우주에 대한 지속적인 연결이 가장 근본적인 수준에서 무너진 결과로 발생하는 심리적 재앙으로 간주된다. 발생의 형성적인 상호주관적 맥락에서 이런 장애들의 참여에 대한 그런 이해는 심리치료적 개입의 치유 가능성에 대한 새로운 낙관론으로 이어진다.

　　데카르트 철학의 유산인 이중성dualities은 자연과학 대vs 인문과학, 심지어 인문학 대vs 과학과 같은 광범위하고 절대적인 구분이 포함된다. 우리 중 한 사람(앳우드)은 몇 년 전에 이 책의 제4장에 설명된 환자와 이 문제에 관해 대화를 나누었는데, 그 젊은 여성은 심각하게 외상적인 역사의 과정에서 자신이 분할했던 6개의 다른 성격을 가까스로 통합했다. 그 이야기는 그녀가 자신의 온전함을 찾은 지 한참 후에 일어났다. 그녀는 지식이 여러 가지 예리한 구분과 분리된 학문 분야로 파편화되는 것은 비극이며, 이는 그것들 모두가 공유하는 공통 기반에서 발생하는 창조적인 기회를 무시하게 한다는 생각을 제시했다. 그녀의 의견은, 그녀 자신의 치유의 깊이를 반영하면서도 우리가 동의할 만한 것이었다. 우리 자신의 작업이 속해 있는 현재 진행 중인 현상학적 혁명은 데카르트적 이분법을 약화시키고 잃어버린 인간 사고의 통일성을 회복하는 방향을 가리킨다.

참고 문헌
Reference

Abraham, K. (1919). A particular form of neurotic resistance against the psychoanalytic method. In: *Selected Papers of Karl Abraham, M.D.* London: Hogarth Press, 1927, pp. 303–311.

Arlow, J., and Brenner, C. (1964). *Psychoanalytic Concepts and the Structural Theory.* New York: International Universities Press.

Arnold, K., and Atwood G. E. (2005). Nietzsche's madness. In: *Handbook of Psychobiography*, ed. W. Schultz. New York: Oxford University Press, pp. 240–264.

Aron, L. (1996). *A Meeting of Minds.* Hillsdale, NJ: Analytic Press.

Atwood, G. E. (1974). *The loss of a loved parent and the origin of salvation fantasies.* Psychotherapy: Theory, Research and Practice, 11: 256–258.

—— (1978). On the origins and dynamics of messianic salvation fantasies. *International Review of Psychoanalysis*, 5: 85–96.

—— (1983). The pursuit of being in the life and thought of Jean-Paul Sartre. *Psychoanalytic Review*, 70: 143–62.

—— (2011). *The Abyss of Madness.* New York: Routledge.

Atwood, G. E., Orange, D. M., and Stolorow, R. D. (2002). Shattered worlds/psychotic states: A post-Cartesian view of the experience of personal annihilation. *Psychoanalytic Psychology*, 19: 281–306.

Atwood, G. E., and Stolorow, R. D. (1977a). The life and work of Wilhelm Reich: A case study of the subjectivity of personality theory. *Psychoanalytic Review*, 64: 5–20.

—— (1977b). Metapsychology, reification, and the representational world of C. G. Jung. *International Review of Psychoanalysis*, 4: 197–214.

—— (1980). Psychoanalytic concepts and the representational world. *Psychoanalysis and Contemporary Thought*, 3: 267–290.

—— (1984). *Structures of Subjectivity: Explorations in Psychoanalytic Phenomenology.* Hillsdale, NJ: The Analytic Press.

—— (1993). *Faces in a Cloud: Intersubjectivity in Personality Theory*(2nd, revised edition). Northvale, NJ: Jason Aronson.

—— (2012). The demons of phenomenological contextualism: A conversation. *Psychoanalytic Review*, 99: 267–286.

Atwood, G. E., Stolorow, R. D., and Orange, D. M. (2011). The madness and genius of post-Cartesian philosophy: A distant mirror. *Psychoanalytic Review*, 98: 263–285.

Atwood, G. E., and Tomkins, S. (1976). On the subjectivity of personality theory. *Journal of the History of the Behavioral Sciences*, 12: 166–177.

Balint, M. (1969). Trauma and object relations. *International Journal of Psychoanalysis*, 50: 429–435.

Basch, M. (1977). Developmental psychology and explanatory theory in psychoanalysis. *Annual of Psychoanalysis*, 5: 229–263.

—— (1984). Selfobjects and selfobject transference: Theoretical implications. In: *Kohut's Legacy: Contributions to Self Psychology*, ed. P. Stepansky and A. Goldberg. Hillsdale, NJ: Analytic Press, pp. 21–41.

Beebe, B. (1986). Mother–infant mutual influence and precursors of self- and object representations. In: *Empirical Studies of Psychoanalytic Theories*, Vol 2, ed. J. Masling. Hillsdale, NJ: Analytic Press, pp. 27–48.

Binswanger, L. (1963). *Being-in-the-World.* New York: Basic Books.

Boss, M. (1963). *Psychoanalysis and Daseinanalysis.* New York: Basic Books.

—— (1979). *Existential Foundations of Medicine and Psychology.* New York: Jason Aronson.

Bowlby, J. (1981). Psychoanalysis as a natural science. *International Review of Psychoanalysis*, 8: 243–257.

Brabant, E., Falzeder, E., and Giampieri-Deutsch, eds. (1993). *The Correspondence of Sigmund Freud and Sandor Ferenczi*, Vol. 1: 1908–1914. Cambridge, MA: Harvard University Press.

Brandchaft, B. (1983). The negativism of the negative therapeutic reaction and the psychology of the self. In: *The Future of Psychoanalysis*, ed. A. Goldberg, New York: International Universities Press, pp. 327–359.

—— (1993). To free the spirit from its cell. In: Progress in Self Psychology, Vol. 10, ed. A. Goldberg. Hillsdale, NJ: Analytic Press, pp. 209–230.

—— Doctors, S., and Sorter, D. (2010). *Toward an Emancipatory Psychoanalysis: Brandchaft's Intersubjective Vision.* New York: Routledge.

—— and Stolorow, R. D. (1984). The borderline concept: Pathological character oriatrogenic myth? In: *Empathy*, Vol. 2, ed. J. Lichtenberg, M. Bornstein, and D. Silver. Hillsdale, NJ: Analytic Press, pp. 333–357.

Braver, L. (2012). *Groundless Grounds: A Study of Wittgenstein and Heidegger*. Cambridge, MA: MIT Press.

Breuer, J., and Freud, S. (1893–1895). *Studies on hysteria*. Standard Edition, 2. London: Hogarth Press, 1955.

Cassirer, E. (1944). *An Essay on Man*. New Haven, CT: Yale University Press.

Condon, W., and Sander, L. (1974). Neonate movement is synchronized with adult speech. *Science*, 183: 99–101.

Dastur, F. (1994). *Death: An Essay on Finitude*. London: Athlone Press, 1996.

de Mul, J. (2004). *The Tragedy of Finitude: Dilthey's Hermeneutics of Life*. New Haven, CT and London: Yale University Press.

Descartes, R. (1641). *Meditations*. Buffalo, NY: Prometheus Books, 1989.

Dilthey, W. (1910). *Selected Works, Vol. 3: The Formation of the Historical World in the Human Sciences*. Princeton, NJ: Princeton University Press, 2002.

—— (1926). *Meaning in History*, ed. H. Rickman. London: Allen & Unwin, 1961.

Duncan, D. (1981). A thought on the nature of psychoanalytic theory. *International Journal of Psychoanalysis*, 62: 339–349.

Eissler, K. (1958). Notes on problems of technique in the psychoanalytic treatment of adolescents: With some remarks on perversions. *The Psychoanalytic Study of the Child*, 13: 223–254. New York: International Universities Press.

Erikson, E. (1950). *Childhood and Society*. New York: Norton.

—— (1954). The dream specimen of psychoanalysis. *Journal of the American Psychoanalytic Association*, 2: 5–56.

—— (1956). The problem of ego identity. In: *Identity and the Life Cycle (Psychological Issues, Monogr. 1)*. New York: International Universities Press, 1959, pp. 101–171.

Fenichel, O. (1941). *Problems of Psychoanalytic Technique*. New York: *Psychoanalytic Quarterly*.

Fosshage, J. (1983). The psychological function of dreams: A revised psychoanalytic perspective. *Psychoanalysis and Contemporary Thought*, 6: 641–669.

French, T., and Fromm, E. (1964). *Dream Interpretation: A New Approach*. New York: Basic Books.

Freud, S. (1900). The interpretation of dreams. *Standard Edition*, 4 and 5. London: Hogarth Press, 1953.

—— (1905). Three essays on the theory of sexuality. *Standard Edition*, 7: 125–243. London: Hogarth Press, 1953.

—— (1914). Remembering, repeating and working through. *Standard Edition*, 12: 146–156. London: Hogarth Press, 1958.
—— (1919). Lines of advance in psychoanalytic therapy. *Standard Edition*, 17: 157–168. London: Hogarth Press, 1955.
—— (1920). Beyond the pleasure principle. *Standard Edition*, 18: 7–64. London: Hogarth Press, 1955.
—— (1923). The ego and the id. *Standard Edition*, 19: 3–66. London: Hogarth Press, 1961.
—— (1924a). The dissolution of the oedipus complex. *Standard Edition*, 19: 173–179. London: Hogarth Press, 1961.
—— (1924b). The loss of reality in neurosis and psychosis. *Standard Edition*, 19: 183–187. London: Hogarth Press, 1961.
—— (1926). Inhibitions, symptoms, and anxiety. *Standard Edition*, 20: 77–175. London: Hogarth Press, 1959.
—— (1937). Analysis terminable and interminable. *Standard Edition*, 23: 211–253. London: Hogarth Press, 1964.
Fromm-Reichman, F. (1954). An intensive study of twelve cases of manic-depressive psychosis. In: *Psychoanalysis and Psychotherapy: Selected Papers*. Chicago, IL: University of Chicago Press, pp. 227–274.
Gadamer, H. (1975). *Truth and Method.* New York: Seabury Press.
Gallie, W. (1974). *Philosophy and the Historical Understanding.* New York: Schocken Books.
Goldberg, A. (1975). A fresh look at perverse behavior. *International Journal of Psychoanalysis*, 56: 335–342.
Greenson, R. (1967). The Technique and Practice of Psychoanalysis. New York: International Universities Press.
Greenspan, S. (1979). *Intelligence and Adaptation.* New York: International Universities Press.
Guntrip, H. (1967). The concept of psychodynamic science. *International Journal of Psychoanalysis*, 48: 32–43.
Hanly, C. (1979). *Psychoanalysis and Existentialism.* New York: International Universities Press.
Hartmann, H. (1939). *Ego Psychology and the Problem of Adaptation.* New York: International Universities Press, 1958.
Heidegger, M. (1927). *Being and Time*, trans. J. Macquarrie and E. Robinson. New York: Harper & Row, 1962.
—— (1954). *Nietzsche, Vol. II: The Eternal Recurrence of the Same.* New York: Harper & Row, 1984.

—— (1961). *Nietzsche, Vol. III: The Will to Power as Knowledge and as Metaphysics*. New York: Harper & Row, 1987.
Hoffer, W. (1950). Development of the body ego. *The Psychoanalytic Study of the Child*, 5: 18–23. New York: International Universities Press.
Husserl, E. (1931). *Ideas: An Introduction to Pure Phenomenology*. New York: Macmillan.
—— (1936). *The Crisis of European Sciences and Transcendental Phenomenology*. Evanston, IL: Northwestern University Press, 1970.
Jacobson, E. (1964). *The Self and the Object World*. New York: International Universities Press.
Jones, E. (1953). *The Life and Work of Sigmund Freud, Vol. 1: The Formative Years and the Great Discoveries 1856–1900*. New York: Basic Books.
Jung, C. G. (1943, 1945). *Two Essays on Analytical Psychology*. New York: Meridian, 1965.
—— (1961). *Memories, Dreams, Reflections*. New York: Vintage.
Kernberg, O. (1975). *Borderline Conditions and Pathological Narcissism*. New York: Jason Aronson.
—— (1976). *Object Relations Theory and Clinical Psychoanalysis*. New York: Jason Aronson.
Klein, G. S. (1976). *Psychoanalytic Theory: An Exploration of Essentials*. New York: International Universities Press.
Klein, M. (1957). *Envy and Gratitude*. New York: Basic Books.
Kohut, H. (1959). Introspection, empathy, and psychoanalysis: An examination of the relationship between mode of observation and theory. In: *The Search for the Self*, ed. P. Ornstein. New York: International Universities Press, 1978, pp. 205–232.
—— (1971). *The Analysis of the Self*. New York: International Universities Press.
—— (1977). *The Restoration of the Self*. New York: International Universities Press.
—— (1983). Selected problems of self psychological theory. In: *Reflections on Self Psychology*, ed. J. Lichtenberg and S. Kaplan. Hillsdale, NJ: Analytic Press, pp. 387–416.
—— (1984). *How Does Analysis Cure?*, ed. A. Goldberg and P. Stepansky. Chicago, IL: University of Chicago Press.
Lacan, J. (1953). The function and field of speech and language in psychoanalysis. In: *Ecrits*. New York: Norton, 1977, pp. 30–113.
—— (1958). The direction of the treatment and the principles of its power. In: *Ecrits*. New York: Norton, 1977, pp. 226–280.
Langer, S. (1942). *Philosophy in a New Key*. Cambridge, MA: Harvard University Press.

Leavy, S. (1980). *The Psychoanalytic Dialogue.* New Haven, CT: Yale University Press.
Lerner, B. (1967). Dream function reconsidered. *Journal of Abnormal Psychology,* 72: 85–100.
Levi-Strauss, C. (1963). *Structural Anthropology.* New York: Basic Books.
Lichtenberg, J. (1975). The development of the sense of self. *Journal of the American Psychoanalytic Association,* 23: 453–484.
—— (1978). Transmuting internalization and developmental change. Presented at Chicago Conference on the Psychology of the Self, October.
—— (1981). Implications for psychoanalytic theory of research on the neonate. *International Review of Psychoanalysis,* 8: 35–52.
Lichtenstein, H. (1961). Identity and sexuality: A study of their interrelationship in man. *Journal of the American Psychoanalytic Association,* 9: 179–260.
Loewald, H. (1960). On the therapeutic action of psychoanalysis. *International Journal of Psychoanalysis,* 41: 16–33.
—— (1970). Psychoanalytic theory and the psychoanalytic process. *The Psychoanalytic Study of the Child,* 25: 45–68. New York: International Universities Press.
—— (1978). *Psychoanalysis and the History of the Individual.* New Haven, CT: Yale University Press.
Mahler, M. (1968). *On Human Symbiosis and the Vicissitudes of Individuation.* New York: International Universities Press.
—— Pine, F., and Bergman, A. (1975). *The Psychological Birth of the Human Infant.* New York: Basic Books.
Makkreel, R. (1975). *Dilthey: Philosopher of the Human Studies.* Princeton, NJ: Princeton University Press.
May, R., Angel, E., and Ellenberger, H. (1958). *Existence.* New York: Basic Books.
Miller, A. (1979). *Prisoners of Childhood.* New York: Basic Books, 1981.
Modell, A. (1976). The "holding environment" and the therapeutic action of psychoanalysis. *Journal of the American Psychoanalytic Association,* 24: 285–307.
Monchaux, C. de (1978). Dreaming and the organizing function of the ego. *International Journal of Psychoanalysis,* 59: 443–453.
Murray, H. (1938). *Explorations in Personality.* New York: Science Editions, 1962.
Nietzsche, F. (1858). Out of my life (Aus meinem Leben). In: *Der Werdende Nietzsche,* ed. E. Forster-Nietzsche. Munich, Germany: Musarion-Verlag, 1924.
—— (1882). *The Gay Science.* New York: Vintage Books, 1974.
—— (1892). *Thus Spoke Zarathustra.* New York: Penguin, 1966.
—— (1908). *Ecce Homo.* New York: Vintage Books, 1967.

Nydes, J. (1950). The magical experience of the masturbation fantasy. *American Journal of Psychotherapy*, 4: 303–310.

Orange, D. M., Atwood, G. E., and Stolorow, R. D. (1997). *Working Intersubjectively: Co ntextualism in Psychoanalytic Practice*. Hillsdale, NJ: The Analytic Press.

Palmer, R. (1969). *Hermeneutics: Interpretation Theory in Schleiermacher, Dilthey, Heidegger, and Gadamer*. Evanston, IL: Northwestern University Press.

Perls, F. (1969). *In and Out the Garbage Pail*. Moab, UT: Real People Press.

Piaget, J. (1970a). *The Place of the Sciences of Man in the System of Sciences*. New York: Harper & Row, 1974.

—— (1970b). *Structuralism*. New York: Basic Books.

—— (1972). *The Child and Reality*. New York: Viking Press, 1973.

Putnam, H. (1990). *Realism With a Human Face*. Cambridge, MA: Harvard University Press.

Ricouer, P. (1970). *Freud and Philosophy*. New Haven, CT: Yale University Press.

—— (1974). The question of proof in Freud's psychoanalytic writings. *Journal of the American Psychoanalytic Association*, 25: 835–871.

Riviere, J. (1936). A contribution to the analysis of the negative therapeutic reaction. *International Journal of Psychoanalysis*, 17: 304–320.

Sander, L. (1975). Infant and caretaking environment: Investigation and conceptualization of adaptive behavior in a system of increasing complexity. In: *Explorations in Child Psychiatry*, ed. E. J. Anthony. New York: Plenum Press, p. 147.

—— (1976). Epilogue. In: *Infant Psychiatry: A New Synthesis*, ed. E. Rexford et al. New Haven, CT: Yale University Press.

—— (1977). The regulation of exchange in the infant–caretaker system and some aspects of the context–content relationship. In: *Interaction, Conversation, and the Development of Language*, ed. M. Lewis and L. Rosenblum, New York: Wiley, pp. 133–156.

Sandler, J., and Rosenblatt, B. (1962). The concept of the representational world. *Psychoanalytic Study of the Child*, 17: 128–145. New York: International Universities Press.

Sandler, J., and Sandler, A.-M. (1978). On the development of object relationships and affects. *International Journal of Psychoanalysis*, 59: 285–296.

Sartre, J.-P. (1943). *Being and Nothingness*. New York: Washington Square Press, 1966.

—— (1946). *No Exit*. New York: Knopf, 1947.

—— (1964). *The Words*. New York: Braziller.

Schafer, R. (1976). *A New Language for Psychoanalysis*. New Haven, CT: Yale University Press.

Schur, M. (1972). *Freud: Living and Dying*. Madison, CT: International Universities Press.

Schwaber, E. (1979). On the 'self' within the matrix of analytic theory—some clinical reflections and reconsiderations. *International Journal of Psychoanalysis*, 60: 467–479.

Sherwood, M. (1969). *The Logic of Explanation in Psychoanalysis*. New York: Academic Press.

Slap, J., and Saykin, A. (1980). The schema: Basic concept in a non-metapsychological model of the mind. Presented at meeting of the American Psychoanalytic Association, New York, December.

Socarides, C. (1978). *Homosexuality*. New York: Jason Aronson.

—— (1980). Perverse symptoms and the manifest dream of perversion. In: *The Dream in Clinical Practice*, ed. J. Natterson. New York: Jason Aronson, pp. 237–256.

Socarides, D. D., and Stolorow, R. D. (1984/85). Affects and selfobjects. *Annual of Psychoanalysis*, 12/13: 105–119.

Spence, D. (1982). *Narrative Truth and Historical Truth*. New York: Norton.

Spiegelberg, H. (1976). *The Phenomenological Movement*. The Hague: Martinus Nijhoff.

Spitz, R. (1964). The derailment of dialogue. *Journal of the American Psychoanalytic Association*, 12: 752–775.

Steele, R. (1979). Psychoanalysis and hermeneutics. *International Review of Psychoanalysis*, 6: 389–411.

Stern, D. (1971). A microanalysis of mother–infant interaction. *Journal of the American Academy of Child Psychiatry*, 10: 501–517.

—— (1983). The early development of schemas of self, of other, and of various experiences of "self with other." In: *Reflections on Self Psychology*, ed. J. Lichtenberg and S. Kaplan. Hillsdale, NJ: Analytic Press, pp. 49–84.

Stolorow, R. D. (1978a). The concept of psychic structure: Its metapsychological and clinical psychoanalytic meanings. *International Review of Psychoanalysis*, 5: 313–320.

—— (1978b). Themes in dreams: A brief contribution to therapeutic technique. *International Journal of Psychoanalysis*, 59: 473–475.

—— (1979). Psychosexuality and the representational world. *International Journal of Psychoanalysis*, 60: 39–45.

—— (1999). The phenomenology of trauma and the absolutisms of everyday life: A personal journey. *Psychoanalytic Psychology*, 16: 464–468.

—— (2007). *Trauma and Human Existence: Autobiographical, Psychoanalytic, and Philosophical Reflections*. New York: Routledge.

—— (2011a). The meaning and the rhetoric of evil: Auschwitz and bin Laden. *Russian Journal*, June 17, pp. 18–19. Posted in English on *Huffington Post*, June 27.

—— (2011b). *World, Affectivity, Trauma: Heidegger and Post-Cartesian Psychoanalysis*. New York: Routledge.

—— (2013). Intersubjective-systems theory: A phenomenological-contextualist psychoanalytic perspective. *Psychoanalytic Dialogues*, 23: 383–389.

Stolorow, R. D., and Atwood, G. E. (1973). Messianic projects and early objectrelations. *American Journal of Psychoanalysis*, 33: 213–215.

—— (1976). An ego-psychological analysis of the work and life of Otto Rank in the light of modern conceptions of narcissism. *International Review of Psychoanalysis*, 3: 441–459.

—— (1978). A defensive–restitutive function of Freud's theory of psychosexual development. *Psychoanalytic Review*, 65: 217–238.

—— (1979). *Faces in a Cloud: Subjectivity in Personality Theory*. New York: Jason Aronson.

—— (1992). *Contexts of Being: The Intersubjective Foundations of Psychological Life*. Hillsdale, NJ: The Analytic Press.

—— (2012). Deconstructing "the self" of self psychology. *International Journal of Psychoanalytic Self Psychology*, 7: 573–576.

Stolorow, R. D., Atwood, G. E., and Brandchaft, B. (1988). Symbols of subjective truth in psychotic states: Implications for psychoanalytic treatment. In: *Frontiers in Self Psychology: Progress in Self Psychology*, Vol. 3, ed. A. Goldberg. Hillsdale, NJ: Analytic Press, pp. 103–142.

Stolorow, R. D., Atwood, G. E., and Lachmann, F. (1981). Transference and countertransference in the analysis of developmental arrests. Bulletin of the Menninger Clinic, 45: 20–28.

Stolorow, R. D., Atwood, G. E., and Orange, D. M. (2002). *Worlds of Experience: Interweaving Philosophical and Clinical Dimensions in Psychoanalysis*. New York: Basic Books.

—— (2010). Heidegger's Nazism and the hypostatization of Being. *International Journal of Psychoanalytic Self Psychology*, 5: 429–450.

Stolorow, R. D., Atwood, G. E., and Ross, J. (1978). The representational world in psychoanalytic therapy. *International Review of Psychoanalysis*, 5: 247–256.

Stolorow, R. D., Brandchaft, B., and Atwood, G. (1983). Intersubjectivity in psychoanalytic treatment: With special reference to archaic states. *Bulletin of the Menninger Clinic*, 47: 117–128.

—— (1987). *Psychoanalytic Treatment: An Intersubjective Approach*. Hillsdale, NJ: The Analytic Press.

Stolorow, R. D., and Lachmann, F. (1980). *Psychoanalysis of Developmental Arrests: Theory and Treatment*. New York: International Universities Press.

—— (1984/85). Transference: The future of an illusion. *Annual of Psycho analysis*, 12/13: 19–37.

Stone, L. (1961). *The Psychoanalytic Situation*. New York: International Universities Press.

Strachey, J. (1934). The nature of the therapeutic action of psychoanalysis. *International Journal of Psychoanalysis*, 15: 127–159.

Strozier, C. (2001). *Heinz Kohut: The Making of a Psychoanalyst*. New York: Farrar, Straus, & Giroux.

Sullivan, H. S. (1953). *Interpersonal Theory of Psychiatry*. New York: Norton.

Thomson, I. D. (2005). *Heidegger on Ontotheology: Technology and the Politics of Education*. Cambridge, UK: Cambridge University Press.

—— (2011). *Heidegger, Art, and Postmodernity*. Cambridge, UK: Cambridge University Press.

Tomkins, S. (1963). *Affect, Imagery, Consciousness*, Vol. 2: The Negative Affects. New York: Springer.

Viderman, S. (1974). Interpretation in the analytical space. *International Review of Psychoanalysis*, 1: 467–480.

Waelder, R. (1936). The principle of multiple function: Observations on overdetermination. *Psychoanalytic Quarterly*, 5: 45–62.

Winnicott, D. (1935). The manic defense. In: *Through Paediatrics to Psycho-Analysis*. New York: Basic Books, 1975, pp. 129–144.

—— (1951). Transitional objects and transitional phenomena. In: *Though Paediatrics to Psycho-Analysis*. New York: Basic Books, 1975, pp. 229–242.

—— (1960). Ego distortion in terms of true and false self. In: *The Maturational Processes and the Facilitating Environment*. New York: International Universities Press, 1965, pp. 140–152.

—— (1965). *The Maturational Processes and the Facilitating Environment*. New York: International Universities Press.

Wolf, E. (1980). On the developmental line of selfobject relations. In: *Advances in Self Psychology*, ed. A. Goldberg. New York: International Universities Press, pp. 117–130.

저자 색인
Author Index

가다머(Gadamer, H.) 6
갈리(Gallie, W.) 9
건트립(Guntrip, H.) 6
골드버그(Goldberg, A.) 112
그린선(Greenson, R.) 64
그린스펀(Greenspan, S.) 44

나이즈(Nydes, J.) 112
니체(Nietzsche, F.) 168, 172, 176, 199, 200-204, 215n

다스투르(Dastur, F.) 197
던컨(Duncan, D.) 48
데카르트(Descartes, R.) 11, 164, 168, 199
드 멀(de Mul, J.) 198
딜타이(Dilthey, W.) 4-5, 8, 197-198, 213

라이히(Reich, W.) 58-59, 147, 151, 172, 174, 215n
라캉(Lacan, J.) 6, 49n, 103
랑크(Rank, O) 151, 172, 174, 215n
랭거(Langer, S,) 140
러너(Lerner, B.) 137n
레비(Leavy, S.) 6

레비-스트라우스(Levi-Strauss, C.) 49n
뢰발트(Loewald, H.) 54, 70, 78, 80
리비에르(Riviere, J.) 62
리쾨르(Ricouer, P.) 6, 9
리히텐버그(Lichtenberg, J.) viii, 46, 73, 80
리히텐슈타인(Lichtenstein, H.) 80, 83

마크릴(Makkreel, R.) 4
말러(Mahler, M.) 79
말러, 파인, 그리고 베르그만(Mahler, M., Pine, F. and Bergman, A.) 45, 85, 110
머레이(Murray, H.) 143, 152
메이, 엥겔, 그리고 엘렘버거(May, R., Angel, E., 그리고 Ellemberger, H.) 38
밀러(Miller, A.) 83, 107
모델(Modell, A.) 54
몽쇼(Monchaux, C.) 138n

바쉬(Basch, M) 81
바엘더(Waelder, R.) 55, 121
발린트(Balint, M.) 54
보스(Boss, M.) 38

보울비(Bowlby, J.) 79
브라반트, 팔제더, 그리고 쟘피에리(Brabant, Falzeder & Giampieri-Deutsch) 209
브랜드샤프트(Brandchaft, B.) xⅱ, 62, 75, 100, 155, 156, 161, 162, 163
브랜드샤프트 와 스톨로로우 66, 155
브레이버(Braver, L.) 197
브로이어 와 프로이트 102
비더만(Viderman, S.) 8
비베(Beebe, B.) vii, 81
빈스방거(Binswanger, L.) 38

사르트르(Sartre, J.-P) 11, 29-37, 49n, 172
샌더(Sander, L.) 78, 80
샌들러 와 로젠블라트(Sandler, J., and Rosenblatt, B.) 148
샌들러 와 샌들러(Sandler J., Rosenblatt, B., and Sandler, A.-M) 41, 108
설리반(Sullivan, H. S.) 80
셔우드(Sherwood, M.) 6, 9
셰이퍼(Schafer, R.) 6, 43, 205
소카리데스(Socarides, C.) 112, 122
소카리데스 와 스톨로로우(Socarides, C., and Stolorow, R. D.) 156, 165, 190
슈바버(Schwaber, E.) 50, 81
슈어(Schur, M.) 209
스턴(Stern, D.) 81
스톤(Stone, L.) 54
스톨로로우(Stolorow, R. D.) xi, 110, 117, 144, 154
스톨로로우, 브랜드샤프트, 그리고 앳우드 75n, 156, 162
스톨로로우 와 앳우드 (1973)145, (1976)148, (1978)151, (1979)xi, 43, 45, 50, 56, 59, 103, 108, 152, 171, 174, 211, 213, (1992)158, 159, 164, 190, 208, 213, (2012)200

스톨로로우 와 라흐만 (1980)45, 48, 54, 62, 72, 73, 105, 109, 110, 112, 137n
스톨로로우, 앳우드, 그리고 라흐만 62
스톨로로우, 앳우드, 그리고 로스(Ross, J.) 75n, 154
스톨로로우, 앳우드, 그리고 오렌지(Orange, D. M.) 29, 156, 159, 163, 168, 211
스톨로로우, 외 157, 162
스트레이치(Strachey, J.) 70
스트로지어(Strozier, C.) 215n
스틸(Steele, R.) 6
스펜스(Spence, D.) 9
스피겔버그(Spiegelberg, H.) 17
스피츠(Spitz, R.) 80, 81
슬랩 과 세이킨(Slap, J., and Saykin, A.) 41

아브라함(Abraham, K.) 62
아놀드와 앳우드 203
아들러(Adler, A.) 146-147
아론(Aron, L.) 154
아이슬러(Eissler, K.) 112
알로우 와 브래너(Arlow, J. and Brenner, C) 121
앳우드(Atwood, G. E.) 143, 145, 164, 167, 170, 193
  앳우드(G.A.) 145-155, 161-164, 173-194, 218
앳우드와 스톨로로우 147, 148, 150, 152, 155, 169, 171, 209, 211, 213
앳우드와 톰킨스 148
앳우드, 오렌지, 그리고 스톨로로우 167-168, 173
앳우드, 스톨로로우, 그리고 오렌지 163
에릭슨(Erikson, E.) 46, 79, 110, 137n
오렌지, 앳우드, 그리고 스톨로로우 163, 213
울프(Wolf, E.) xi, 81
위니캇(Winnicott, D.) 54, 78, 83, 104, 105, 107, 133

229

융(Jung, C. G.) 107, 147, 150, 151, 172, 174, 215n

제이콥슨(Jacobson, E.) 45, 46
존스(Jones, E.) 209

카시러(Cassirer, E.) 140
컨버그(Kernberg, O.) 46, 62, 85, 155
코헛(Kohut, H.) ix, xi, 69, 94, 215n, (1959)6, 50, 149, 211, (1971)66, 115, 149, 155, 156, (1971,1977)42, 45, 46, 48, 54, 62, 72, 81, 85, 112, 211, (1977)xi, 6, 111, 122, 211, 212, (1983)82, (1984)211
  자기 211-213
클라인(Klein, M.) 62
클라인(Klein, G. S.) xi, 6, 41, 43, 119, 149, 154, 205
키에르케고르(Kierkegaard, S.) 162, 168, 172, 180

톰슨(Thomson, I. D.) 198
톰킨스(Tomkins, S.) xi, 143-144, 146, 148, 151, 153, 170n

팔머(Palmer, R.) 6
퍼트넘(Putnam, H.) 176
펄즈(Perls, F.) 58, 59
페니첼(Fenichel, O.) 55
포샤지(Fosshage, J.) 138n
프렌치 와 프롬(French, T. and Fromm, E.) 138n
프로이트(Freud, S.) 2, 6, 37, 38, 102, 146, 147, 151, 153, 172, 174, 205, 210, 212, 215n, (1900)115, 119, 138n, (1905)111, (1914)70, (1919)53, (1920)208, 210, (1923)62, (1824a)85, (1924b)162, (1926)157, (1937)62, 70, 207, 208

꿈 115-123
  본능적 욕동 206-210
프롬-라이히만(Fromm-Reichmann, F.) 163
피아제(Piaget, J.) 41, 44, 49n, 57

하이데거(Heidegger, M.) 11, 19-29, 49n, 166, 168, 172, 197, 198, 200-202, 204, 215n
하트만(Hartmann, H.) 79
핸리(Hanly, C.) 37
호퍼(Hoffer, W.) 110
후설(Husserl, E.) 11-19, 22, 49n, 172

주제 색인
Subject Index

개별화된 자아 110
거짓 자기 78-82
경계선 사례 66-67, 155
경험과학 10, 11, 15
경험 구조 41
경험세계 216
고뇌 32
고립된 정신 157, 175, 176
    의 이론 164
"고유한 삶의 역사" 175, 205
구순기-함입 110
구조 변형 70-71
구조주의 38-41
    탐구 39, 40
    동기부여 42
    인격 구조 41-42
    인격 발달 44-47
    심리적 건강과 병리 47-48
    억압 43-44
    무의식 43-44
구조화 41, 44, 45, 47, 49, 53, 56, 57, 72
    불충분한/잘못된 4 8, 70, 71, 74
    최적의 47
    개인 경험의 44-47
    자기의 73, 81, 109, 110, 111, 122

구체적인 상징화 119-123
구체화 101-103, 115, 122, 136, 140
    와 상징 대상들 104-108
꿈 115-119
    임상 사례 123-
    과 구체적 상징화 119-123
    프로이트 115-122
    해석의 본질 116-119
    니체 203
금욕 53, 55, 63
"기묘함" 25, 27, 166

나쁜 믿음 32

대상 항상성 46
대자존재 29-30, 33, 35
대타존재 34-36
도구존재 22
동기부여 42, 101
동성애 113-114

럿거스 대학교 143, 153
리비도 210
리빙스턴 대학 143

"린다" 사례 연구 91-94

마음 씀 22, 23
"마크" 사례 연구 113-114
맥락주의, 와 상호주관성 153-155
메시아적 구원 환상 145-146
모-자 관계 80-85
무(nothingness) 29, 30, 31, 33, 34, 37, 204
무의식 43-44
　　과 꿈 115-116
　　역동적 43
　　선(先)성찰적 44, 49n, 115-117, 154-155

발달 국면 82
발달 심리학 44-47
발달 트라우마 157-159
병인 63-64
변형적 내재화 47
보편적인 불변량들 13
본능적 욕동 206-210
부정적인 치료 반응 62-65
분석적 공간 8
불변성 40
불안 24

사물존재 22
사례 역사 9
사례 연구 6-8
상징 대상들 104-108
상호작용주의적 관점 79-80
상호주관성 14, 50, 56, 62, 80, 139
　　과 맥락주의 153-156
　　은 스스로를 돌아보게 한다 167-169
상호주관적 결합 56-61
상호주관적 시스템 154
상호주관적 장 6-9, 67, 70, 74, 82-85, 139, 155, 156, 160, 167, 193-195, 213

서술적 사례 역사 9
선(先)성찰적 무의식 44, 49n, 115-117, 155
성격(character) 41
성격 발달 154
성격 이론 194
성격이론의 주관성 146-153
성애적인 활동 111-115
성적 실연들 109
세계관 198
세계-내-존재 21-23
세인(Man) 23
"세인(the they)" 23
소원성취 118, 126
신경증 증상들 102-104
실연들 108-115
실존범주 21
"실존은 본질에 앞선다" 31
심리성적 발달 109-114, 151, 206, 210
심리적 건강과 병리 47-48

악마들 173-177
양극성 장애 162
억압 43-44, 159, 160
에이미 사례 연구 86-90
엠페도클레스 207, 208
역동적 무의식 43
역사적 탐구 5
역전이 8, 56-62, 64
영원회귀 200-203
예측(prediction) 40
오이디푸스 콤플렉스 시기 110
　　임상 사례 예시 96-100
　　의 통과 94-96
유럽 허무주의 202, 203, 204
유아 45, 78-85
의미 4, 7-8, 42, 83, 102, 205
의미의 패턴 8

의식 16
　의 부름 27
　의 이미지 17
　의 해방 13
　사르트르 29-32, 36-37
인간 19
인간 이해의 맥락 177, 190
인격(personality) 78-80
　발달 44-47
　구조 41-42
인격학 143-144, 153
인과분석 39
인문과학 4
인식론적 트라우마 182, 187
"인식론적 횡포" 187
일상생활의 절대론 165
임상 이론 205, 211
　프로이트 119-122
　클라인 119, 154, 205

자기(코헛) 211-213
자기-경계 형성 85
　임상 사례 예시 86-91
자기대상 45, 47, 54, 62, 156, 211
　전이 62, 66, 69-72, 81-82, 104
"자기 상태 꿈" 122
자기애(나르시시즘) 62, 69, 113, 148
자기애적 성격장애 66, 155
자기-타자 분화 85
　임상 사례 예시 86-91
자연과학 9, 10
자연 상태 79
자유 31, 32, 33, 36
자유연상 52-53
장난감 곰 107
"재경험" 4
재외상화 158

전이 8, 56-62, 93, 155
전이 신경증, 의 사례 67-70
전이 저항 70, 74
정동성 156-161
정동의 우선성 156-161. 177
정동적으로 모순된 경험의 통합 91
　임상 사례 예시 91-94
정서적 거처 160, 181
정서적 트라우마 169-170, 171-173
　와 인간 존재 164-166
　개인적인 원인들 178-195
정서적 현상학 206, 211
정신병리 66-70
정신분석 사례 연구 6-9
정신분석 상황 51-56
정신분석적 현상학 3, 9, 74, 75, 117. 151, 153,
　　　175, 211, 213
　과 꿈 116-117
　의 언어 44-48
정신증 상태: 생성적인 삼자대화 161-163
"조나단" 사례 연구 96-100
조울증적 163
존재 19-22, 29, 199
주관성, 의 이론 149
주관적 맥락주의 42
주관적 진실 162
죽음 25-26
죽음본능 210
죽음에-이르는-존재 166
중간대상 104-108
즉자존재 29-30, 32-33
직관적인 본질들 13

착각 104
"참을 수 없는 존재의 내재성" 165, 208
철학자들 168-169, 172
철학적 현상학 9-11, 38

하이데거 19-29
　　훗설 11-19
　　사르트르 29
초심리학 ix, 38, 149, 150, 195, 199, 206,
　　　215n, 217
　　프로이트 151, 153, 206, 210-212
　　클라인 119, 149, 154, 205-206
초월적 자아 12, 14, 15, 16, 19
초월적 주관성 13, 22
"초월적 현상학" 11-19
초월적 환원 18, 19
치료작용 70-74

타자들 23
타자들과 함께 있는 존재 22-23
퇴락 24
트라우마를 입은 상태 160

"판단중지" 12-14
플라톤 152, 199, 200, 202, 212, 214n
플리스, 빌헬름 208, 209
피투성 22

항문기 보유방식 110
해석 55-56, 62, 63
　　꿈의 116-119
해석학적 전통 3-9
　　순환 4-7
현상학적 맥락주의 171-173, 178, 195, 196,
　　　216
현상학적 환원 11, 12, 15
현존재(Being-there) 19
현존재(Dasein) 19-29, 38
환상 166, 198
　　　형이상학적 198, 200, 204, 206, 207,
　　　　212, 214n

234

현대정신분석연구소 총서

◇ 정기 간행물

- 정신분석 프리즘

◇ 대상관계이론과 기법 시리즈

멜라니 클라인
- 멜라니 클라인
- 임상적 클라인
- 무의식적 환상

도널드 위니캇
- 놀이와 현실
- 그림놀이를 통한 어린이 심리치료
- 성숙과정과 촉진적 환경
- 박탈과 비행
- 소아의학을 거쳐 정신분석학으로
- 가정, 우리 정신의 근원
- 아이, 가족, 그리고 외부세계
- 울타리와 공간
- 참자기
- 100% 위니캇
- 안아주기와 해석

로널드 페어베언
- 성격에 관한 정신분석학적 연구

크리스토퍼 볼라스
- 대상의 그림자
- 환기적 대상세계
- 끝없는 질문
- 그들을 잡아줘 떨어지기 전에

오토 컨버그
- 내면세계와 외부현실
- 대상관계이론과 임상적 정신분석
- 인격장애와 성도착에서의 공격성

◇ 대상관계이론과 기법 시리즈

그 외 이론 및 기법서
- 심각한 외상과 대상관계
- 정신분석학적 대상관계이론
- 대상관계 개인치료1: 이론
- 대상관계 개인치료2: 기법
- 대상관계 부부치료
- 대상관계 단기치료
- 대상관계 가족치료1
- 대상관계 집단치료
- 초보자를 위한 대상관계 심리치료
- 단기 대상관계 부부치료
- 대상관계이론과 정신병리

◇ 하인즈 코헛과 자기심리학 시리즈

- 자기의 분석
- 자기의 회복
- 정신분석은 어떻게 치료하는가?
- 하인즈 코헛과 자기심리학
- 하인즈 코헛의 자기심리학 이야기1
- 자기심리학 개론
- 코헛의 프로이트 강의
- 주관성의 구조

◇ 아스퍼거와 자폐증

- 자폐아동을 위한 심리치료
- 살아있는 동반자
- 아동 자폐증과 정신분석
- 아스퍼거 아동으로 산다는 것은?
- 자폐아동의 부모를 위한 101개의 도움말
- 자폐적 변형

◇ 비온학파와 현대정신분석

- 신데렐라와 그 자매들
- 애도
- 정신분열증 치료와 모던정신분석
- 정신분석과 이야기 하기
- 비온 정신분석사전
- 전이담기
- 상호주관적 과정과 무의식
- 숙고
- 윌프레드 비온의 임상 세미나
- 미래의 비망록
- 분석적 장: 임상적 개념
- 상상을 위한 틀
- 자폐적 변형

제임스 그롯슈타인
- 흑암의 빛줄기
- 그러나 동시에 또 다른 수준에서 I
- 그러나 동시에 또 다른 수준에서 II

마이클 아이건
- 독이든 양분
- 무의식으로부터의 불꽃
- 감정이 중요해
- 깊이와의 접촉
- 심연의 화염
- 정신증의 핵
- 신앙과 변형

도널드 멜처
- 멜처읽기
- 아름다움의 인식
- 폐소
- 꿈 생활
- 비온 이론의 임상적 적용
- 정신분석의 과정

◇ 정신분석 주요개념 및 사전

- 꿈 상징 사전
- 편집증과 심리치료
- 프로이트 이후
- 정신분석 용어사전
- 환자에게서 배우기
- 비교정신분석학
- 정신분석학 주요개념
- 정신분석학 주요개념2: 임상적 현상
- 오늘날 정신분석의 꿈 담론
- 비온 정신분석 사전

◇ 사회/문화/교육/종교 시리즈

- 인간의 욕망과 기독교 복음
- 살아있는 신의 탄생
- 현대 정신분석학과 종교
- 종교와 무의식
- 인간의 관계경험과 하나님 경험
- 살아있는 인간문서
- 신학과 목회상담
- 성서와 정신
- 목회와 성
- 교육, 허무주의, 생존
- 희망의 목회상담
- 전환기의 종교와 심리학
- 신경증의 치료와 기독교 신앙
- 치유의 상상력
- 영성과 심리치료
- 의례의 과정
- 외상, 심리치료 그리고 목회신학
- 모성의 재생산
- 상한 마음의 치유

현대정신분석연구소 총서

◇ 사회/문화/교육/종교 시리즈

- 그리스도인의 원형
- 융의 심리학과 기독교 영성
- 살아계신 하나님과 우리의 살아있는 정신
- 정신분석과 기독교 신앙
- 성서와 개성화
- 나의 이성 나의 감성

◇ 아동과 발달

- 유아의 심리적 탄생
- 내면의 삶
- 아기에게 말하기
- 난 멀쩡해. 도움 따윈 필요 없어!
- 놀이와 현실
- 그림놀이를 통한 어린이 심리치료
- 성숙과정과 촉진적 환경
- 박탈과 비행
- 소아의학을 거쳐 정신분석학으로
- 가정, 우리 정신의 근원
- 아이, 가족, 그리고 외부세계
- 울타리와 공간
- 참자기
- 100% 위니캇
- 자폐아동을 위한 심리치료
- 아스퍼거 아동으로 산다는 것은?
- 자폐 아동의 부모를 위한 101개의 도움말

◇ 자아심리학/분석심리학/기타 학파

- C.G. 융과 후기 융학파
- C. G, 융
- 하인즈 하트만의 자아심리학
- 자기와 대상세계
- 프로이트의 정신분석학

◇ 스토리텔링을 통한 어린이 심리치료 전집

- 스토리텔링을 통한…심리치료(가이드 북)
- 감정을 억누르는 아동을 도우려면
- 강박증에 시달리는 아동을 도우려면
- 마음이 굳어진 아동을 도우려면
- 꿈과 희망을 잃은 아동을 도우려면
- 두려움이 많은 아동을 도우려면
- 상실을 경험한 아동을 도우려면
- 자존감이 낮은 아동을 도우려면
- 그리움 속에 사는 아동을 도우려면
- 분노와 증오에 사로잡힌 아동을 도우려면

◇ 정신분석 아카데미 시리즈

- 성애적 사랑에서 나타나는 자기애와 대상애
- 싸이코패스는 누구인가?
- 영조, 사도세자, 정조 그들은 왜?
- 정신분석에서의 종결
- 자폐적 대상에 대한 정신분석학적 연구
- 정신분석과 은유
- 정신분열증, 그 환상의 세계로 가다
- 사라짐의 의미
- 제4차 산업혁명에 대한 정신분석적 고찰

◇ 초심자를 위한 추천도서

- 멜라니 클라인
- 놀이와 현실
- 100% 위니캇
- 초보자를 위한 대상관계 심리치료
- 하인즈 코헛과 자기심리학
- 프로이트 이후
- 왜 정신분석인가?

현대정신분석연구소 수련 과정 안내

이 책을 혼자 읽고 이해하기 어려우셨나요? 그렇다면 함께 공부합시다!
현대정신분석연구소에서 이 책의 내용에 대한 강의를 들으실 수 있습니다.

현대정신분석연구소는 1996년에 한국심리치료연구소라는 이름으로 창립되어, 국내에 정신분석 및 대상관계이론을 전파하는 선구자적 역할을 해왔습니다.

정신분석을 연구하고 교육하는 기관으로서 주요 정신분석 도서 130여 권을 출판 하였으며, 정신분석전문가 및 정신분석가를 양성하고 있습니다. 또한 부설기관인 광화문심리치료센터에서는 대중을 위한 정신분석 및 정신분석적 심리치료를 제공하고 있습니다.

현대정신분석연구소에서는 미국 뉴욕과 보스턴 등에서 정식 훈련을 받고 정신분석 면허를 취득한 교수진 및 수퍼바이저들로 구성되어 있으며, 뉴욕주 정신분석가 면허 기준에 의거한 분석가 및 정신분석전문가 프로그램을 운영하고 있습니다. 프로그램에서는 프로이트부터 출발하여 대상관계, 자기심리학, 상호주관성, 모던정신분석, 신경정신분석학, 애착 이론, 라깡 이론 등 최신 정신분석의 이론에 이르는 다양한 이론들을 연구하는 포용적 eclectic 관점을 채택하고 있습니다.

프로그램에서 요구하는 요건들을 모두 충족하고 프로그램을 졸업하게 되면, 사단법인 한국정신분석협회에서 공인하는 'Psychoanalyst'와 'Psychoanalytic Psychotherapist' 자격을 취득하게 됩니다. 국내에서 가장 정통있는 정신분석 기관 중 하나로서 **현대정신분석연구소**는 인간에 대한 보다 심층적인 이해를 통해 한국사회의 정신건강에 기여하고자 합니다.

■ 문의 및 오시는 길

서울시 종로구 새문안로 5가길 28(적선동, 광화문플래티넘) 918호

- Tel: 02) 730-2537~8 / Fax: 02) 730-2539

- E-mail: kicp21@naver.com

- 홈페이지: www. kicp.co.kr (홈페이지를 통해 인터넷 강의도 수강이 가능합니다)

* 정신분석에 관한 유용한 정보들을 한눈에 보실 수 있는 **정신분석플랫폼 몽상의**
SNS 채널들과 **현대정신분석연구소** 유튜브 채널을 팔로우 해보세요!

- 네이버 블로그: blog.naver.com/kicp21
- 인스타그램: @psya_reverie
- 유튜브 채널: 현대정신분석연구소KICP
- 페이스북 페이지: 정신분석플랫폼 몽상

QR코드로 접속하기